AF328424

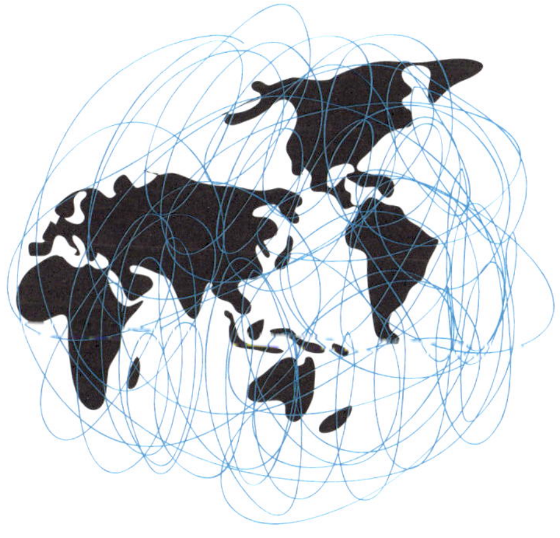

Other
Possible
Worlds

Proposals on this Side of Utopia
Entwürfe diesseits von Utopia

NGBK

Dorothee Albrecht, Berit Fischer,
Franziska Lesák, Hubert Lobnig,
Moira Zoitl

Content/
Inhalt

Other Possible Worlds
Proposals on this Side of Utopia /
Entwürfe diesseits von Utopia

Preface / Vorwort

Dorothee Albrecht
Berit Fischer
Franziska Lesák
Hubert Lobnig
Moira Zoitl

[1] The second World Social Forum 2002 in Porto Alegre in Brazil took place under the umbrella of this slogan. Unter diesem Motto fand das zweite World Social Forum 2002 in Porto Alegre in Brasilien statt.

[2] Jeremy Rifkin, *The Empathic Civilization: The Race to Global Conciousness in a World of Crisis*, New York, 2010
Jeremy Rifkin, *Die empathische Zivilisation: Wege zu einem globalen Bewusstsein*, Frankfurt/Main, 2010

"Another world is possible" was a slogan of the World Social Forum, a conference that brought together economic projects countering those put forth at the World Economic Forum. [1] *Other Possible Worlds—Proposals on this Side of Utopia* aims at opening a space for multiple projects suggesting and testing other realities of life—from small-scale artistic tryouts to larger social experiments. While a wide range of exhibitions and publications are currently concerned with accounting for failed societal models, we pursue clearly defined drafts and examples that are, in fact, about to be realized or that are potent possibilities for artistic visualizations.

The relational frame of the "common globe" seems to be crucial as a potential common denominator connecting the most diverse initiatives. This relational frame is also described by Jeremy Rifkin who contributed and gave a new direction in the debates on globalization with terms like "empathy" and "The Race to Global Consciousness." [2]

Positioning our investigations in the art context is based on an extended conception of art, respectively the potentiality of art, described by Sarat Maharaj: art that doesn't only mean transferring prefabricated knowledge that is established in the institutional discourse of systematic disciplines, but as art as producer of knowledge that normal reasoning cannot handle. "What we call art activity is expanding, extending, transmogrifying in the global contemporary setting.

„Eine andere Welt ist möglich" hieß es auf dem Weltsozialforum [1], das ökonomische Gegenentwürfe zum Weltwirtschaftsforum zusammentrug. *Other Possible Worlds – Entwürfe diesseits von Utopia* versammelt eine Vielzahl von Kunst-Projekten, die andere Lebenswirklichkeiten vorschlagen und testen, vom kleinen künstlerischen Versuch bis zum gesellschaftlichen Experiment. Während sich viele Ausstellungen und Publikationen derzeit mit der individuellen Aufarbeitung gescheiterter Gesellschaftsutopien befassen, gehen wir konkreten Entwürfen und Beispielen nach, die tatsächliche Möglichkeitsräume erschaffen oder als künstlerische Visualisierung Wirksamkeit erlangen.

Der Bezugsraum des „Gemeinsamen Globus" erscheint uns entscheidend als möglicher gemeinsamer Nenner, der unterschiedlichste Initiativen verbindet. Dieser wird auch von Jeremy Rifkin beschrieben, der mit dem Begriff der „Empathie" und der Frage nach „Wegen zu einem globalen Bewusstsein" der globalisierungskritischen Debatte eine neue Wendung gegeben hat. [2]

Die Verortung unserer Untersuchungen im Kunstkontext folgt einer erweiterten Auffassung der Kunst beziehungsweise ihrer Potentiale, wie sie von Sarat Maharaj formuliert wird: Kunst überträgt nicht nur vorgefertigtes Wissen, das im institutionellen Diskurs der systematischen Disziplinen geschaffen wird, Kunst bringt auch Wissen hervor, das mit den eingespielten Vernunft-

Hence also my dogged interest in Duchamp's question 'How to make a work of art that isn't a work of Art?' For me, it's a marker for ways we might be able to engage with works, events, spasms, ructions that don't look like art and don't count as art, but are somehow electric, energy nodes, attractors, transmitters, conductors of new thinking, new subjectivity and action that visual artwork in the traditional sense is not able to articulate." [3]

While examining theoretical terminologies such as "utopia," "heterotopia," "atopia," "other spaces," "rhizome," "alter modernism" and "alter globalization" as terms that reflect upon new conceptions of space and orders of the world, we explore the world of thoughts that the invited projects are based upon.

Other Possible Worlds—Proposals on this Side of Utopia debates the question of what role art spaces can play in developing conceptions of the world beyond the sheer dynamics of economic globalization. At the same time, self-organized art spaces are being created throughout most parts of the world. Beyond their function as pure exhibition spaces, they are used as test sites and experimental staging areas for specific and marginal knowledge that questions hegemonic perspectives. They develop methods and channels that go outside the Cartesian coordinate system; they admit gray areas and uncertainties, and connect theoretical, visual and practical knowledge.

In contexts that are defined by a tense political situation, for example Palestine, art spaces become political per se. They provide a scope that can be of immediate social relevance. Art spaces offer the potential for constant redefinition. Newly developed contacts, expanded fields of reference, exchange projects, blogs and communication by email give rise to decentralized networks that undermine the outdated dominance of the West. While a proliferation of centers occurs around the globe, large numbers of contributors to these processes of exchange produce communal spaces encompassing continents. Issues of universal urgency, such as climate change and

kriterien nicht bewältigt werden kann. „Was wir künstlerische Arbeit nennen, breitet sich in der aktuellen globalen Situation aus, überschreitet Grenzen und schafft neue Modelle. Daraus folgt auch mein anhaltendes Interesse an Duchamps Frage: ‚Wie machen wir ein Kunstwerk, das kein Kunstwerk ist?' Für mich zeigt die Frage Wege auf, wie wir mit Arbeiten, Ereignissen, Verrückungen und Spektakeln umgehen können, die nicht wie Kunst aussehen, nicht als Kunst zählen, aber irgendwie elektrische Energieknoten sind, Attraktoren, Transmitter, Überträger von neuem Denken, neuer Subjektivitäten und Handlungen, die Kunstwerke im traditionellen Sinn nicht artikulieren können." [3]

Mit der Untersuchung theoretischer Begriffen wie Utopie, Heterotopie, Atopia, andere Räume, Rhizome, Altermodernität und Altermondialisation (Alterglobalisierung), die für neue Raumauffassungen und Weltordnungen stehen, entdecken wir die hinter den Projekten stehenden Gedankenwelten.

Other Possible Worlds – Entwürfe diesseits von Utopia geht der Frage nach, welche Rolle Kunsträume bei der Entwicklung von Vorstellungen von Welt jenseits einer rein ökonomischen Globalisierung spielen können. Selbstorganisierte Kunsträume sind inzwischen in den meisten Teilen der Welt zu finden. Weit über ihre Funktion als reine Ausstellungsorte hinaus werden sie oft auch zu Testräumen und Experimentierfeldern für spezifische und marginale Wissensformen. Dabei werden hegemoniale Sichtweisen in Frage gestellt und eigene Methoden und Kanäle entwickelt, die über das kartesianische Koordinatensystem hinausgehen, Grauzonen zulassen, Unschärfen und theoretisches, visuelles und praktisches Wissen verbinden.

An Orten, die durch eine gespannte politische Situation bestimmt sind, wie zum Beispiel Palästina, werden Kunsträume als zivile Räume per se politisch. Sie bieten Spielräume, die auch gesellschaftlich genutzt werden können. Kunsträume bieten das Potential, dass sie, auch durch neu entwickelte Kontakte und Bezugsfelder, immer wieder neu definiert werden können. Austausch-

[3] "In Other's Words: Daniel Birnbaum Talks with Sarat Maharaj," in *Artforum*, February / Februar 2002, p. / S. 106–110.

the negotiation of cultural differences, global leveling and confusion, initiate such exchanges.

Similarly, self-organized academies and labs develop and manifest tactics of knowledge production outside an institutionalized consensus. They are aiming for a counter-economy of education systems. Methods of self-organized academies and labs are for the most part process oriented, participatory, emancipatory and collective. Between visual arts, knowledge production and political activism, fields of action open spaces for a critical contesting of social realities. Public space is translated into a space for reflection and the challenging of hegemonic structures.

Furthermore, *Other Possible Worlds—Proposals on this Side of Utopia* assembles artistic works and materials concerned with historical and contemporary social models of cohabitation and resulting novel forms of living and working together. From an historical viewpoint, alternative structures emerged, such as the formation of communes, "Kinderläden," squatting of houses and factories, architectonic experiments or retreats to rural areas.

As the basis for *Other Possible Worlds—Proposals on this Side of Utopia*, we collect ideas, concepts, models, terms, projects, kits and modes of acting. In this way, we collate a pool for further projects and exhibitions in other parts of the world that is open to further extension. This resource will be available online and also on site at the exhibition space.

On the one hand, the translation of the project into a space connects different elements including artistic installations, workshops, talks, discussions and video screenings that are all contained within a common space of inquiry. The exhibition space is converted into an experimental field and a test area. On the other hand, an online format will bring together an ongoing collection in the format of a "Dictionary," as a kind of a cosmos of terminologies and references that attempts to reconfigure and question existing structures and orders.

projekte, Blogs und schneller Informationstransfer per E-Mail führen zu dezentralen Netzwerken, welche die historisch überkommene Dominanz des Westens unterlaufen und zu einer Pluralisierung von Zentren rund um den Globus führen. Die Vielzahl von Beteiligten an diesen Kommunikations- und Gestaltungsprozessen lässt gemeinschaftliche Räume über Kontinente hinweg entstehen. Themen von allgemeiner Dringlichkeit wie der Klimawandel, der Umgang mit kulturellen Differenzen, globalen Nivellierungsprozessen und Unübersichtlichkeiten geben die Anstöße für einen solchen Austausch.

Ähnlich agieren selbstorganisierte Akademien und Labs. Sie entwickeln und manifestieren Taktiken der Wissensproduktion außerhalb eines institutionalisierten Konsenses und streben eine Gegenökonomie des Bildungswesens an. Die Methoden der selbstorganisierten Akademien und Labs sind meist prozesshaft, partizipatorisch, emanzipatorisch und kollektiv. Zwischen Kunst, Wissensproduktion und politischem Aktivismus entstehen Handlungsfelder, in denen eine kritische Auseinandersetzung mit sozialen Realitäten stattfindet. Öffentlicher Raum wird als „Denk-Raum" aufgemacht und stellt hegemoniale Strukturen in Frage.

Zudem versammelt *Other Possible Worlds – Entwürfe diesseits von Utopia* künstlerische Arbeiten und Materialien, die sich mit historischen und zeitgenössischen sozialen Modellen des Zusammenlebens und den daraus neu entstehenden Lebens- und Arbeitsformen beschäftigen. Historisch boten z.B. Kommunengründungen, Kinderläden, Haus- sowie Fabrikbesetzungen, oder der Rückzug in rurale Räume alternative Strukturen, die sich u.a. in architektonischen Experimenten manifestieren.

Die Grundlage von *Other Possible Worlds – Entwürfe diesseits von Utopia* bildet eine Sammlung von Ideen, Konzepten, Modellen, Begriffen, Projekten, Kits und Handlungsformen. Sie ist als fortlaufend erweiterbarer Pool für weitere Projekte in anderen Teilen der Welt angelegt und kann in verschiedenen Formaten produktiv gemacht werden.

This publication takes up the idea of this open collection and compiles contributions of authors, artists, collectives and institutions into a sort of "workbook." The varieties of conceptual and practical approaches of the contributions are underlined by the variety of text formats, i.e. the format of a newsletter as a productive medium for ideas and activities of an institution (such as CCA Lagos), along with essays and artists texts, timelines on the genesis of a project (The Public School, Chto delat?), and collections of terms that are reminiscent of visual poetry (Periferry).

Other Possible Worlds—Proposals on this Side of Utopia is understood as an experiment and is conceived as a process-oriented project. It will be inaugurated at the exhibition space of NGBK, Berlin. [4]

A following station thereafter, will be the two-week long *Art Workshop 2011* at Casino Luxembourg-Forum d'art contemporain in Luxembourg, for which we invited eleven artists from different parts of the world to continue and further develop the ideas of *Other Possible Worlds—Proposals on this Side of Utopia*, and which will be made productive as a "dictionary in space."

We are curious where the project will go on!

Einerseits als Realisierung im Raum, in dem sich verschiedenen Elemente künstlerische Installationen, Workshops, aber auch Vorträge, Diskussionen und Videoscreenings zu einem gemeinsamen Frage- und Untersuchungsraum verbinden und somit selbst zum Testfeld und möglichen Lebensraum aktiviert werden. Andererseits als Online-Format, das die fortlaufende Sammlung als eine Art „Dictionary" zusammenführt zu einem Kosmos von Terminologien und Referenzen, der versucht, existierende Anordnungen und Strukturen neu zu konfigurieren und zu befragen.

Die vorliegende Publikation greift die Idee der Sammlung auf und kompiliert die einzelnen Beiträge von Autor_innen, Künstler_innen, Kollektiven und Institutionen zu einer Art „Arbeitsmappe". Die unterschiedlichen Ansätze der Beteiligten werden durch die Verschiedenheit der Textformate sichtbar gemacht; angefangen beim Newsletter, als produktives Medium, um die Ideen und Aktivitäten einer Institution wie z.B. dem CCA Lagos zu verbreiten, bis hin zu Essays und Künstler_innentexten, Chronologien über die Entstehung eines Projekts (The Public School), oder Begriffssammlungen, die an visuelle Lyrik erinnern (Periferry).

Other Possible Worlds – Entwürfe diesseits von Utopia versteht sich als Experiment und ist prozesshaft angelegt und wird erstmalig in den Ausstellungsräumen der NGBK realisiert. [4]

Eine weitere Station wird der zweiwöchige *Art Workshop 2011* des Casino Luxembourg – Forum d'art contemporain in Luxemburg sein, zu dem wir elf weitere Künstler_innen aus verschiedenen Teilen der Welt einladen *Other Possible Worlds – Entwürfe diesseits von Utopia* als „Dictionary im Raum", weiterzuführen.

Wir sind gespannt, wohin es weitergeht!

[4] NGBK, Berlin
30 April to 13 June, 2011
30. April bis 13. Juni 2011

Sarat Maharaj + Gilane Tawadros

"We Were Nobody,
We Were Nothing"[1]:
North/South Soundings of
Modernity and Memories of
Underdevelopment /
„Wir waren niemand,
wir waren nichts"[1]:
Nord/Süd-Sondierungen der
Moderne und Erinnerungen
an die Unterentwicklung

An excerpt from / ein Auszug aus:
"We Were Nobody, We Were Nothing:
North/South Soundings of Modernity and
Memories of Underdevelopment" in *Media &
Glocal Change. Rethinking Communication
for Development*. Ed. O. Hemer & T. Tufte.
Clasco, Buenos Aires, Brazil, Nordicom,
Goteborg University. Sweden 2005.
p. / S. 297–318

[1] Niemi, Mikael: *Popular Music from Vittula*, 2003

What are the ways in which contemporary art practices and communications shape up and interact in the development context today? This chapter takes off from a discussion about *Faultlines*, a show Gilane Tawadros curated for the Africa Pavilion at the Venice Biennale in 2003. With globalization, sectors of the "developing world" are increasingly drawn into the orbit of "advanced world" institutions—into the art-culture industry, the gallery-museum-biennale system and the communication-information economy. These entanglements are probed through a range of artworks, films, performances and projects from across the world. Intensified interconnections brought on by globalization, migration, cultural mix and translation, and new technologies mean re-mapping the classic North/South, developed/developing divides. It does remain the grim, principal fault. But new problems also crop up "after development" in the advanced world—new "zones of morbidity and backwardness"—putting into question notions of development as linear progress. Alongside this, we have criticisms of the drift of development and modernity from inside the developing world itself. Contemporary art-communicative activities and strategies explore and embody the dilemmas thrown up under these circumstances, sometimes also intimating alternative models and other values.

...

Sarat Maharaj: In today's interconnecting, globalizing world, the business of tackling unfreedoms and exclusions cannot be put off to some time "after basic development has taken place." The communications sphere becomes an essen-

In welcher Weise formieren sich Vorgehens- und Kommunikationsweisen der zeitgenössischen Kunst im Kontext heutiger Entwicklungen und welche Interaktionen gibt es mit ihnen? Ausgangspunkt dieses Kapitels ist eine Diskussion über die Ausstellung *Faultlines*, die Gilane Tawadros für den afrikanischen Pavillon der Venedig-Biennale von 2003 kuratierte. Durch die Globalisierung werden Segmente der „Entwicklungsländer" zunehmend in den Kreislauf der Institutionen der „entwickelten Welt" hereingezogen – in den Kunstbetrieb, das System aus Galerien, Museen und Biennalen und in die Kommunikations- und Informationsökonomie. Eine Vielzahl von Kunstwerken, Filmen, Performances und Projekten aus allen Teilen der Welt untersucht diese Verflechtungen. Die durch Globalisierung, Migration, kulturelle Vermischung und Übersetzung sowie neue Technologien bewirkte Verstärkung der Zusammenhänge bedeutet ein neues Kartographieren der klassischen Gegenüberstellung von Nord und Süd, von Industriestaaten und Entwicklungsländern, dem noch bestehenden bitteren, prinzipiellen Fehler. Doch auch „nach der Entwicklung" ergeben sich in den Industriestaaten neue Probleme, neue „Zonen der Anfälligkeit und der Rückständigkeit", die die Vorstellung von Entwicklung als linearem Fortschritt infrage stellen. Daneben wird auch in den Entwicklungsländern selbst Kritik an den Tendenzen der Entwicklung und der Moderne geübt. Zeitgenössische künstlerisch-kommunikative Handlungen und Strategien untersuchen die durch diese Situation aufgeworfenen Dilemmata, bringen sie zum Ausdruck und schlagen bisweilen auch alternative Modelle und andere Werte vor.

[...]

Sarat Maharaj: In der verflochtenen, globalisierten Welt von heute kann die Aufgabe der Überwindung von Unfreiheiten und Exklusionen nicht auf die Zeit „nach der fundamentalen Entwicklung" verschoben werden. Die Sphäre der Kommuni-

tial medium through which individual participants and players identify, interpret and represent their social and cultural wants and needs. In doing this, they begin to shape development itself—orchestrating the process as opposed to having it simply thrust upon them. But what communicative structures and art activities can contribute to this shaping process? To opening up new self-reflexive mental, emotional, semantic dimensions—both for voicing "backwardness" and for stepping out of it? I wonder, Gilane, whether we might look at this a little bit in the light of your research as curator of *Faultlines*?

Gilane Tawadros: In addressing the key words of communication and development in a global context, we need to distinguish between communications for and on behalf of a globalized capital economy and other types. The former tends to be homogenous, emerging principally from the centers of financial and political power. Its forms are largely unilateral. Although they might be inflected with different accents—capital enterprises have been ingenious with inflecting communications so they can apparently speak to and "fit in" with different spaces and places. They are nonetheless particular messages with pre-determined outcomes within the context of the global economy. Some art practices, on the other hand, create possibilities for another kind of communication—a space, in my view, about dialogue and exchange rather than something one-way. Contemporary art is not always clear-cut or transparent, nor is it homogenous or unilateral. For example, in Moataz Nasr's installation *One Ear of Dough, One Ear of Clay* (2001), the video piece depicts ordinary Egyptians in the street, hunching their shoulders. The gesture is repeated over and over by individuals of various ages, genders and social classes. It is a colloquial, physical gesture—a shrug that suggests: "So what can I do about it? That's just the way it is." The work comments on political apathy, questioning why people with a history of political engagement at every level of the social order, in direct and instrumental ways, are not as involved politically at this juncture. In his installation *Tabla* (Venice, 2003), a huge video screen depicting a drummer playing on a traditional Egyptian drum,

kation wird zu einem wesentlichen Medium, in dem die individuellen Teilnehmer_innen und Akteure ihre sozialen und kulturellen Wünsche und Bedürfnisse identifizieren, interpretieren und repräsentieren. Dadurch beginnen sie, Entwicklung selbst zu gestalten – indem sie den Prozess selbst organisieren, anstatt sich ihn bloß aufnötigen zu lassen. Doch welche Kommunikationsstrukturen und künstlerischen Aktivitäten können zu diesem Gestaltungsprozess beitragen und neue selbstreflexive geistige, emotionale, semantische Dimensionen ermöglichen – um „Rückständigkeit" sowohl zu thematisieren wie ihr zu entkommen? Gilane, vielleicht können wir dies vor dem Hintergrund deiner Recherchen als Kuratorin für *Faultlines* betrachten?

Gilane Tawadros: Wenn wir uns mit den Schlagwörtern Kommunikation und Entwicklung im globalen Zusammenhang befassen, müssen wir Kommunikationen für den und im Namen des globalisierten Kapitalismus von anderen Formen der Kommunikation unterscheiden. Die ersteren sind zumeist eher homogen und entwickeln sich grundsätzlich aus den Zentren der finanziellen und politischen Macht. Und sie sind im Wesentlichen in nur eine Richtung orientiert. Zwar können sie mit verschiedenen Betonungen versehen werden – Konzerne waren immer äußerst einfallsreich darin, Kommunikationen für sich abzuwandeln, um sich den Anschein zu geben, verschiedene Orte und Räume anzusprechen und sich in diese „einzupassen". Dennoch handelt es sich um spezifische Botschaften mit vorgegebenen Resultaten innerhalb des Kontexts der Weltwirtschaft. Auf der anderen Seite bieten manche Kunstpraktiken Möglichkeiten für eine andere Kommunikationsweise – ich würde sie als einen Raum beschreiben, in dem es um Dialog und Austausch geht, nicht um einseitige Kommunikation. Zeitgenössische Kunst ist nicht immer eindeutig oder transparent, genauso wenig ist sie homogen oder einseitig. So zeigt etwa die Videoarbeit in Moataz Nasrs Installation *One Ear of Dough, One Ear of Clay* (2001) (Ein Ohr aus Teig, ein Ohr aus Ton) gewöhnliche Ägypter_innen auf der Straße dabei, wie sie ihre Schultern hochziehen. Diese Geste wird wieder und wieder von Personen verschiedenen Alters, Geschlechts und sozialer Klasse wie-

or tabla, dominates the space. We don't see his face or head, just the tabla clutched between his legs and his hands beating out a powerful, continuous rhythm. The noise ricochets through the exhibition scattered with tablas of varying sizes, like a geographical map of the Nile Delta.

The sound is deafening, relentless. You register the work acoustically before you read it visually, as the sound of difference. Arab music is very much about atonality and dissonance. But it's also a sound that takes over the space and overwhelms the viewer. Furthermore, there is a disparity between the single tabla, with a sound that is distinctive and powerful, and the reverberations from others that are connected to the main screen and which create sounds in response. The piece works on a number of levels such as the question of political agency, and of how individuals are implicated in the political situations in which they find themselves.

SM: Your example is arresting not least because Nasr's tabla parallels a wider involvement of today's visual artists with "high-decibel sound saturation." How to make sense of this? One way is to press the distinction you imply between types and terrains of communication—to look at their archaeologies. From the nineteen sixties, the spread of communications and consumerist culture—television, radio, cinema, advertising, fashion, sport, transport, popular culture, commodity design—saw an increased grooming and styling of the "look" of the everyday, right down to its micro-texture; this "aestheticization" was summed up pointedly by The Situationists as "the production of the spectacle." Later, the stakes were raised as reality came to be seen as processed by the artistry of digital simulation technologies. Had this rather stolen the thunder of artists if not upstaged the "creativity" once associated with "fine art"? What kind of art was possible that did not simply mirror "the spectacle" or become ensnared by it? But let us also ask right away whether this was an issue at all for practitioners outside "the developed world," outside mainstream, advanced consumerist art-culture circuits?

By 2000, electronic systems—satellite, cable, digital terrestrial television and radio, dial-up

derholt. Es ist eine alltägliche physische Geste – ein Schulterzucken, das ausdrückt: „Was kann ich da schon tun? So ist es eben." Die Arbeit ist ein Kommentar auf politische Apathie und stellt die Frage, warum Menschen mit einer Geschichte des direkten und maßgeblichen politischen Engagements auf jeder Stufe der Gesellschaftsordnung zu diesem Zeitpunkt nicht ebenso politisch aktiv werden.

In seiner Installation *Tabla* (Venedig, 2003) dominiert eine riesige Videoleinwand den Raum, auf der ein Mann zu sehen ist, der auf der Tabla, einem traditionellen ägyptischen Schlaginstrument, trommelt. Weder können wir sein Gesicht noch seinen Kopf sehen, sondern nur die zwischen seine Beine geklemmte Tabla und seine Hände, die einen kraftvollen, kontinuierlichen Rhythmus schlagen. Der Klang hallt in der gesamten Ausstellung wider, in der verschieden große Tablas wie auf einer Landkarte des Nildeltas verteilt sind.

Der Klang ist ohrenbetäubend und unerbittlich. Bevor man das Werk visuell wahrnehmen kann, hat man es bereits akustisch erfasst, als Klang der Differenz. In der arabischen Musik geht es viel um Atonalität und Dissonanz. Doch es ist auch ein Klang, der den Raum einnimmt und die Betrachter_innen überwältigt. Darüber hinaus gibt es einen Unterschied zwischen der einzelnen Tabla mit ihrem klaren und kräftigen Klang und dem Widerhall der anderen, die mit der Hauptleinwand verbunden sind und wiederum mit Klängen antworten. Die Arbeit funktioniert auf mehreren Ebenen und untersucht Fragen wie die nach der politischen Handlungsfähigkeit und nach der Verstrickung des Einzelnen mit den politischen Situationen, in denen er sich befindet.

SM: Dein Beispiel ist nicht zuletzt deshalb faszinierend, weil Nasrs Tabla im Zusammenhang mit einer verbreiteten Beschäftigung zeitgenössischer bildender Künstler_innen mit der „ohrenbetäubenden Klangsättigung" zu sehen ist. Wie lässt sich dies verstehen? Eine Möglichkeit wäre, die von dir angesprochene Unterscheidung zwischen Kommunikationsarten und -bereichen zu betonen – ihre Archäologien zu betrachten. Seit den 1960er Jahren stieg durch die Ausbreitung der Kommunikations- und Konsumkultur – Fernsehen, Radio, Kino, Werbung, Mode, Sport, Transport, Populär-

Internet and broadband services, mobiles, SMS texting, cash-points, video, Nintendo games, iPods, etc.—set on course an intensified "visualization" of everyday info-data flows. These signifying systems and image economies amount to "retinal regimes"—a term that connotes, amongst other things, a sense of sheer overload and a glut of images, signs, and visual representations. Could sound scan the visual? Supplement it? Or if not, short-circuit it in the face of its "retinal condition"? Sonic constructions, multiple frequencies, noise, sonic dirt vibes, inundations and interference become the stuff with which to probe, if not shatter, the "spectacle," and to dispel its ambient muzak. They serve as "antidotes" that blank out info-spin-jabber in order to allude to other communicative wavelengths, alternative acoustic awareness. In *Popular Music from Vittula*, this sense of difference and of other possibilities is symbolized by the jarring, raw rock'n roll, awkwardly eked out by stubby-fingered, speechless Niila or by the farm worker turned music teacher who had lost his fingers in an accident and now strummed the guitar with a thick, penile thumb. The sounds they manage to croak out are painful spasms of release of coming to voice, and of prizing open a chink in the numb silence of "backwardness."

By the nineteen eighties the term "spectacle" takes on an almost entirely pejorative connotation. In the cross-tongued, global Babel of today's image-info-data circulation, it seems better to speak of "retinal regimes," a term with an oscillating positive-negative charge. It signals the pervasive syntax or "visual Esperanto" of the contemporary "knowledge economy." Although the latter is billed as cutting across the developed/developing barrier, outside advanced centers, its infrastructures are still sparse, with patchy access. This is roughly comparable to the lack, in the developing world, of modern gallery-museum systems and art education-communication structures of the sort that are the staples of the developed world's art-culture industry.

Nevertheless, practitioners have invented diverse strategies within Internet and new media domains. Sites and networks devised by *Raqs Media Collective* (India), *Open Circle* (India), or *Trinity* (South Africa), are engaged in "adiscipli-

kultur, Produktdesign – die Beschäftigung mit dem „Look" des Alltäglichen und dessen Gestaltung bis hinein in die Mikrostrukturen; diese „Ästhetisierung" haben die Situationisten pointiert in dem Begriff der „Produktion des Spektakels" zusammengefasst. Später wurde dies auf die Spitze getrieben, indem die Wirklichkeit nur noch als Ergebnis der Künstlichkeit digitaler Simulationstechniken angesehen wurde. Hatte dies nicht den Künstler_innen die Schau gestohlen, wenn nicht gar der „Kreativität", die einst mit der „Kunst" assoziiert war? Welche Art von Kunst war noch möglich, die nicht bloß das „Spektakel" spiegelte oder sich von diesem vereinnahmen ließ? Zugleich sollten wir jedoch auch die Frage stellen, ob dies für Künstler_innen außerhalb der „entwickelten Welt", außerhalb der Kreisläufe der fortgeschrittenen, etablierten Kunst und Kultur überhaupt ein Thema war?

Bis zum Jahr 2000 hatten die elektronischen Mediensysteme – Satelliten, Kabel, Digitalfernsehen und -radio, Internet und Breitbanddienste, Mobiltelefon, SMS, Geldautomaten, Video, Nintendo-Spiele, iPods usw. – eine intensivierte „Visualisierung" des alltäglichen Datenstroms hervorgebracht. Diese Zeichensysteme und Bilderökonomien fügen sich zu „retinalen Regimen" – ein Begriff, der unter anderem auf die schiere Überlastung und eine Überfülle von Bildern, Zeichen und visuellen Darstellungen verweist. Kann der Klang das Visuelle abtasten, es ergänzen oder es angesichts seiner „retinalen Störung" gar kurzschliessen? Klangkonstruktionen, eine Fülle von Frequenzen, Lärm, akustische Verschmutzungen, Überflutungen und Interferenzen werden zu dem Stoff, mit dessen Hilfe man das „Spektakel" untersuchen, wenn nicht sprengen sowie dessen Musikberieselung verdrängen kann. Sie dienen als „Gegengifte", die das manipulative Info-Geplapper neutralisieren, um auf andere Kanäle der Kommunikation und ein alternatives akustisches Bewusstsein zu verweisen. In *Popular Music from Vittula* ist dieser Sinn für Differenz und für andere Möglichkeiten in dem verzerrten, rohen Rock 'n' Roll symbolisiert, den sich der wurstfingrige, sprachlose Niila unbeholfen abringt oder der zum Musiklehrer umgesattelte Landarbeiter, der seine Finger bei einem Unfall verloren hatte und nun mit einem dicken, phallischen Daumen auf der Gitarre schram-

nary" maneuvers—almost ad lib assemblages of info-images and discourses, experimental inquiry tools interacting with social action, performance, learning sessions, and investigative tours of urban spaces that have a feel of the random walkabout and happening. The "transborder pants," with multiple-use pockets designed by *Torolab* (Mexico), can switch over for immigrant or American usage according to how citizenship status embodies and inspects the politics of belonging in the "laboratory conditions" of the US/Mexico border. These projects are think-know-act contraptions that may not look like "art" but count as art in their open-ended semantic fission. To pigeonhole them as "developing world artworks" rather misses the point. As emerging art-communication ploys, they question the norm of the airtight modern gallery-museum system, whether inside the developed world or out.

GT: This goes back to whether by communication we mean a one-way conversation or a dialogue. Too often, both in the arena of development and the artworld, the developed world is seen as having opportunities and goods to offer, and the developing world as the consumer who is potentially available in fantastic numbers. It's more complicated than this because the product, in terms of the artworks being made in the developing world, are packaged, taken back and presented to consumers in the developed world. Here, the artworks are framed in particular ways, which define and prescribe how they're read. This is often in narrow terms, either as part of a national or ethnographic discourse, or as illustrations of preconceived ideas of what the "developing other's" creative discourse is about.

But the critical point for me is that the work of contemporary artists within the African continent I did get to see—even if my range of evidence was somewhat limited—offered up many ideas, possibilities and points of engagement that I hadn't seen in the developed world. I came back to London having travelled in Johannesburg and Cairo, for example, thinking that, "here I am in this capital of the developed world where all this infrastructure exists, and where there are all these opportunities, but the work I'm looking at appears so empty." It was decidedly lacking in the

melt. Die krächzenden Klänge, die sie hervorbringen, sind schmerzhafte Erlösungskrämpfe bei dem Versuch, eine Stimme zu finden und das abgestumpfte Schweigen der „Rückständigkeit" einen Spalt weit aufzubrechen.

In den 1980er Jahren erlangte der Begriff des „Spektakels" eine beinahe ausschließlich negative Bedeutung. Angesichts des vielsprachigen globalen Babylon der heutigen Bild-Informations-Daten-Zirkulation erscheint es sinnvoller, von „retinalen Regimen" zu sprechen, ein Begriff, der zwischen positiver und negativer Aufladung oszilliert. Er bezeichnet die allgegenwärtige Syntax oder das „visuelle Esperanto" der heutigen „Wissensgesellschaft". Auch wenn dieser gern beschieden wird, dass sie die Schranke zwischen Entwicklungsländern und Industriestaaten überschreite, ist ihre Infrastruktur außerhalb der hochentwickelten Zentren immer noch schwach ausgebildet und erlaubt nur lückenhaften Zugang. Dies lässt sich in etwa mit der Tatsache vergleichen, dass es in den Entwicklungsländern an einem modernen Museums- und Galeriesystem ebenso fehlt wie an Strukturen der künstlerischen Ausbildung und Kommunikation, wie sie die Grundlagen der Kunst- und Kulturindustrie in den Industriestaaten bilden.

Dennoch haben verschiedene Künstler in den Bereichen des Internets und der neuen Medien ihre Strategien entwickelt. Die Webseiten und Netzwerke, die das *Raqs Media Collective, Open Circle* (beide Indien) oder *Trinity* (Südafrika) eingerichtet haben, beschreiten „adisziplinäre" Pfade – es sind fast improvisierte Collagen aus Infobildern und Diskursen, Instrumente für Experimente, die in Beziehung stehen zu sozialer Aktion, Performance, Lehrveranstaltungen und Erkundungstouren durch städtische Räume, die wie ziellose Spaziergänge und Happenings wirken. Die von *Torolab* (Mexiko) gestalteten „Transborder Pants" haben Taschen, die von Immigrant_innen oder Amerikaner_innen für jeweils unterschiedliche Zwecke genutzt werden können; sie weisen darauf hin, wie unter den „Laborbedingungen" der US-amerikanisch/mexikanischen Grenze die Politik der Zugehörigkeit durch die Staatsangehörigkeit ausgedrückt und kontrolliert wird. Diese Projekte stellen Instrumente des Denkens, Wissens und Handelns dar, die nicht wie „Kunst" aussehen mögen, angesichts ihrer offenen Aufspaltung von

substance we are talking about. What is considered to be at the top of the hierarchy of communication worlds actually seemed empty of knowledge—however full it might be with information. They seemed more akin to global, commercial communications products. I found in Johannesburg and Cairo artists working without infrastructure, in extremely difficult circumstances, without wider cultural or, in some cases, moral support, and working in quite isolated spaces. Yet I found work that challenged me, that was not in any way aping Western practice but opening up new forms of artistic practice in making and communication. There are artists in both cities dealing with specific, local questions; they are by no means turning their back on the rest of the world. Nor indeed are they ignorant of the realities of being part of a globalized economy. They are making work that focuses on particular issues but they undoubtedly have a relevance and resonance beyond these particular contexts. If anything, one's sense of being in a globalized economy (and the awareness from artists of its implications) is more heightened in Johannesburg and Cairo than in London or Helsinki.

 The global/local imbrications you touch on highlight why we should not pit the local as somehow "primordial" against the global—the "either/or" trap. At the end of Apartheid, the focus was on coaxing the local gallery-museum system out of received racial designations, on encouraging development beyond these barriers, and on plugging South Africa into global art-culture circulation through events such as the Biennale. Thinking in official circles gravitated towards the former. After the second Johannesburg Biennale in 1997, the "global option" was scrapped. Under the "local" umbrella, *Serafina II* (1999)—a musical centered on HIV/AIDS awareness that was backed by the Health Minister Nkosazane Zuma, but mired in controversy—was promoted. It was a "follow up" to the original *Serafina* (1989)—a documentary look at Apartheid around the time of the 1976 Soweto uprisings. Today this approach to creativity and development is perhaps sustained in Henning Mankell's story projects, which are a mix of art-communication-education, and where those af-

Bedeutungen, aber als Kunst gezählt werden können. Sie in die Schublade der „Kunstwerke aus Entwicklungsländern" einzusortieren, verfehlte das Wesentliche. Als neu entstehende Kunstgriffe der künstlerischen Kommunikation stellen sie die Normen des hermetischen modernen Galerien-Museen-Systems sowohl innerhalb wie außerhalb der entwickelten Welt infrage.

 Dies führt zu der Frage zurück, ob wir mit Kommunikation einen Monolog oder einen Dialog meinen. Allzu oft wird – sowohl im Zusammenhang mit Entwicklung wie mit der Kunstwelt – die entwickelte Welt so dargestellt, als böte sie Möglichkeiten und Waren an, während die Entwicklungsländer als Konsumenten gelten, die potentiell in gigantischer Zahl verfügbar sind. Tatsächlich ist die Sache jedoch komplizierter, da die Produkte, nämlich die in den Entwicklungsländern hergestellten Kunstwerke, verpackt werden, zurückgebracht und den Konsumenten in der entwickelten Welt präsentiert werden.
Die Kunstwerke werden hier auf ganz bestimmte Weise verstanden, durch die definiert und vorgeschrieben wird, wie sie zu interpretieren sind. Oftmals erfolgt dies in einem sehr begrenztem Verständnis, nämlich entweder als Teil eines nationalen oder ethnografischen Diskurses oder als Illustration vorgefasster Vorstellungen dessen, worum es im künstlerischen Diskurs der „sich entwickelnden Anderen" ginge.
Für mich liegt der springende Punkt jedoch darin, dass die Werke zeitgenössischer Künstler_innen auf dem afrikanischen Kontinent, die ich gesehen habe – auch wenn es nur eine relativ begrenzte Auswahl war –, eine Vielzahl von Ideen, Möglichkeiten und Ansatzpunkten des Engagements bieten, die ich in den Industriestaaten nicht wahrnehmen konnte. So kehrte ich zum Beispiel einmal nach London zurück, nachdem ich mich in Johannesburg und Kairo umgetan hatte, und musste feststellen: „Nun befinde ich mich hier in dieser Hauptstadt der entwickelten Welt mit all ihrer Infrastruktur und all ihren Möglichkeiten, doch die Arbeit, die ich sehe, erscheint so leer." Es mangelte ihr ganz entschieden an der Substanz, über die wir hier reden. Was üblicherweise als die Spitze in der Hierarchie der Kommunikationswelten gesehen wird, schien in Wirklichkeit völlig frei von Wissen

fected by AIDS/HIV are encouraged to write about themselves, their families, their kith, kin and clan, and their histories. It is an "archive of the everyday" for the orphans left behind, (*Uganda Child Aid Project*, Haus der Kulturen der Welt, Berlin, September 28, 2004).

In the meantime, the "global option" of the Biennale has begun to proliferate across the developing world, taking the edge off what artists felt was a "legitimation test" they had to pass in the heyday of singular Euro-events such as the Venice Biennale. It has steadily come to be seen less as an "importation," and potentially a global/local transaction site for devolving art activities and according to regional idioms. As with Sharjah, United Arab Emirates or Kwanju, South Korea, it is also a mechanism for kick starting local urban regeneration and development.

...

The developed/developing "entanglements" that show up with globalization amount to a ceaseless process of translation across their lines. With high-speed communications, migrations, dispersals and movements of people, translation becomes an everyday affair—a process of churning out difference, divergence, and teeming diversity. This flies in the face of globalization's overall standardizing drive that breaks down "the difference of the other" so as to render the "foreign and alien" culturally digestible. This kind of filtering, taking a logic of assimilation and of making the "other" into the "same" however, can also tip over into forms of xenophobia as we may observe from trends across the North European social democracies once known for their "tolerance." With today's translation-migratory drifts, the contemporary appears as a crisscrossing of heterogeneous, ever-mutating identities, multiple tongues, and disjunctive ways of knowing and living. This suggests we have to move beyond Jürgen Habermas's sphere of "communicative action," where everyday transaction seems to be ultimately between relatively similar cultural subjects and social actors. Though he supplements this by pointing to the "inclusion of the other," his underlying conceptual scheme is made up of discursive agents with comparatively fixed identities tuned into the same cultural wavelength.

zu sein – wie viele Informationen darin auch stecken mögen. Die Werke ähnelten eher den Produkten der globalen Werbekommunikation. In Johannesburg und Kairo traf ich Künstler_innen, die außerhalb jeder Infrastruktur und unter den schwierigsten Bedingungen arbeiteten, ohne eine umfassendere Kultur, in manchen Fällen ohne moralische Unterstützung, zudem an äußerst isolierten Orten. Und dennoch begegnete ich Arbeiten, die mich herausforderten, die in keiner Weise die westliche Praxis nachäfften, sondern neue Formen der Produktion und der Kommunikation eröffneten. In diesen beiden Städten gibt es Künstler_innen, die sich mit spezifischen, lokalen Fragen auseinander setzen; damit wenden sie sich jedoch keinesfalls vom Rest der Welt ab. Genauso wenig ignorieren sie die Realitäten, Teil einer globalisierten Wirtschaft zu sein. Ihre Werke konzentrieren sich auf bestimmte Themen, besitzen über diese engen Kontexte hinaus jedoch zweifellos Relevanz und Bedeutung. Das Wissen, dass man Teil einer globalisierten Welt ist (und das künstlerische Bewusstsein dafür, was dies bedeutet), wird eher in Johannesburg und Kairo geschärft als in London oder Helsinki.

SM: Die Verflechtungen von Globalen und Lokalem, die du ansprichst, machen deutlich, warum wir das Lokale nicht auf ein „Ursprüngliches" reduzieren sollten, das dem Globalen gegenübergestellt wird – die „Entweder/Oder"-Falle. Nach dem Ende der Apartheid lag der Schwerpunkt darin, das lokale Galerien-Museen-System von den überkommenen Rassebestimmungen abzubringen, die Entwicklung über diese Schranken hinaus zu fördern und Südafrika durch Veranstaltungen wie die Biennale in den globalen Kreislauf von Kunst und Kultur einzubringen. Das Denken in den offiziellen Kreisen tendierte zur Betonung des Lokalen. Nach der zweiten Johannesburg-Biennale von 1997 wurde die „globale Option" aufgegeben. Unter dem Schirm des „Lokalen" wurde nun *Serafina II* (1999) gefördert – ein Musical über das Bewusstsein für HIV/AIDS, das vom Gesundheitsminister Nkosazane Zuma unterstützt wurde, aber letztendlich in Kontroversen unterging. Es war eine „Fortsetzung" des ersten *Serafina* (1989) – einem dokumentarischen Blick auf die Apartheid zur Zeit der Aufstände von So-

They interact on a ready made ground from which they set about shaping a shared living space through ideals they thrash out between themselves in steady "dialogic" exchange. The ground is one of transparent, rational deliberation: interlocutors think and speak within much the same cognitive parameters. But is today's translation-migration-globalizing scene on as even a keel as this? It is rather more riddled with untranslatable elements, riven with the sense of epistemic non-fit, and unsquarable cultural difference—more a cacophonic Babel than a dialogic swap.

It is shot through with a feeling of the "radical other in our midst" who is neither "visible nor audible," except perhaps in whittled-down, pre-given terms. The symptomatic figures of this space are its "deterritorialized" cases—those classified "sans papiers, non-citizens, clandestine, illegals, deportees, and infiltrators." But it is the black hole of non-communicating communication represented by the "suicide bomber" that seems definitive. How to piece together a "commons" out of this Babelian space? An ever-changing ground where self/other can forge a "lingo to parley" and to live in and through difference and multiplicity?

weto 1976. Heute wird dieser Umgang mit Kreativität und Entwicklung am ehesten von Henning Mankell in seinen Erzählprojekten fortgesetzt, die eine Mischung aus Kunst, Kommunikation und Bildung sind, in denen die von HIV/AIDS Betroffenen ermutigt werden, über sich selbst zu schreiben, über ihre Familien, Freund_innen und Nachbar_innen und den Clan sowie über ihre Geschichte. Es ist ein „Archiv des Alltags" für die Waisen, die zurückbleiben (*Uganda Child Aid Project*, Haus der Kulturen der Welt, Berlin, 28. September 2004).

In der Zwischenzeit hat die „globale Option" der Biennale überall in den Entwicklungsländern Einzug gehalten, wodurch es zu einer Entschärfung dessen kam, was die Künstler_innen als den „Legitimationstest" begriffen, den sie in der Blütezeit der singulären europäischen Veranstaltungen wie der Venedig-Biennale zu bestehen hatten. Langsam aber sicher wird die Biennale immer weniger als ein „Import" verstanden, sondern potentiell als Stätte der Interaktion zwischen Globalem und Lokalem, wo künstlerische Aktivitäten auch in Übereinstimmung mit den regionalen Ausdrucksweisen übertragen werden können. Wie bei den Biennalen von Sharjah (Vereinigte Arabische Emirate) oder Gwangju (Südkorea) wird damit auch die Stadterneuerung und -entwicklung vor Ort angestoßen.

[...]

Die „Verstrickungen" zwischen den Entwicklungsländern und der entwickelten Welt, die mit der Globalisierung zutage treten, führen zu einem unaufhörlichen Prozess der grenzüberschreitenden Übersetzung. Mit Hochgeschwindigkeitskommunikationen, Migrationen, Verbreitungen und Bewegungen von Menschen wird Übersetzung zu einer alltäglichen Angelegenheit – ein Prozess der Erzeugung von Differenz, Divergenz und äußerster Vielfalt. Dies steht dem generellen Vereinheitlichungsdrang der Globalisierung gegenüber, der die „Differenz des Anderen" kollabieren lassen will, um das „Fremde und Fremdartige" kulturell verdaulich zu machen. Diese Art der Glättung, die einer Logik der Assimilation und der Verwandlung des „Anderen" in den „Gleichen" folgt, kann jedoch auch in Fremdenhass umkippen, wie wir es in den Tendenzen beobachten können, die sich überall in den einst für ihre „Toleranz" berühmten

nordeuropäischen Sozialdemokratien zeigen. Mit den heutigen Verschiebungen von Übersetzung und Migration erscheint das Zeitgenössische als eine Kreuzung aus heterogenen, stets veränderlichen Identitäten, einer Vielzahl von Sprachen und sich gegenseitig ausschließenden Wissens- und Lebensformen. Damit wird deutlich, dass wir über Jürgen Habermas' Sphäre des „kommunikativen Handelns" hinausgehen müssen, wo der alltägliche Austausch letzten Endes zwischen relativ gleichartigen kulturellen Subjekten und sozialen Akteuren stattzufinden scheint. Obwohl Habermas als nachträgliche Ergänzung auch auf die „Einbeziehung des Anderen" verweist, besteht sein zugrunde liegendes Begriffsmodell aus diskursiv Handelnden mit vergleichsweise starren Identitäten, die alle auf derselben kulturellen Wellenlänge liegen. Sie interagieren auf einem vorgeebneten Grund, von dem aus sie eine gemeinsame Lebenswelt gestalten und dabei den Idealen folgen, die sie untereinander in ständigem „dialogischem" Austausch ausdiskutieren. Dieser Grund besteht aus transparenter, rationaler Abwägung: Das Denken und Sprechen der Gesprächspartner folgt denselben kognitiven Parametern. Doch ist der heutige Schauplatz von Übersetzung, Migration und Globalisierung wirklich derart ausgeglichen? Er ist vielmehr mit unübersetzbaren Elementen durchzogen, zerrissen von epistemischen Abweichungen und unüberschreitbarer kultureller Differenz – weniger ein dialogischer Austausch denn ein kakofonisches Babylon.

Er ist durchsetzt mit einem Gefühl des „radikal Anderen in unserer Mitte", der weder „sichtbar noch hörbar" ist, außer vielleicht in Form von Verkürzungen und Vorgefasstheiten. Die symptomatischen Figuren in diesem Raum sind die „deterritorialisierten" Fälle – jene, die als „sans-papier, Staatenlose, Klandestine, Illegale, Abschiebehäftlinge und Eindringlinge" klassifiziert werden. Doch erst das durch den „Selbstmordattentäter" repräsentierte schwarze Loch der nichtkommunizierenden Kommunikation scheint endgültig. Wie kann man aus diesem babylonischen Raum ein „Gemeinsames" bilden, einen ständig wandelbaren Grund, auf dem Selbst und Anderer eine „Sprache der Verhandlung" erfinden und in und durch Differenz und Vielfalt leben können?

Åsa Sonjasdotter

A Potato Perspective

The Research

"It is, however, not clear why the simple
transference into garden soil should result
in such a thorough and persistent revolution
in the plant organism. No one will seriously
maintain that in the open country the development of plants is ruled by other laws than
in the garden bed. Here, as there, changes of
type must take place if the conditions of life
be altered, and the species possesses the
capacity of fitting itself to its new environment.
It is willingly granted that by cultivation
the origination of new varieties is favored,
and that by man's labor many varieties are
acquired which, under natural conditions,
would be lost; but nothing justifies the
assumption that the tendency to formation of
varieties is so extraordinarily increased that
the species speedily lose all stability, and
their offspring diverge into an endless series
of extremely variable forms. Were the change
in the conditions the sole cause of vari-
ability we might expect that those cultivated
plants which are grown for centuries under
almost identical conditions would again attain
constancy. This, as is well known, is not the
case since it is precisely under such circumstances that not only the most varied but also
the most variable forms are found."

Gregor Mendel, "Experiments in Plant Hybrid-
ization", 1865.

"Studying flowering potato fields in Peru has
convinced me that all the so called local
varieties can still be split into hundreds of
forms..... in other words, there are millions
of botanical varieties and forms. Our ignorance concerning the Andean potato diversity
is striking..... There is a damned multitude
of wild species, but the cultivated potato is
such as I have never seen before, being still
unacquainted with "the furnaces of creation".
And everything here is connected with wild
materials..... I have been in Yucatan and now
have a more or less full concept of the whole
of South America..... I am collecting everything..."

Nikolai Ivanovich Vavilov, a letter to N.V.
Kovalev sent from Peru on November 7, 1932.

Die Forschung

„Es ist jedoch nicht einzusehen, warum das
blosse Versetzen in den Gartengrund eine so
durchgreifende und nachhaltige Revolution im
Pflanzen-Organismus zur Folge haben müsse.
Niemand wird im Ernste behaupten wollen, dass
die Entwicklung der Pflanze im freien Lande
durch andere Gesetze geleitet wird, als am
Gartenbeete. Hier wie dort müssen typische
Abänderungen auftreten, wenn die Lebensbedin-
gungen für eine Art geändert werden und diese
die Fähigkeit besitzt, sich den neuen Verhältnissen anzupassen. Es wird gerne zugegeben,
dass durch die Cultur die Entstehung neuer
Varietäten begünstigt und durch die Hand des
Menschen manche Abänderung erhalten wird,
welche im freien Zustande unterliegen müsste,
allein nichts berechtigt uns zu der Annahme,
dass die Neigung zur Varietätenbildung so
ausserordentlich gesteigert werde, dass die
Arten bald alle Selbständigkeit verlieren und
ihre Nachkommen in einer endlosen Reihe höchst
veränderlicher Formen auseinander gehen. Wäre
die Aenderung in den Vegetations-Bedingungen die
alleinige Ursache der Variabilität, so dürfte
man erwarten, dass jene Culturpflanzen, welche
Jahrhunderte hindurch unter fast gleichen
Verhältnissen angebaut wurden, wieder an
Selbstständigkeit gewonnen hätten. Das ist
bekanntlich nicht der Fall, da gerade unter
diesen nicht blos die verschiedensten, sondern
auch die veränderlichsten Formen gefunden
werden."

Gregor Mendel, „Versuche über Pflanzen-
hybriden", in: Verhandlungen des natur-
forschenden Vereins zu Brünn, 4, 1866,
S. 3-47, hier S. 36f.

„Das Studium blühender Kartoffelfelder in Peru
hat mich davon überzeugt, dass all die sogenannten Varietäten sich in Hunderte von Formen
aufspalten lassen..... Mit anderen Worten, es
gibt Millionen von botanischen Sorten und Formen.
Unsere Unkenntnis hinsichtlich der Vielfalt
der Andenkartoffel ist verblüffend..... Es gibt
eine verfluchte Vielfalt wilder Arten, doch so
etwas wie die kultivierte Kartoffel habe ich
noch nie gesehen, war ich doch noch unvertraut
mit „den Hochöfen der Schöpfung". Und alles
hier ist mit wilden Materialien verbunden.....
Ich war in Yucatan und habe jetzt einen mehr
oder weniger vollständigen Begriff von ganz
Südamerika..... Ich sammle alles."

Nikolai Iwanowitsch Wawilow in einem Brief,
den er am 7. November 1932 aus Peru an N.W.
Kowalew sandte.

The Matter

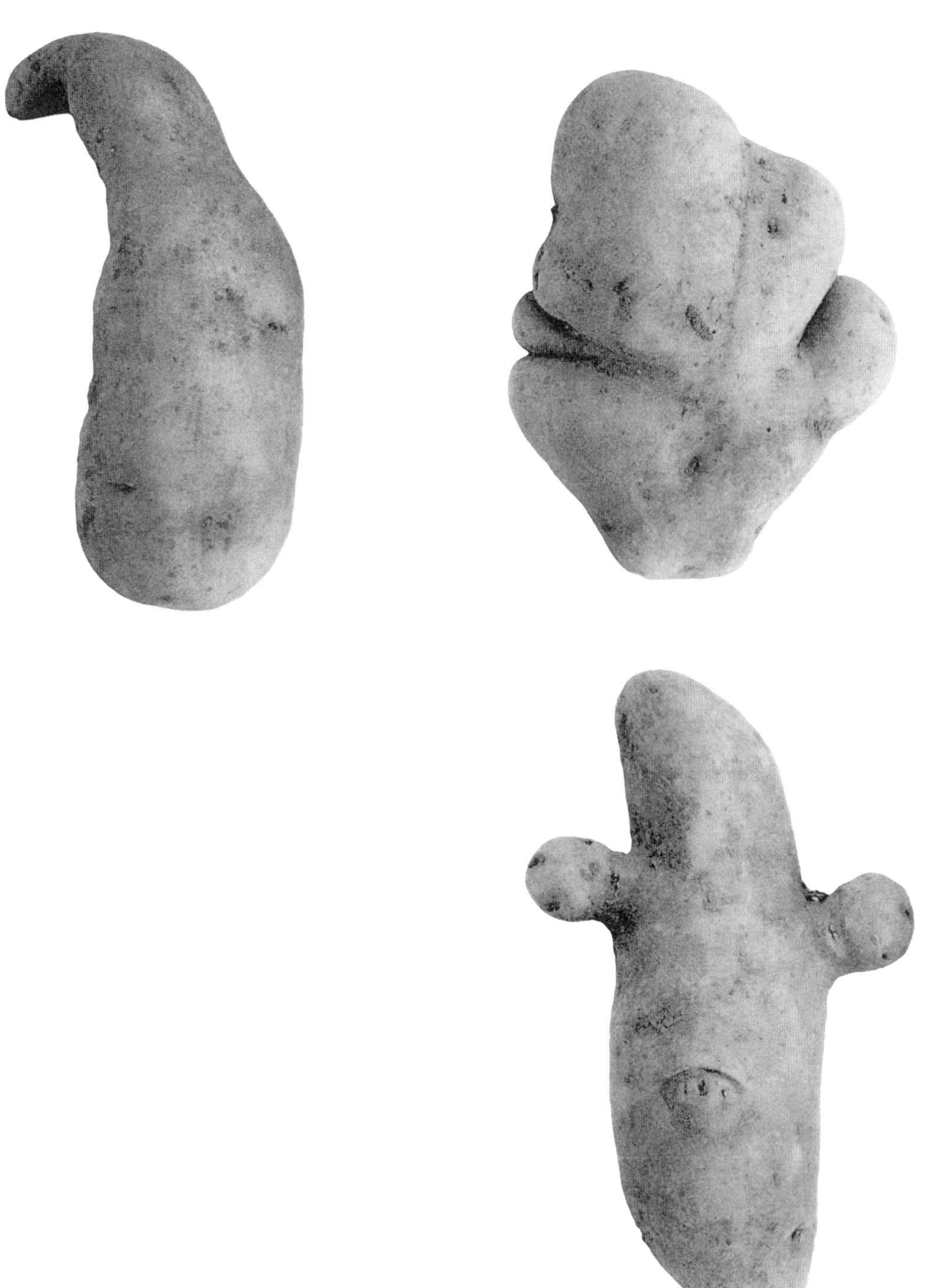

The Instructions

1: Put together a good selection of seeds of different varieties. Heritage seeds are recommended because they don't have any single-gene breeding potential that would throw off your results. The idea here is to get a broad genetic base to breed from.

2: Plant out the seeds. Let all of the pests and diseases do their worst in order that you can select the few plants most resistant to attack. The seeds can be planted with quite a close spacing since they will be thinned by disease pressure. It's important to make sure that every plant gets infected, so that they all have an equal chance to show their resistance levels. Before the plants flower you can rescue the best survivors. You may have to apply a little organically approved crop protection to save them if they are very badly infected.

3: Crossbreed the winners. If they are separated from any other plants of the same crop, you can just remove the less hardy plants from your plot and let the best ones be naturally pollinated. The key is to make sure that they aren't being crossed with plants from outside the selection group. Keep in mind that bees can forage over a range of several kilometers if food is in short supply.

4: Keep the seeds from these plants and use them to repeat the process next year.

Depending on how many seeds you start with — and how lucky you are — you might get an excellent variety right away; or it might take a number of generations of breeding. Statistically, maximum disease resistance will be reached after ten to fifteen generations of mass selection, though it's quite likely that you'll get some good varieties much earlier in the breeding process.

The Open Plant Breeding Foundation
www.opbf.org

Die Anweisungen

1: Stellen Sie eine gute Auswahl von Samen unterschiedlicher Sorten zusammen. Es empfehlen sich alte Kulturpflanzensamen, da sie nicht das Potential haben, ein bestimmtes einzelnes Gen auszubilden. Es geht darum, eine möglichst umfassende genetische Grundlage für den Zuchtvorgang zu schaffen.

2: Pflanzen Sie die Samen aus. Lassen Sie alles Unkraut und jede Krankheit wüten, damit Sie die wenigen Pflanzen auswählen können, die diesen Angriffen am besten widerstehen. Die Samen können sehr dicht nebeneinander angepflanzt werden, da sie durch den Druck der Krankheiten ausgedünnt werden. Es ist wichtig sicherzustellen, dass alle Pflanzen infiziert werden, damit alle die gleiche Chance haben, ihr Widerstandsniveau zu zeigen. Bevor die Pflanzen blühen, kann man die besten Überlebenden retten. Falls sie sehr stark infiziert sind, kann man wenig organisch erprobtes Pflanzenschutzmittel verwenden, um die Pflanzen zu erhalten.

3: Kreuzen Sie die Gewinner. Wenn man sie von allen anderen Pflanzen derselben Kultur trennt, kann man die weniger robusten Pflanzen einfach aus dem Beet entfernen, während die besten auf natürlichem Weg bestäubt werden. Entscheidend ist sicherzustellen, dass sie nicht mit Pflanzen von außerhalb der Auswahlgruppe gekreuzt werden. Man sollte nicht vergessen, dass Bienen bei der Futtersuche mehrere Kilometer zurücklegen können, wenn die Nahrung knapp ist.

4: Bewahren Sie die Samen dieser Pflanzen auf und wiederholen Sie den Prozess im nächsten Jahr.

Je nachdem, mit wie vielen Samen Sie beginnen, und wie viel Glück Sie haben, können Sie gleich eine hervorragende Sorte erzielen — oder es kann mehrere Zucht-Generationen dauern. Statistisch wird die maximale Widerstandsfähigkeit gegen Krankheiten nach zehn bis fünfzehn Generationen der Massenselektion erreicht, auch wenn es durchaus wahrscheinlich ist, dass man schon wesentlich früher im Verlauf des Zuchtprozesses einige gute Sorten erhält.

The Open Plant Breeding Foundation
www.opbf.org

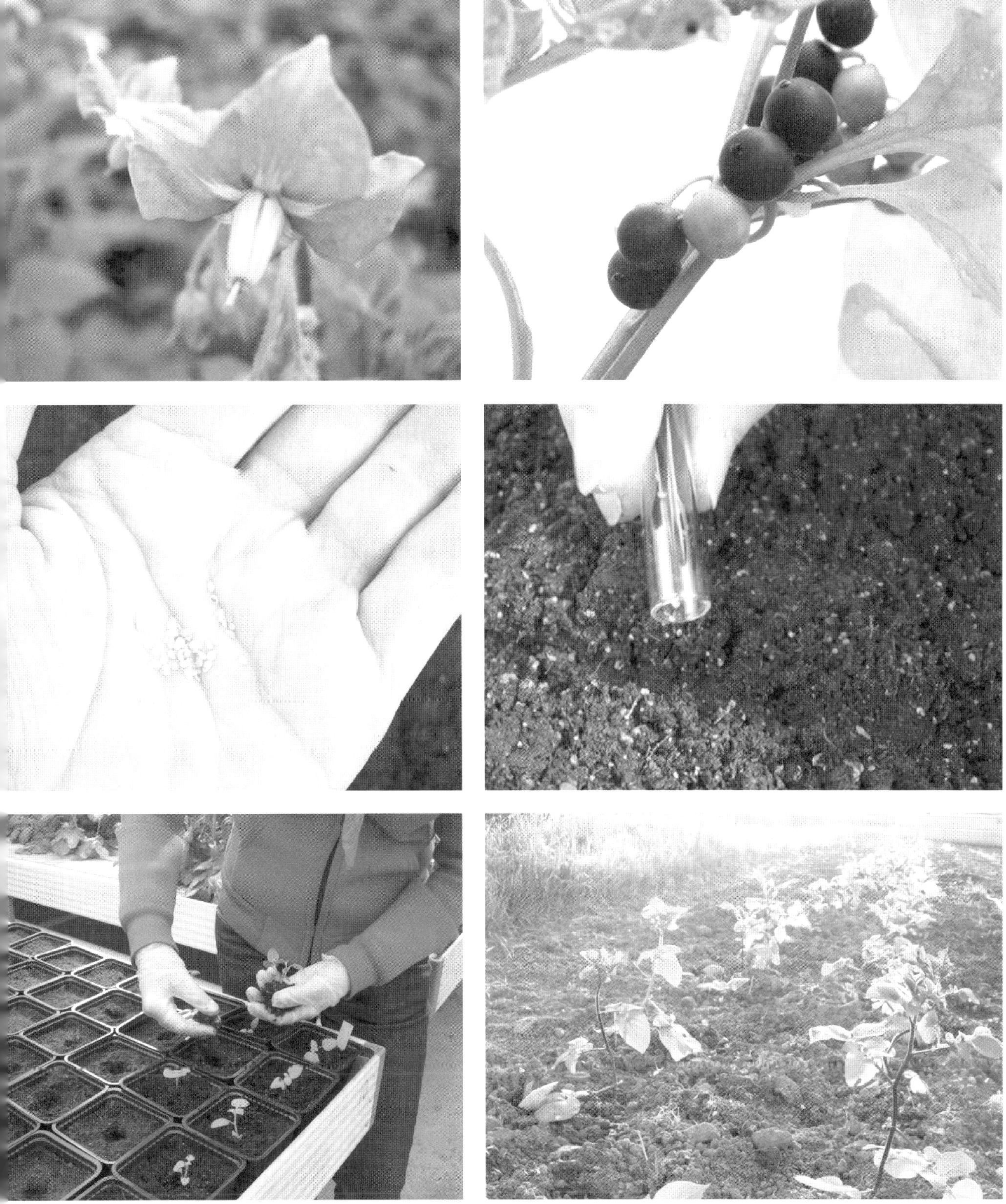

Berit Fischer

The Revolution will
not be televised –
On becoming Multitude /
Die Revolution wird nicht
im Fernsehen übertragen –
Über das Werden von
Multitude

"We are in the epoch of simultaneity: we are in the epoch of juxtaposition, the epoch of the near and the far, of the side-by-side, of the dispersed. We are at a moment, I believe, when our experience of the world is less that of a long life developing through time than of a network, that connects points and intersects with its own skein."

Michel Foucault, *Other Spaces*, 1967

Looking in particular at developments such as the political revolutions in the Arab world in the beginning of 2011, it appears that new civic societies are emerging. There is a new generation of referendum and activism being inaugurated, not only with visions for re-thinking democracy, but of actually reforming society and implementing democratic changes. One of the striking aspects of this development is the collective energy driving this movement and that it is based on networks that operate without hierarchy and that encompass difference.

Trying to find answers to the questions such phenomena produce is of course very complex, for these questions differ from circumstance to circumstance. Yet it seems that there are some ontologically and globally relevant validities across the spectrum of such an enquiry. Looking at the critical work of Michael Hardt and Antonio Negri, *Multitude: War and Democracy in the Age of Empire*, the authors give us some reference points for the discussion, bringing today's order of the world to question.

Hardt and Negri describe networks as a form of sovereignty, and of their power as a tool of disobedience to hegemonic and oppressive power structures within the world. These structures not

„Wir sind in der Epoche des Simultanen, wir sind in der Epoche der Juxtaposition, in der Epoche des Nahen und des Fernen, des Nebeneinander, des Auseinander. Wir sind glaube ich, in einem Moment, wo sich die Welt weniger als ein großes sich durch die Zeit entwickelndes Leben erfährt, sondern eher als ein Netz, das seine Punkte verknüpft und sein Gewirr durchkreuzt."

Michel Foucault, *Andere Räume*, 1967

Wenn man die Entwicklungen wie etwa die politischen Revolutionen in der arabischen Welt zu Beginn des Jahres 2011 aufmerksam verfolgt, so scheint es, als seien neue Zivilgesellschaften im Entstehen. Eine neue Generation des Volksentscheids und des Aktivismus tritt in Kraft, die nicht nur über die Visionen einer neu gedachten Demokratie verfügt, sondern tatsächlich befähigt ist, die Gesellschaft zu reformieren und demokratischen Wandel herbei zu führen. Einer der markantesten Aspekte dieser Entwicklung besteht in der kollektiven Energie, die diese Bewegungen voran treibt, und dass diese Bewegungen/Entwicklungen auf Netzwerken basieren, die ohne Hierarchien auskommen und lokale Differenzen akzeptieren.

Der Versuch, Antworten auf die Fragestellungen zu finden, die solche Phänomene mit sich bringen, ist natürlich an sich bereits sehr komplex, da diese je nach Situation anders ausfallen. Dennoch scheint es, als existierten innerhalb der Bandbreite dieser Fragestellung einige ontologische und global übergreifende Gültigkeiten. In ihrem Werk *Multitude: Krieg und Demokratie im Empire*, geben uns die Autoren Michael Hardt und Antonio Negri einige Anhaltspunkte für die Diskussion und stellen die Ordnung der heutigen Welt in Frage.

Hardt und Negri beschreiben Netzwerke als eine Form von Souveränität und sehen ihr Potential als ein Instrument des Ungehorsams gegenüber den hegemonialen und repressiven Machtstrukturen dieser Welt. Diese Strukturen schließen nicht nur den Nationalstaat mit ein, sondern auch die Unternehmen und supranationalen Institutionen, die den globalen Herrschaftsapparat ausmachen.

only include the national state but also the corporations and supranational institutions that sustain the global apparatus of governance.

In a world in which economics have been growing ever more abstract, "producing ideas" has been gaining in importance. Post-Fordian labor practices have not only changed production-oriented labor into an immaterial and knowledge based production line, but these practices have also produced a "knowledge economy" in which the economic, the political and the social cannot be separated. Economic production also creates a social production in which communication and performativity are of particular importance. Direct interlinking between politics and life has been increasingly happening. In their volume, Hardt and Negri also talk about a growing instability of reality, and an institutionalization of the social, which, amongst other things, is being caused by developments in gentechnology, and bio-politics, and by an increasing artificialization of the biosphere.

The effects of global climate change, which have become increasingly perceptible worldwide, have fostered a growing collective empathy, a global consciousness, and an awareness for the common globe that we share. A new form of "commonality" can be observed. In the endeavours of novel civic societies, this commonality is aided by web-based communication structures, and on many levels, complex social networks. One of the most important characteristics of these networks is that they are decentralized and heterogeneous, providing simultaneous coexistence of diverse individual actors and "nodes" that can exist regardless of their specific interdependencies or relationships. There are no margins in decentralized rhizomatic networks and as such, new nodes and connections can be formed at any time. [1]

Gilles Deleuze and Felix Guattari coin the term "rhizome" as a horizontal and non-hierarchical conception; a mode of knowledge and a model for society in which anything can be linked to anything else—with no respect whatsoever for specific species. Rhizomes create heteroge-

In einer Welt, in der die Ökonomien zusehends abstrakter werden, hat die „Produktion von Ideen" an Wichtigkeit gewonnen. Nicht nur, dass mit solch post-fordianischer Arbeitspraxis die produktions-orientierte Arbeit gewichen ist; diese Praktiken haben auch eine „Ökonomie des Wissens" hervorgebracht, in der das Ökonomische, das Politische und das Soziale nicht mehr voneinander getrennt werden können. Die wirtschaftliche Produktion erschafft mithin eine „gesellschaftliche Produktion", in der Kommunikation, Beziehungen und Performativität von besonderer Bedeutung sind. Die direkte Verknüpfung von Politik und Leben wird immer stärker. In ihrem Werk sprechen Hardt und Negri auch von einer zunehmenden Instabilität der Realität und von einer Institutionalisierung des sozialen Gefüges. Als Gründe nennen sie unter anderem die Entwicklungen in Gentechnologie und Biopolitik und eine zunehmende Verkünstlichung der Lebenswelt.

Die weltweit immer spürbareren Auswirkungen des Klimawandels lassen kollektive Empathie, ein Bewusstsein für den Globus wachsen, den wir miteinander teilen. Eine neue Form des „Gemeinsamen" und der „Gemeinschaftlichkeit", der Kommunalität [Commonality], ist zu beobachten. In den Bemühungen der neuen Zivilgesellschaften wird diese Gemeinschaftlichkeit gestützt von web-basierten Kommunikationsstrukturen und durch vielschichtige komplexe soziale Netzwerke. Eines der wichtigsten Charakteristika dieser Netzwerke besteht in ihrer Dezentralität und ihrer Heterogenität, die die gleichzeitige Koexistenz individueller Akteure und Knotenpunkte ermöglicht, ungeachtet ihrer spezifischen Wechselwirkungen oder Beziehungen. Es gibt keine Begrenzungen innerhalb solcher dezentralisierten, rhizomatischen Netzwerke, so daß jederzeit neue Knotenpunkte und Verbindungen entstehen können. [1]

Gilles Deleuze und Felix Guattari prägten den Begriff des „Rhizoms" als ein horizontales und non-hierachisches Konzept, als eine Form von Wissen und als Modell für eine Gesellschaft, in der jedes mit jedem verbunden sein kann – und zwar ausnahmslos. Rhizome stellen heterogene

[1] Michael Hardt and Antonio Negri, *Multitude: War and Democracy in the Age of Empire*, New York, 2004, p. xv
Michael Hardt und Antonio Negri, *Multitude: Krieg und Demokratie im Empire*, Frankfurt 2004, S. 11

neous links between things that may otherwise have no relation. They don't narrativise history and culture in a chronological or organized way, but rather present them as a map of interlinking nodes without specific provenance. A rhizome has no starting or finishing point, but is always between things—interlinked and promoting a nomadic system of multiplication and augmentation.

Linking Deleuze and Guattari's concept of the rhizome with Hardt and Negri's understanding of commonality and multitude, it becomes clear that recognizing multitudinous arrays of singularities and differences can create the basis for a *common* ground and a community that goes beyond its social apparatus. Multitude is the fundament for future production, and singularities interact and communicate socially on the basis of a commonality that in turn produces commonality again. Multitude is the subjectivity that results from this dynamic of singularity and communality. [2] The notion of multitude depends on the becoming of multiplicity.

Commonality is obtained while recognizing difference and retaining autonomous singularity. Commonality that is comprehended as communication between singularities with different realities and forms of life—practices, languages, habits, and visions of the world—is not only reactive, but active and creative. It is a chance for different social relations. As Hardt and Negri point out, political multitude has a double temporality: it always has been, and is still not.

Multitude doesn't happen spontaneously or anarchically, but it grows out of the cooperation of singular social subjects. [3] It is an act of *becoming*. Deleuze and Guattari explain that the process of *becoming* is "a process of change, flight, or movement within an assemblage…. In *becoming* one piece of the assemblage is drawn into the territory of another piece, changing its value as an element and bringing about a new unity." [4]

There is "a space in-between" that is important in becoming multitude and that Deleuze and Guattari call the *interbeing* or the *plane of imma-*

Verbindungen her zwischen Dingen, die ansonsten keinen Bezug zueinander hätten. Geschichte und Kultur werden nicht in chronologischen oder organisierten Ordnungen erfasst, sondern als eine Karte aus miteinander verbundenen Knotenpunkten, deren Vorgeschichte irrelevant ist. Ein Rhizom hat keinen Anfangs- und keinen Endpunkt, es ist stets zwischen den Dingen – ein in sich verflochtenes, aus sich selbst hervorbringendes, nomadisches System von Multiplikation und Wachstum.

Verbindet man die Idee des Rhizoms von Deleuze und Guattari mit Hardt und Negris' Definition von *Multitude* (Vielheiten) und Kommunalität, wird deutlich, dass das Anerkennen mannigfacher Singularität und die damit einhergehende Differenz, die Grundlage von Gemeinsamkeit sein kann, eine Gemeinschaft, die sich über den „sozialen Apparatus" hinaus erstreckt. *Multitude* bildet das Fundament für die künftige Produktion; und die Singularitäten interagieren und kommunizieren untereinander auf der Basis des „Gemeinsamen", das im Gegenzug wiederum Gemeinsames produziert. *Multitude* ist die Subjektivität, die sich aus dieser Dynamik von Singularität und Kommunalität ergibt. [2] Die Idee der Multitude ist verknüpft mit dem Werden von Multiplizität.

Kommunalität wird, unter der Beibehaltung der autonomen Singularität, durch Anerkennung der mit sich führenden Differenz erreicht. Kommunalität, die als Kommunikation zwischen Singularitäten verschiedener Realitäten und gemeinsamer Lebensweisen begriffen wird – wie z.B. gemeinsame Praktiken, Sprachen, Gewohnheiten und Weltanschauungen – ist nicht nur reaktiv, sondern aktiv und kreativ. Sie ermöglicht verschiedenartige soziale Beziehungen. Wie Hardt und Negri bemerken, verfügt politische *Multitude* über eine doppelte Zeitlichkeit: Sie ist immer schon gewesen und ist noch immer nicht.

Multitude entsteht nicht aus Spontaneität oder Anarchie, sondern erwächst aus dem Zusammenwirken singulärer sozialer Subjekte. [3] Es ist ein Akt des *Werdens*. Deleuze und Guattari erklären, dass der Prozess des Werdens „ein

[2]   Ibid, p. 198 / ebd., S. 223

[3]   Ibid, p. 222 / ebd., S. 249

[4]   www.rhizomes.net/issue5/poke/ glossary.html. Retrieved February 24 , 2011 / Abgefragt am 24. Februar 2011

nence: "the metaphysical or ontological itself: a formless, univocal, self-organizing process which always qualitatively differentiates from itself." [5]

In a globalized world of constant flux, certain cultural elements transcend territorial boundaries. In this process, culture is simultaneously deterritorialized and reterritorialized across different parts of the world; atopian cultures are created as the world is in motion.

Globalization, when understood as an economic global cooperation and interaction, is generally perceived to have negative economic, political, social, cultural and ecological consequences. But approaching the concept of globalization though from a holistic perspective that relates to education and knowledge production, it can inspire the starting point in a process of de-institutionalizing society and diluting social polarization. Ivan Illich claimed in his 1971 book *Deschooling Society*, that social reality itself has become schooled. In his understanding, the institutionalization of education is equal to the institutionalization of society, and that de-institutionalizing education may be the beginning of a de-institutionalized society. As such, preventing formal institutions from holding a monopoly over schools and information flows would have an effect on de-institutionalizing society. He pleads for peer-to-peer learning and institutions that "serve personal, creative, and autonomous interaction and the emergence of values which cannot be substantially controlled by technocrats." [6]

Rhizomatic structuring of social bodies, self-organization, the establishing of alternate forms of participation, and the forging of a commonality of multitudes that is democratic to all, are some of the tools that, for example, inform Joseph Beuys' idea behind the "Social Sculpture/Social Architecture." Beuys states that it "will only reach fruition when every living person becomes a creator, a sculptor or architect of the social organizm.… Every human being is an artist who… learns to determine the other positions in the total artwork of the future social order. Self-determination and participation in the cultural

Prozess des Wandels ist, [...] der Bewegung innerhalb einer Assemblage. [...] Im *Werden* wird ein Teil der Assemblage dem Territorium eines anderen Teils einverleibt, was seine Wertigkeit als Element verändert und zugleich eine neue Einheit mit sich bringt." [4]

Das Werden von *Multitude* entsteht im Raum dazwischen, den Deleuze und Guattari als *Dazwischensein* oder *Immanenzebene* bezeichnen: ein formloser, unmissverständlicher selbstorganisierter Prozess, der sich stets qualitativ unterscheidet. [5]

In einer globalisierten, sich in ständigem Wandel befindenden Welt überschreiten gewisse kulturelle Bestandteile die territorialen Grenzen. Während dieses Prozesses wird Kultur über die verschiedenen Teile der Welt hinweg zugleich deterritorialisiert und reterritorrialisiert; atopische Kulturen entstehen während die Welt im Wandel ist.

Globalisierung, verstanden als ökonomische, globale Kooperation und Interaktion, wird im Allgemeinen eher mit seinen negativen ökonomischen, politischen, sozialen, kulturellen und ökologischen Auswirkungen wahrgenommen. Nähert man sich dem Konzept der Globalisierung jedoch von einer ganzheitlichen Sicht der menschlichen Bildungserfahrung, einer holistischen, der Produktion von Bildung und Wissen verbundenen Perspektive, mag es als Inspiration und Ausgangspunkt für einen Prozess dienen, der eine Deinstitutionalisierung der Gesellschaft und ein Aufweichen sozialer Polarisierungen vefolgt. In seinem Buch *Deschooling Society* von 1971 stellt Ivan Illich die Behauptung auf, dass soziale Wirklichkeit „verschult" sei. Seiner Auffassung nach ist Institutionalisierung von Bildung gleichzusetzen mit der Institutionalisierung von Gesellschaft, und demnach könne die Deinstitutionalisierung von Bildung den Beginn einer deinstitutionalisierten Gesellschaft einleiten. Vermiede man also eine Monopolstellung offizieller Institutionen gegenüber Schulen und Informationsflüssen, hätte dies einen Einfluss auf die Deinstitutionalisierung von Gesellschaft. Illich plädiert für „Peer-to-Peer" Lernen und für Einrichtungen, die „persönlicher, kreativer und

[5] http://en.wikipedia.org/wiki/Plane_of_immanence. Retrieved November 15, 2010 / Abgefragt am 15. November 2010

[6] Ivan Illich, *Deschooling Society*, (London, 1971); available at www.preservenet.com/theory/Illich/Deschooling/intro.html Retrieved February 24, 2011 / Abgefragt am 24. Februar 2011

[7] Joseph Beuys, "I am Searching for Field Character" (1973), *UTOPIAS, Documents of Contemporary Art*, ed. Richard Noble, Massachusetts, 2009, p. 114
Joseph Beuys, „Ich durchsuche Feldcharakter", in: *Kunst im politischen Kampf.* Ausst.-Kat., Kunstverein Hannover 1973, S. 30 ff.

[8] Michel Foucault, "Of Other Spaces" (1967), available at: http://foucault.info/documents/heteroTopia/foucault.heteroTopia.en.html. Retrieved April 4, 2011 / Abgefragt am 4. April, 2011
Michel Foucault, "Andere Räume" (1967), in: Barck, Karlheinz (Hg.): *Aisthesis: Wahrnehmung heute oder Perspektiven einer anderen Ästhetik*; Leipzig, 1993

[9] Nicolas Bourriaud, "Conviviality and Encounters," in: *Relational Aesthetics*, Paris 2002 p. 32 / S. 32

sphere (freedom); in the structuring of laws (democracy); and in the sphere of economics (socialism). Self-administration and decentralization (threefold structure) occurs: free democratic socialism." [7]

Striving for betterment is innate to the human race, which calls for joint action in search *of* this betterment. Utopia, the ancient Greek word for "no place," (or a place imagined but not realized), bears a general analogy with the real space of society—for it illuminates the limitations of the world we live in. The term implies our attempts to escape from society's inherent reality, but therefore affirms its status quo. But as Foucault argues, every society and culture also constitutes heterotopias: "real places … which are something like counter-sites, a kind of effectively enacted utopia in which the real sites, all the other real sites that can be found within the culture, are simultaneously represented, contested and inverted." [8]

Some artistic practices attempt to capture an immanent critique that sits between the present and the future. The proposals that result from such practices open up new cultural spaces and foster do-it-yourself utopias; they foreground new individual, social and ontological relationships. While attempting to disrupt existing status quos, these proposals postulate models for new ways of being, of viewing the world differently, and of defining models for *other possible worlds*. According to Bourriaud, art can work out heterogeneous modes of sociability in which 'relational micro-territories' could merge into the density of the contemporary socius. [9]

These proposals are not blueprints. Nor are they simple contemplations of the impossible; rather they are models that are produced in order for us to see how far away we are from the possible. They are proposals towards the becoming of what we have the potential to be. They are not utopian fantasies, but they explore the possibility of maintaining spaces of potentiality for other worlds to become—outside and within the consensus and beyond a pure economic globalization. They challenge us to actively engage, and to

autonomer Interaktion sowie einer Werteschaffung dienen, die im Wesentlichen nicht von Technokraten kontrollierbar ist." [6]

Der rhizomatische Aufbau gesellschaftlicher Gefüge, die Selbstorganisation, die Etablierung alternierender Formen der Partizipation sowie die Schaffung einer umfassend demokratischen gemeinschaftlichen Vielfalt, – all dies gehört beispielsweise auch zu dem Instrumentarium, das Joseph Beuys' Vorstellung von „Sozialer Plastik" und „Sozialer Architektur" zu Grunde liegt. Beuys meinte, diese könne „erst dann in vollkommener Weise in Erscheinung treten, wenn der letzte lebende Mensch auf dieser Erde zu einem Mitgestalter, einem Plastiker oder Architekten am sozialen Organismus geworden ist. [...] Jeder Mensch ist ein Künstler, der [...] die anderen Positionen im Gesamtkunstwerk zukünftige Gesellschaftsordnung bestimmen lernt. Selbstbestimmung und Mitbestimmung im kulturellen Bereich (Freiheit), in der Rechtsstruktur (Demokratie) und im Wirtschaftsbereich (Sozialismus). Selbstverwaltung und Entflechtung (Dreigliederung) findet statt: der freie demokratische Sozialismus." [7]

Es liegt in der menschlichen Art, nach steter Verbesserung zu streben, und eben dies fordert zu *gemeinschaftlicher* Aktionen auf. Utopia, das altgriechische Wort für "Nicht-Ort" (oder für einen denkbaren, aber nicht realisierten Ort), teilt sich eine generelle Analogie mit dem realen Raum von Gesellschaft – denn es zeigt die Grenzen der Welt auf, in der wir leben. Der Begriff beinhaltet unsere Bemühungen der immanenten Realität der Gesellschaft zu entkommen, doch er besiegelt damit im gleichen Atemzug ihren Status quo. Doch wie Foucault sagt, erzeugt jede Gesellschaft und Kultur auch Heterotopien: „wirkliche Orte, wirksame Orte, die in die Einrichtung der Gesellschaft hineingezeichnet sind, sozusagen Gegenplazierungen oder Widerlager, tatsächlich realisierte Utopien, in denen die wirklichen Plätze innerhalb der Kultur gleichzeitig repräsentiert, bestritten und gewendet sind, gewissermaßen Orte außerhalb aller Orte, wiewohl sie tatsächlich geortet werden können. [8]

actively be. They are more about utopian becomingness than "aboutness" or being. "Art can cease being a report about sensations and become a direct organization of more advanced sensations. The point is to produce ourselves rather than things to enslave us." [10]

As Gil Scott-Heron says in his song *The Revolution Will Not Be Televised*, "the revolution will put you in the driver's seat." Change does not happen while we are waiting for it to be projected or presented; it happens within autonomous singularity, and with the potency of multiplicity. [11]

Eine Anzahl künstlerischer Praktiken beinhalten den Versuch einer immanenten Kritik, die zwischen der Gegenwart und der Zukunft liegt. Die Vorschläge, die aus solchen Praktiken resultieren, eröffnen neue kulturelle Möglichkeitsräume und begünstigen „do-it-yourself" Utopien; sie heben neue individuelle, soziale und ontologische Beziehungen hervor. Indem sie versuchen, den bestehenden Status quo zu durchbrechen, zeigen diese Vorschläge Modelle auf für neue Wege des Seins und der Betrachtung der Welt, Entwürfe für *other possible worlds*. Nach Bourriaud kann Kunst heterogene Formen von Geselligkeit erzeugen, in denen relationale Mikroterritorien in die Dichte des zeitgenössischen gesellschaftlichen Apparatus verschmelzen könnten. [9]

Diese Entwürfe sind keine Baupläne, noch sind sie reine Kontemplation über das Unmögliche: Vielmehr handelt es sich um Modelle, die im Hinblick darauf entwickelt werden, sichtbar zu machen, wie weit wir von dem Möglichen entfernt sind. Es sind Vorschläge des *Werdens*, die aufzeigen, welches Potential wir haben könnten. Es sind keine utopischen Fantasien, vielmehr erkunden sie die Möglichkeit von Räumen der Potentialität für andere denkbare Welten – außerhalb und innerhalb des allgemeinen Konsens und jenseits einer rein ökonomischen Globalisierung. Sie fordern unser aktives Engagement und aktives Sein. Sie handeln eher vom „utopischen Werden" als von "aboutness", einer „Bezugnahme auf" oder dem Sein. Nach Guy Debord, kann die Kunst aufhören über Empfindungen zu berichten, sondern sie sollte mit Befindlichkeit unmittelbar und direkt umgehen. Der springende Punkt besteht darin, eher uns selbst zu produzieren, als Dinge, die uns versklaven. [10]

Wie Gil Scott-Heron in seinem Song *The Revolution Will Not Be Televised* sagt: „die Revolution wird dich ans Steuer setzen" [11]. Wandel geschieht nicht, während wir darauf warten, dass er projiziert oder präsentiert wird; er passiert innerhalb autonomer Singularität und mit der Kraft von Multiplizität.

[10] Guy Debord, "Theses on the Cultural Revolution," in: *Internationale Situationniste* #1, June 1958, p. 20 / Juni 1958 S. 20

[11] Gil Scott-Heron, "The Revolution Will Not Be Televised," first published 1970 on the album *Small Talk at 125th and Lenox*
Gil Scott-Heron, „The Revolution Will Not Be Televised", erstmals 1970 veröffentlicht auf dem Album *Small Talk at 125th and Lenox*

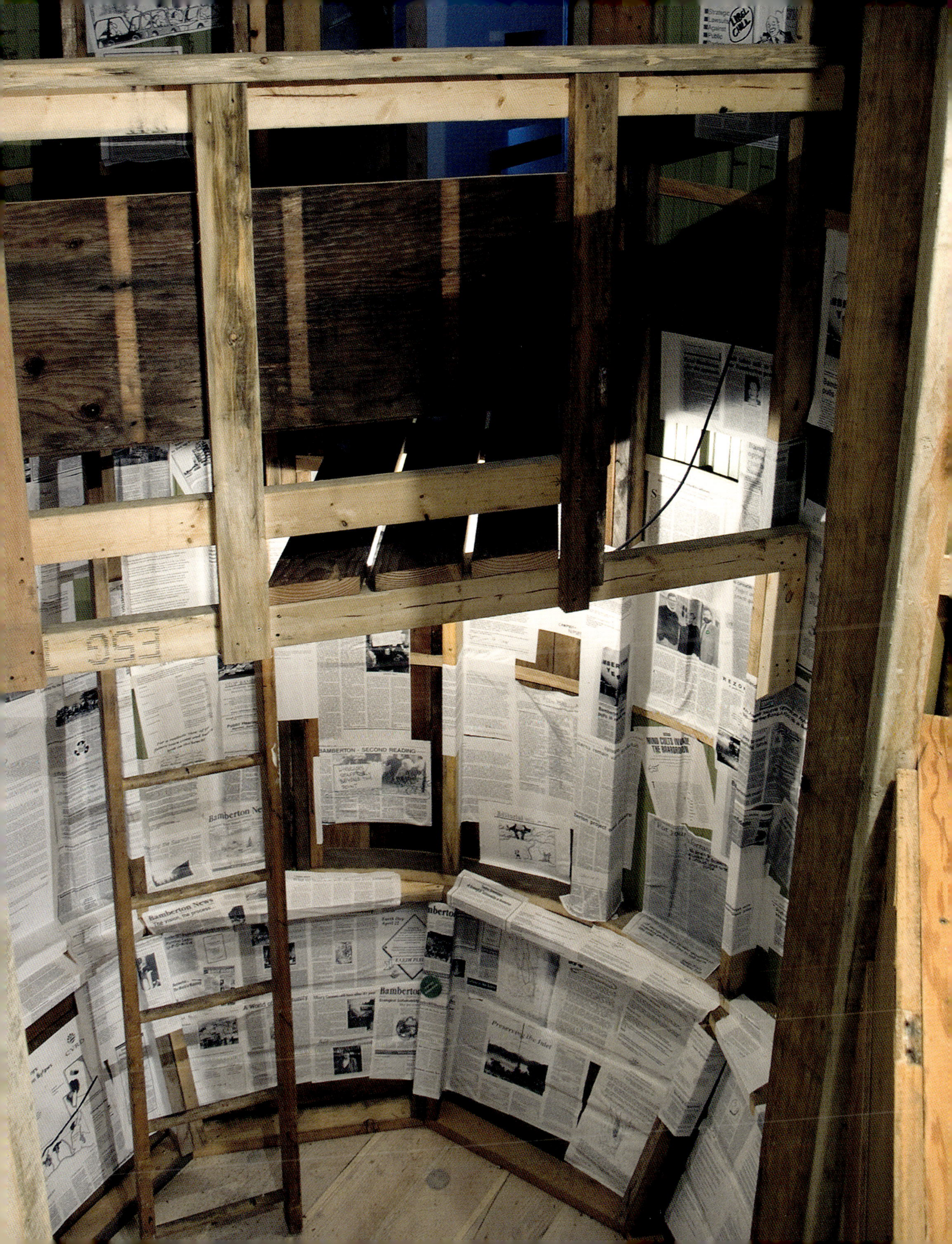

Cedric Bomford

What do we have to build
to get out of this one? /
Was müssen wir aufbauen,
um dieser Welt zu
entkommen?

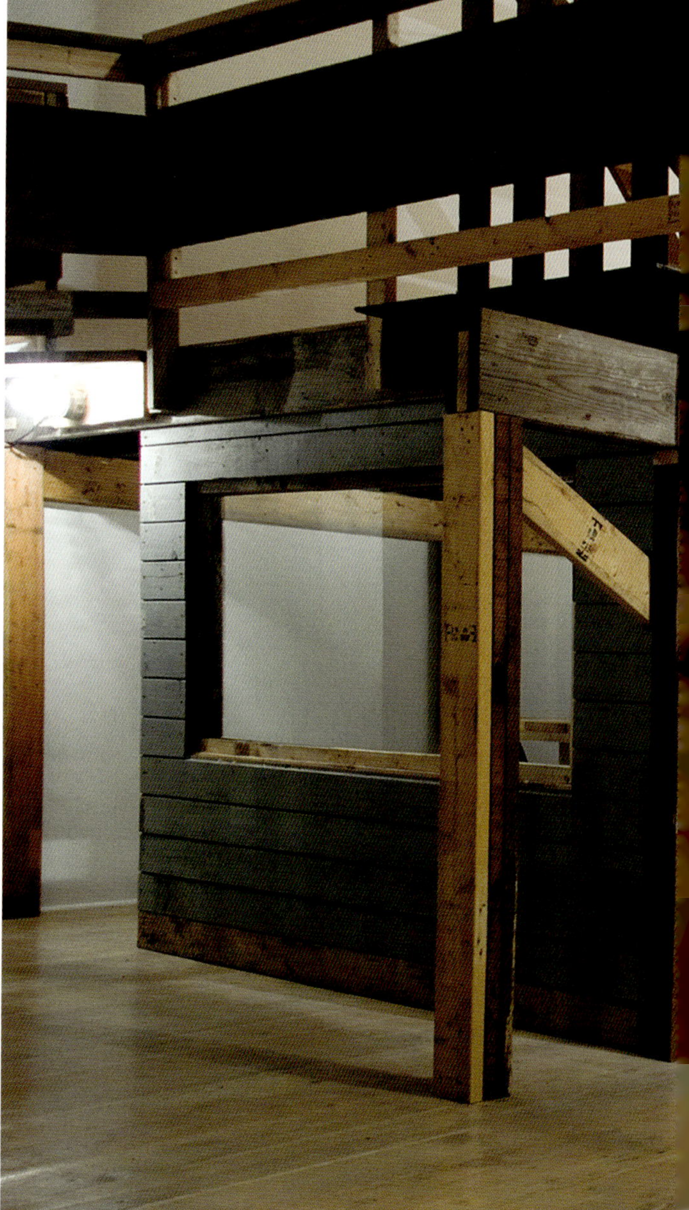

<u>Bamberton: Contested Landscape</u>
The work constructed for *Bamberton: Contested Landscape* emerged through a half-year collaborative building process with my brother Nathan. The full-room installation takes its name from a failed development proposal from the early nineties on Vancouver Island, Canada. The Bamberton development was one of the first in Canada to be directly marketed with the language of sustainable development.

<u>Bamberton: Contested Landscape</u>
Die für *Bamberton: Contested Landscape* geschaffene Arbeit ging aus einem gemeinsamen Konstruktionsprozess hervor, den ich für die Dauer eines halben Jahres mit meinem Bruder Nathan durchführte. Der Titel der den ganzen Raum ausfüllenden Installation bezieht sich auf ein gescheitertes Bauvorhaben aus den frühen 1990er Jahren auf Vancouver Island in Kanada. Das Bamberton-Projekt war eines der ersten in Kanada, das direkt durch Begriffe der nachhaltigen Entwicklung vermarktet werden sollte.

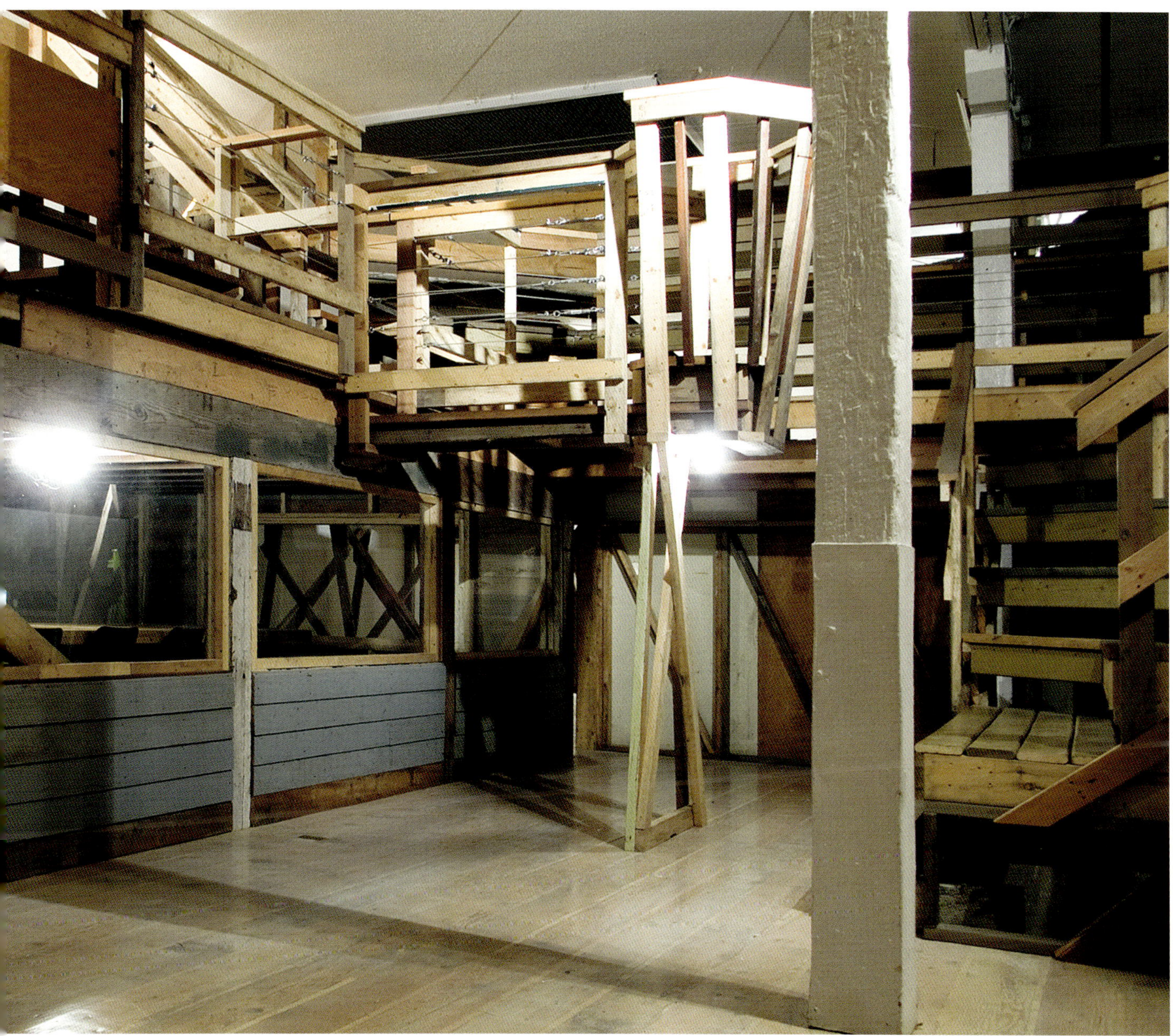

We used a process we have called "thinking through building," in which a full-scale structure is built, without plans, as a form of improvisational construction that remains open to change and development until the project is completed. The installation was constructed at the same moment that we were researching the history of the site, the conflict in the local community (that had affected our family when we were teenagers), and the political fallout of the failure of the proposal.

Wir wandten eine Methode an, die wir „Denken durch Bauen" nannten, indem wir ohne vorherige Planung das Gebilde im Originalmaßstab als eine improvisierte Konstruktion errichteten, die bis zur Vollendung des Projekts verändert und weiterentwickelt werden konnte. Der Aufbau der Installation fand zur gleichen Zeit statt wie unsere Recherchen zur Geschichte des Geländes, zu den Konflikten in der Gemeinde (die auch unsere Familie betrafen, als wir Teenager waren) sowie zu den politischen Nachwirkungen aufgrund des Scheiterns dieses Projekts.

p. / S. 33–35
Bamberton: Contested Landscape
Collaboration with Nathan Bomford, Open Space Gallery, Victoria, Canada
Installation views with boardroom and archive, 2010, reclaimed wood, glass, steel and archival materials
Bamberton: Umkämpfte Landschaft
Kollaboration mit Nathan Bomford, Open Space Gallery, Victoria, Kanada
Installationsansicht mit Sitzungszimmer und Archiv, 2010, recyceltes Holz, Glas, Stahl und Archivmaterialien

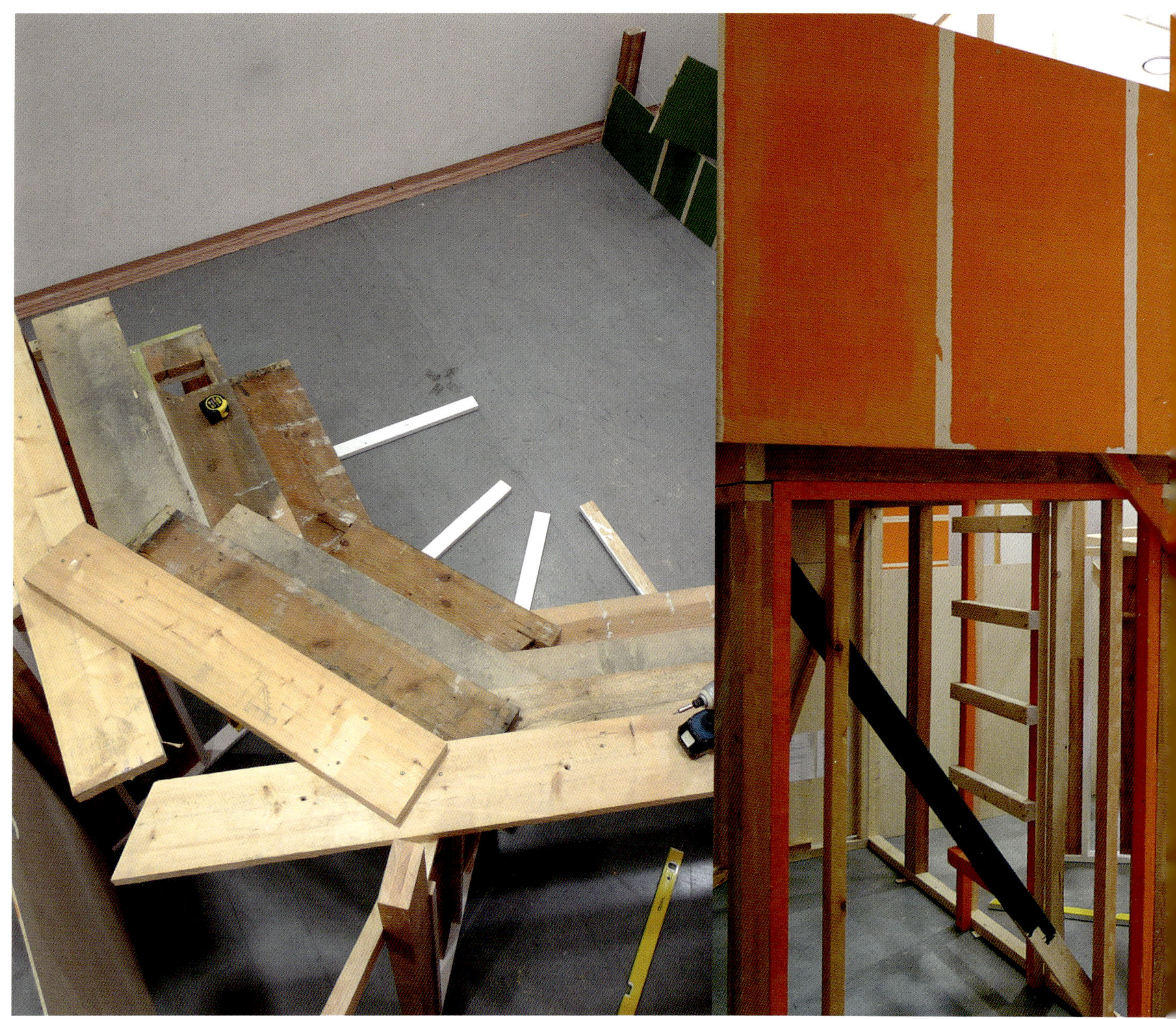

Other Possible Worlds: What do we have to build to get out of this one?

The work I am constructing for the *Other Possible Worlds* project is made of salvaged waste from past exhibitions, used construction products and other reclaimed materials. The project employs a similar conceptual building approach to the Bamberton work though it is shifted in order to interrogate the power relations inherent to constructed spaces. Beginning with the question: "what do we have to build to get out of this one?" the project works through the assumption that technological and economic progress can provide the solutions to the cataclysmic prob-

Andere mögliche Welten: Was müssen wir aufbauen, um dieser Welt zu entkommen?

Die Arbeit, die ich für das Projekt *Other Possible Worlds* konstruiere, besteht aus dem gesammelten Abfall früherer Ausstellungen, recycelten Baustoffen und anderen wiederverwerteten Materialien. Das Projekt verfolgt einen ähnlichen Ansatz des konzeptuellen Bauens wie die Bamberton-Arbeit, wobei der Schwerpunkt auf die Untersuchung der Machtverhältnisse in gebauten Räumen verlagert ist. Ausgehend von der Frage: „Was müssen wir aufbauen, um dieser Welt zu entkommen?", setzt sich das Projekt mit der Annahme auseinander, dass technischer und

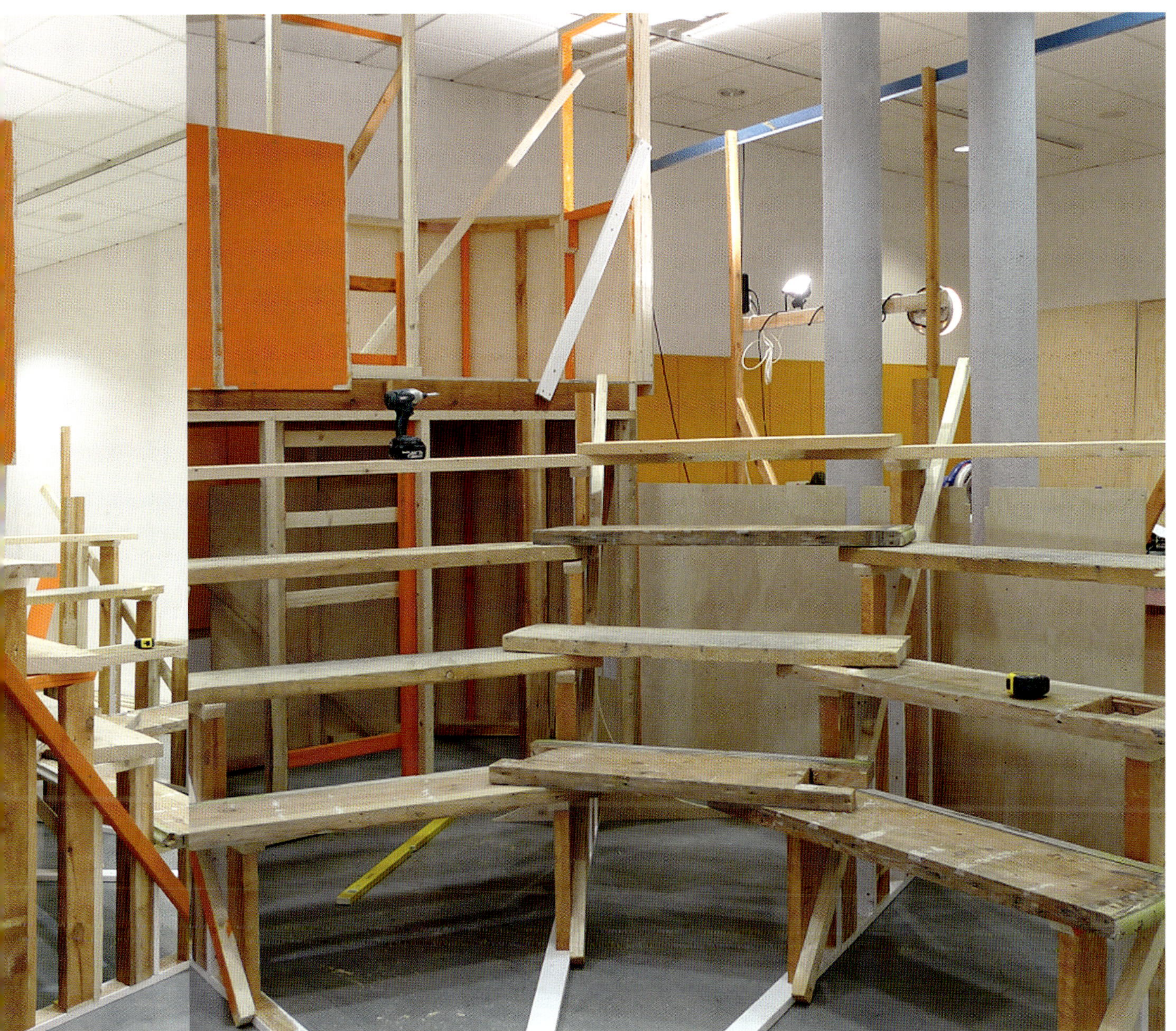

lems facing our globe. It investigates the ideological permeation of aspects of the conception, planning, design, and building process by attempting to collapse them onto each other, physically and temporally. Rather than promising to answer this question or to set up a "platform" to investigate it, the project actively inhabits the question and merely provides its physical form for public scrutiny.

ökonomischer Fortschritt die Lösungen für die katastrophalen Probleme bieten könne, die sich unserem Planeten stellen. Es untersucht die Ideologisierung von Aspekten der Konzeptions-, Planungs-, Gestaltungs- und Konstruktionsprozesse, indem es diese physisch und zeitlich ineinander fallen lässt. Statt eine Antwort auf diese Frage zu versprechen oder eine „Plattform" für ihre Untersuchung errichten zu wollen, füllt das Projekt die Frage aktiv aus und bietet lediglich ihre physische Form zur eingehenden öffentlichen Prüfung.

Other Possible Worlds
Pre-Build-Bleachers and Tower Construction, Künstlerhaus Bethanien, Berlin, 2010, reclaimed exhibition materials
Vorgefertigte Tribüne und Turmkonstruktion, Künstlerhaus Bethanien, Berlin, 2010, recyceltes Material von Ausstellungen

Kiluanji Kia Henda

ICARUS 13

Icarus 13: The First Journey to the Sun

Icarus 13 is a pioneer project in Africa that gives wings to our knowledge, creativity and imagination by making use of new technologies and the appropriate tools for building a spacecraft. The mission's purpose is to land on the largest of all stars—the Sun. The dream once attempted by Icarus, so Greek mythology tells, will now become possible. We shall travel by night.

By the mid-twentieth century, Neil Armstrong had stepped on the Moon, (or a moon somewhere in Hollywood). Forty years later, Mars seems closer than ever and, consequently, our dreams grow wilder and more daring. The purpose now would be to apply our knowledge of astronomy and physics to improving the future of our planet. A thorough investigation of the Sun would bring us a better understanding of the inconstant pulse of human beings and the means to better protect the Earth's ecosystem.

As a ball of fire this odyssey to the Sun has needed imagination for its fuel. Our dream is achievable as long we stay for the period in which the Sun cools down for eight hours, allowing enough time to explore its surface before dawn. In this exploration we will attempt to collect substances from the Sun's surface so we can have a bit of the Sun on Earth.

On Earth, we invited a number of scientists on this mission to conquer space for the first time in African history. Aiming towards that achievement, a new organization—both state and privately sponsored—has been created.

Icarus 13: Die erste Reise zur Sonne

Icarus 13 ist ein Pionierprojekt in Afrika, das unserem Wissen, unserer Kreativität und unserer Imagination Flügel verleiht, indem es die neuesten Technologien und die geeigneten Werkzeuge nutzt, um ein Raumschiff zu bauen. Ziel der Mission ist die Landung auf dem größten aller Sterne – der Sonne. Der einst von Ikarus gewagte Traum, von dem uns der griechische Mythos erzählt, wird nun erreichbar. Wir werden in der Nacht reisen.

In der Mitte des zwanzigsten Jahrhunderts setzte Neil Armstrong seinen Fuß auf den Mond (oder auf einen Mond irgendwo in Hollywood). Vierzig Jahre später erscheint der Mars näher denn je, und dementsprechend werden unsere Träume immer wilder und wagemutiger. Das Ziel bestünde nun darin, unser astronomisches und physikalisches Wissen für eine bessere Zukunft unseres Planeten anzuwenden. Eine gründliche Untersuchung der Sonne würde uns ein genaueres Verständnis für den unbeständigen Puls des Menschen sowie die Mittel zum besseren Schutz des Ökosystems Erde liefern.

Diese Odyssee zu dem Feuerball, den wir Sonne nennen, erforderte Imagination als Treibstoff. Unser Traum kann verwirklicht werden, solange wir nur für die Zeitspanne bleiben, in der sich die Sonne für acht Stunden abkühlt, die zur Erforschung ihrer Oberfläche vor Tagesanbruch ausreicht. Während dieser Erkundungen werden wir versuchen, Proben von der Sonnenoberfläche zu sammeln, um ein Stück der Sonne auf die Erde zu tragen.

Hier auf der Erde haben wir einige Wissenschaftler_innen zu dieser Mission eingeladen, die zum ersten Mal in der afrikanischen Geschichte das Ziel verfolgt, den Weltraum zu erobern. Zu diesem Zweck wurde – mit staatlichen wie privaten Mitteln – eigens eine Organisation gegründet.

p. 39 top / S. 39 oben
The spaceship Icarus 13, 2006, Luanda

p. 39 below / S. 39 unten
Astronomy Observatory, 2006, Namibe Desert

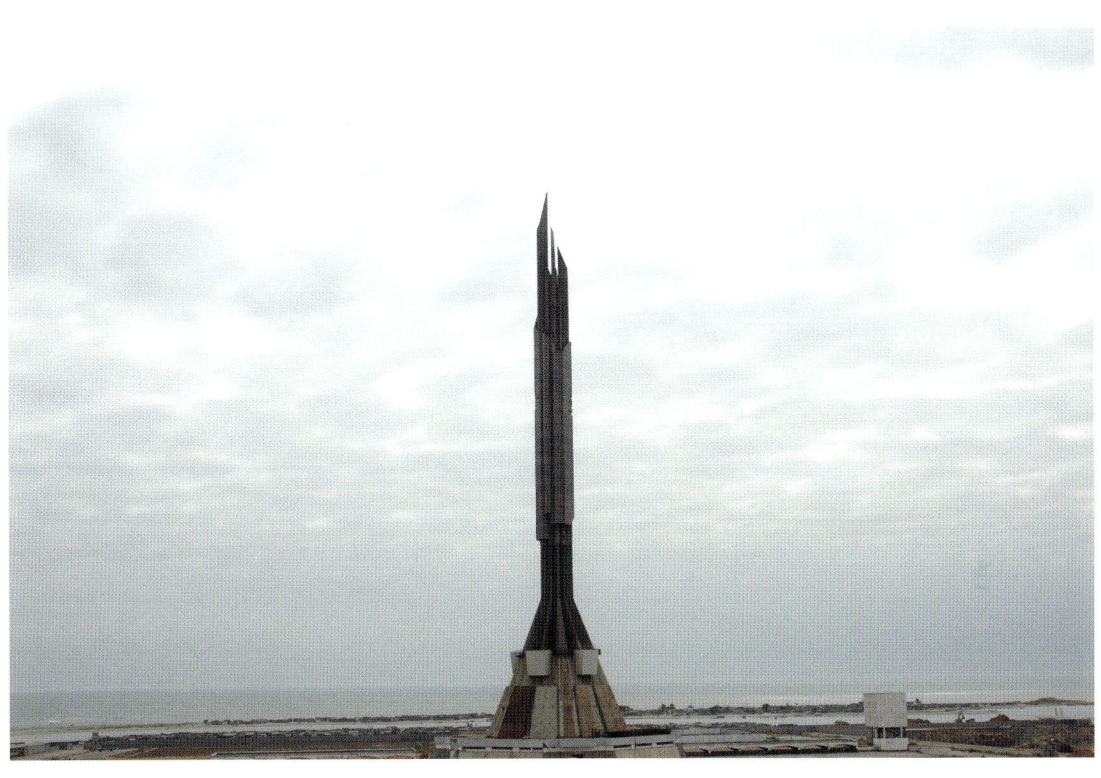

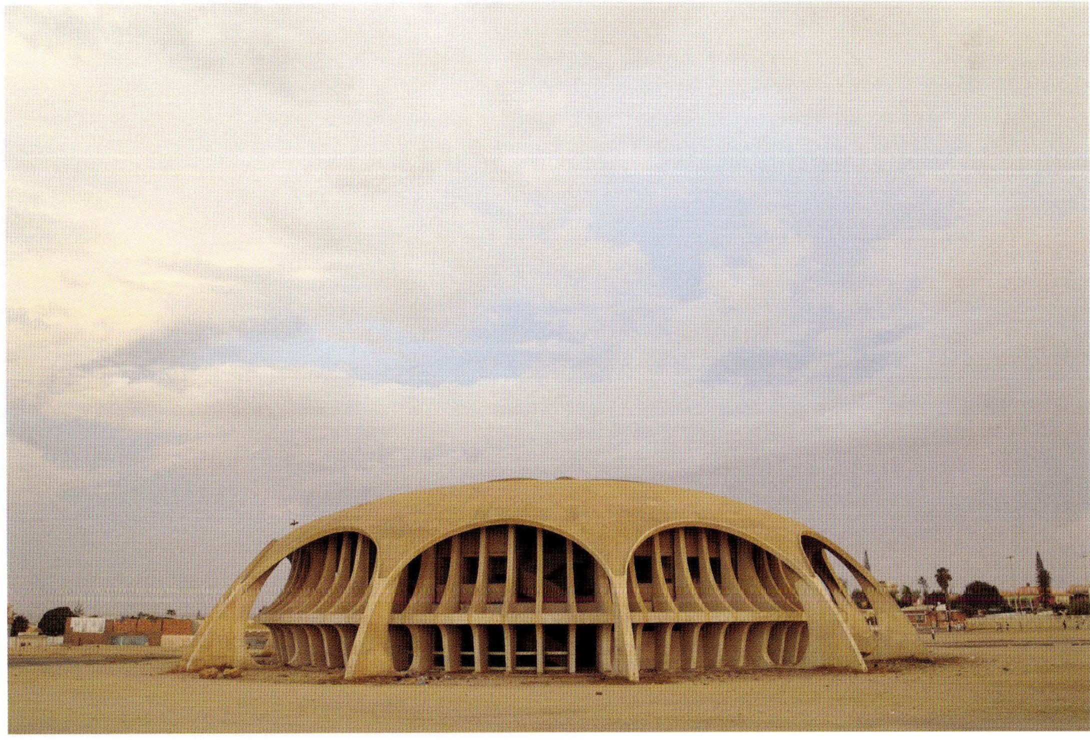

This project is based in Luanda, Angola, where the foundations for *Icarus 13* were built. It is an 1,800 square meter base at the city's seafront that employs seventy workers, artists and engineers among the most prominent. The spaceship was built with a mix of steel and a covering of diamonds, and at its heart is a system based on a catalyst called "SnowBall," which transforms heat into cold in unmeasured speed. The spaceship is powered by solar energy, which gives *Icarus 13* total autonomy in orbit.

The flight crew is composed of two astronauts and two beautiful air stewards who were trained—one year before the launch—in the desert of Namibe, where a base for spaceship crew is located. They have been exposed to high temperatures inside a machine called "Sahara," developed especially for this project in order to equip the human being with a high tolerance for extreme temperatures. A special suit was also developed based on the same SnowBall technology. It is called the "CoolSuit" and it is equipped with tanks filled with Budweiser that allow them to support the heat of the odyssey.

The experimental launch of *Icarus 13* happened after two years of hard work and deep investigation. The launch occurred at 6:00 pm on May 25, 2006. It was a moment of great tension, but every problem was sorted out and we finally had *Icarus* flying towards the Sun. The spaceship reached the Sun after fifteen days of traveling the 149.5 million kilometer distance, with the crew onshore working for fourteen hours a day towards a dream that was closer than ever. At

Das Projekt ist im angolanischen Luanda beheimatet, wo das Fundament für *Icarus 13* gelegt wurde. Es handelt sich um eine an der Küstenseite der Stadt angesiedelte Basis mit einer Fläche von 1.800 Quadratmetern, auf der unter anderem 70 Arbeiter_innen, Künstler_innen und Ingenieur_innen beschäftigt sind. Das Raumschiff wurde aus einer Stahllegierung angefertigt und ist mit einem Schutzmantel aus Diamanten umhüllt; in seinem Kern befindet sich ein System auf Grundlage eines „SnowBall" genannten Katalysators, der in unermesslicher Geschwindigkeit Wärme in Kälte umwandeln kann. Das Raumschiff wird mit Solarenergie betrieben, wodurch *Ikarus 13* auf seiner Umlaufbahn völlig autonom ist.

Die Flugbesatzung besteht aus zwei Astronaut_innen sowie zwei charmanten Flugbegleitern, die – ein Jahr vor dem Start – in einem in der Namib-Wüste gelegenen Zentrum für Raumschiffbesatzungen ausgebildet wurden. Man setzte sie unter anderem sehr hohen Temperaturen aus – in einem Apparat, der den Namen „Sahara" trägt und speziell für dieses Projekt entwickelt wurde, um dem Menschen zu einer extremen Hitzetoleranz zu verhelfen. Darüber hinaus wurde auf Basis derselben SnowBall-Technologie ein Spezialanzug entwickelt. Er wird als „CoolSuit" bezeichnet und ist mit Behältern voll Budweiser ausgestattet, die die Hitze auf der Odyssee erträglicher machen.

Der Teststart von *Icarus 13* fand nach zwei Jahren harter Arbeit und gründlicher Forschung statt. Als Termin war der 25. Mai 2006, 18:00 Uhr angesetzt. Es war ein Augenblick großer Anspannung, doch da alle Probleme gelöst worden waren, erhob sich *Icarus 13* schließlich mit dem Reiseziel Sonne. Nach fünfzehn Reisetagen erreichte das Raumschiff seine 149,5 Millionen Kilometer entfernte Destination; während dieser Zeit hatte die Mannschaft auf der Erde täglich vierzehn Stunden an der Erfüllung eines Traums gearbeitet, der näher denn je rückte. Um 22:00 Uhr landete das Raumschiff auf der Photosphäre der Sonne. Über einen Zeitraum von fünf Stunden wurde die Sonnenoberfläche erforscht und es wurden Partikel aus der Photosphäre eingesammelt, die in unse-

p. / S. 41
The return of the austronauts,
5:00 am, June 9, 2007

p. / S. 42-43
Installation view / Installationsansicht,
2008, Third Guangzhou Triennial, China

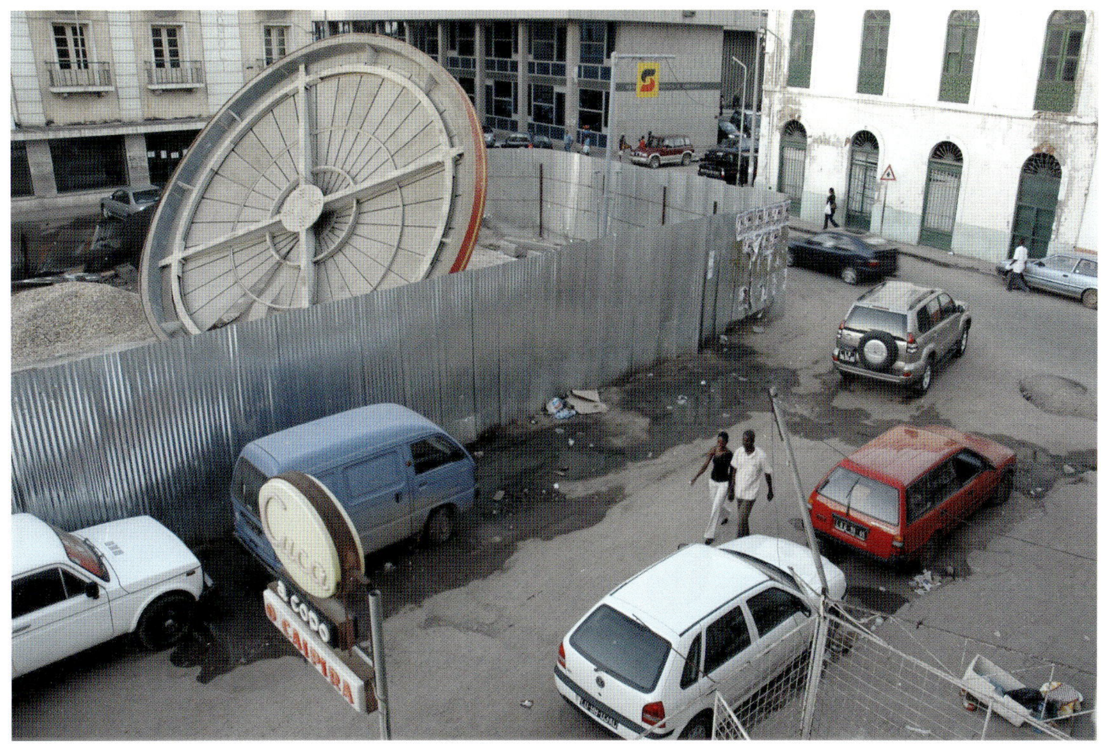

10:00 pm the spaceship landed on the photosphere of the Sun. The investigation of the Sun's surface took five hours, and particles from the photosphere were collected for observation in our laboratory. According to the astronauts' description, the Sun has the most beautiful night.

This first mission accomplished, we plan to launch the first solar tourist flight within five years; duly equipped with ultraviolet sun block and sunglasses that are dark enough. The profit from the first solar tourist journey will support the continuation of our scientific investigation into discovering more about the Sun and his effects on the Planet Earth. To be continued…

rem Laboratorium später einer genauen Untersuchung unterzogen werden sollten. Den Angaben der Astronaut_innen zufolge herrscht auf der Sonne die schönste Nacht.

Nach dem Erfolg dieser ersten Mission planen wir die allererste touristische Sonnenreise innerhalb der nächsten fünf Jahre; ordnungsgemäß wird für Ultraviolettsonnenblocker und ausreichend abgedunkelte Sonnenbrillen gesorgt sein. Der Erlös dieses ersten solaren Tourismusflugs wird die Fortführung unserer wissenschaftlichen Forschung ermöglichen, um mehr über die Sonne und ihre Auswirkungen auf den Planeten Erde zu erfahren. Fortsetzung folgt …

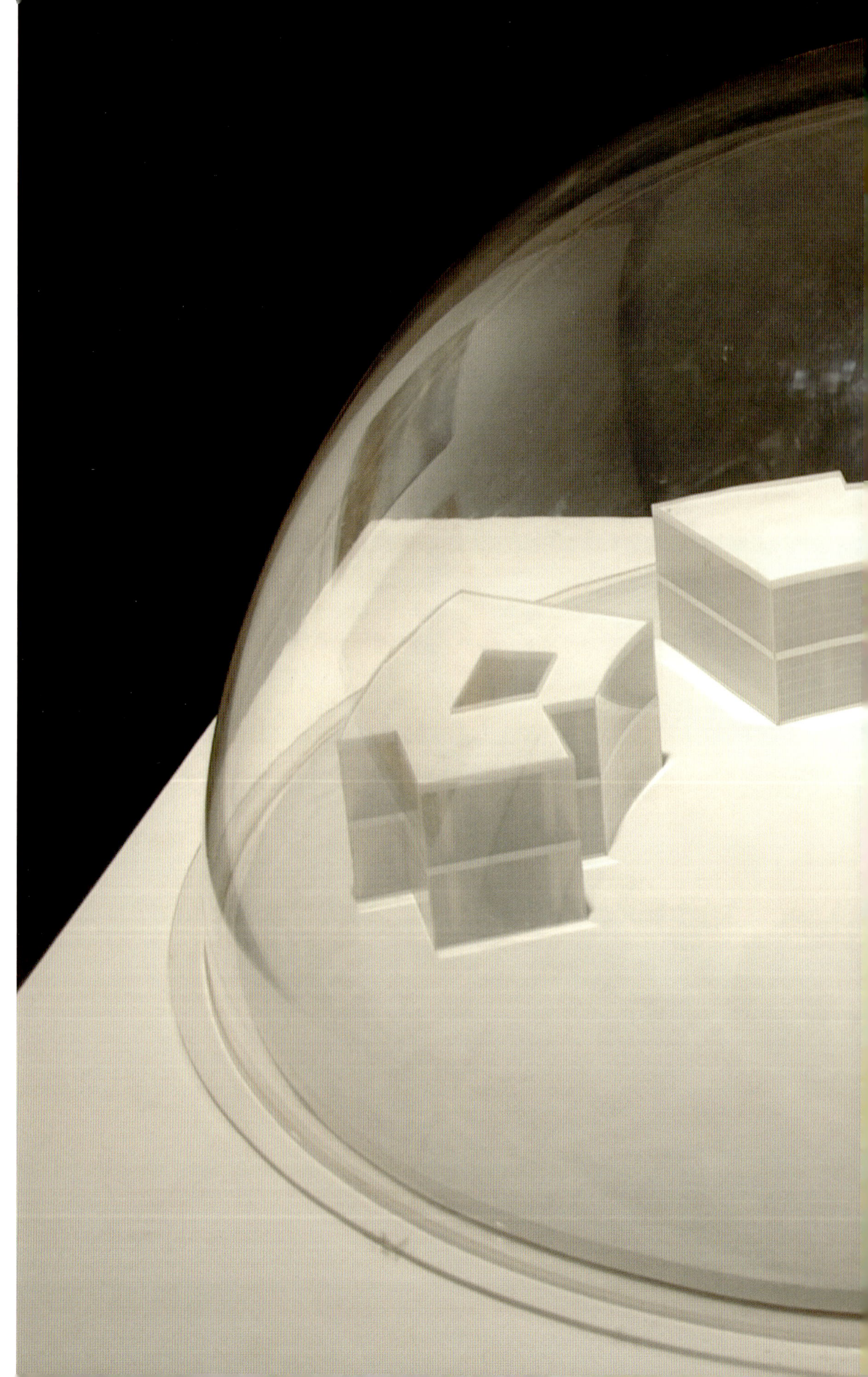

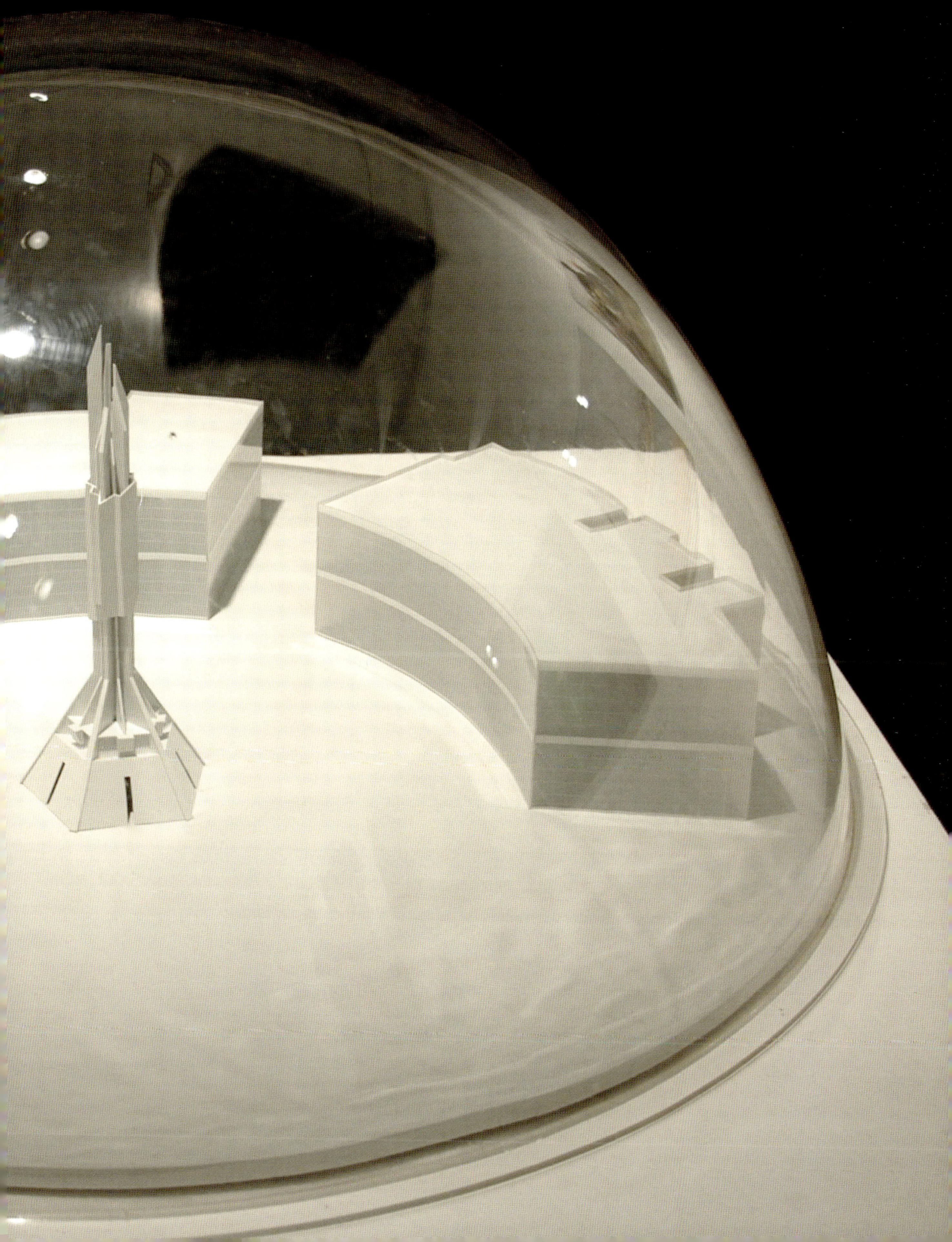

Johanna Kandl

And then, finally,
Capitalism went out
of Fashion ...

But if there is such a thing as a sense of reality—and no one will doubt that it has its raison d'étre—then there must be something that one can call a sense of possibility.

Robert Musil: *The Man without Qualities*

Wenn es aber Wirklichkeitssinn gibt, und niemand wird bezweifeln, dass er seine Daseinsberechtigung hat, dann muß es auch etwas geben, das man Möglichkeitssinn nennen kann.

Robert Musil: *Der Mann ohne Eigenschaften*

Your "order" is built on sand. Tomorrow the revolution will already "raise itself with a rattle" and announce with fanfare, to your terror:
I was, I am, I will be!

Rosa Luxemburg

Eure „Ordnung" ist auf Sand gebaut. Die Revolution wird sich morgen schon „rasselnd wieder in die Höh' richten" und zu eurem Schrecken mit Posaunenklang verkünden:
Ich war, ich bin, ich werde sein!

Rosa Luxemburg

"And then, finally, capitalism went out of fashion" we find jotted down casually, almost as a personal observation, underneath a painting of a swimming scene. It shows an older couple sitting by the shore of a small lake with him wearing shirt and trousers and her getting dressed—the end of a day spent swimming.

„And then, finally, capitalism went out of fashion" ist flüchtig, fast wie eine persönliche Notiz, auf einem kleinformatigem Bild unter eine gemalte Badeszene gekritzelt. Ein Rentnerpaar sitzt am Ufer eines kleinen Sees, er mit Hemd und langer Hose, sie zieht sich soeben an – das Ende eines Badetags.

Wasn't the weather perfect when the Berlin Wall was built, as was the summer of 1914?

War nicht das Wetter am Tag des Berliner Mauerbaus gut und der Sommer 1914 besonders schön und heiß?

p. / S. 45
Untitled / O.T., 2008
Tempera, Paper / Papier,
93 x 63 cm

On the day of the storming of the Bastille French king Louis XVI noted in his diary, "Rien" (nothing).

Am Tag des Sturms auf die Bastille notierte Ludwig XVI. in sein Tagebuch: „Rien" (nichts).

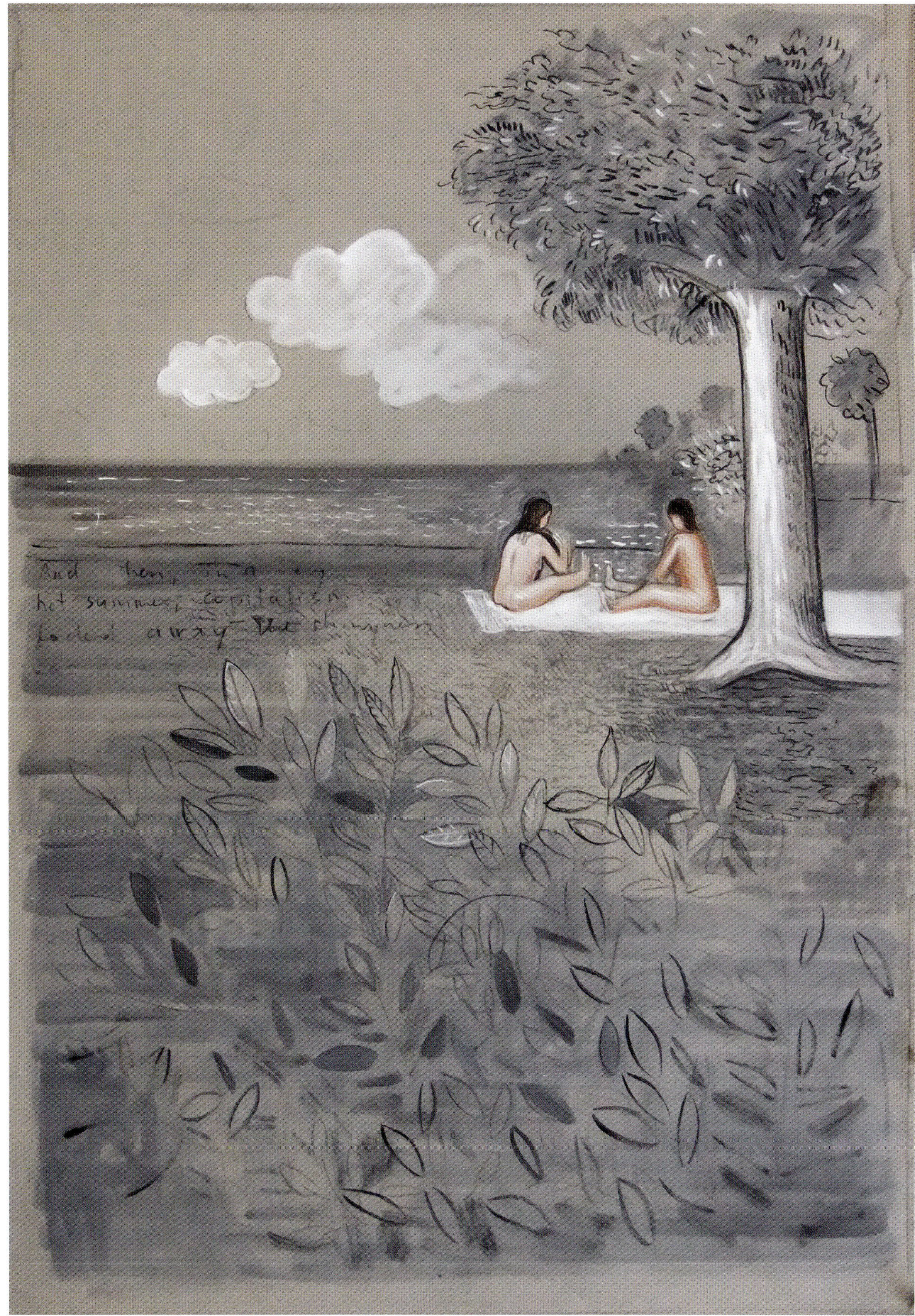

And then, in a very
hot summer, capitalism
faded away the shininess

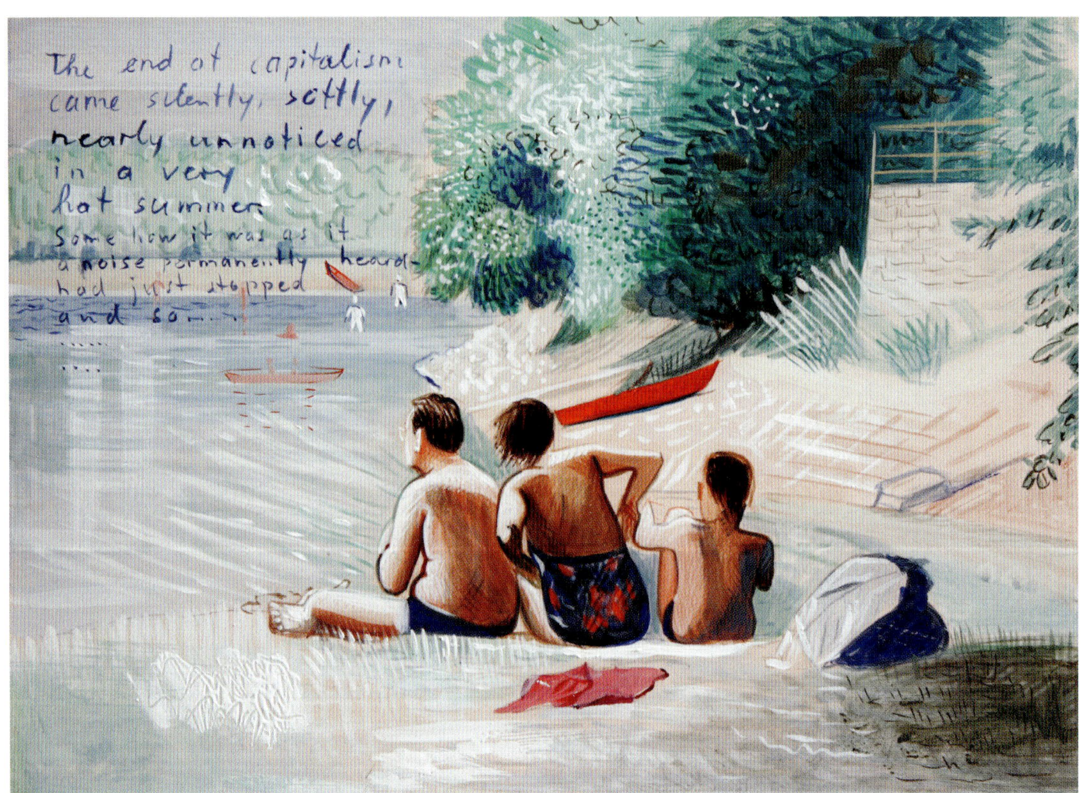

all paintings / alle Bilder
Untitled / O.T., 2009
Tempera, Wood / Holz,
30 x 42 cm

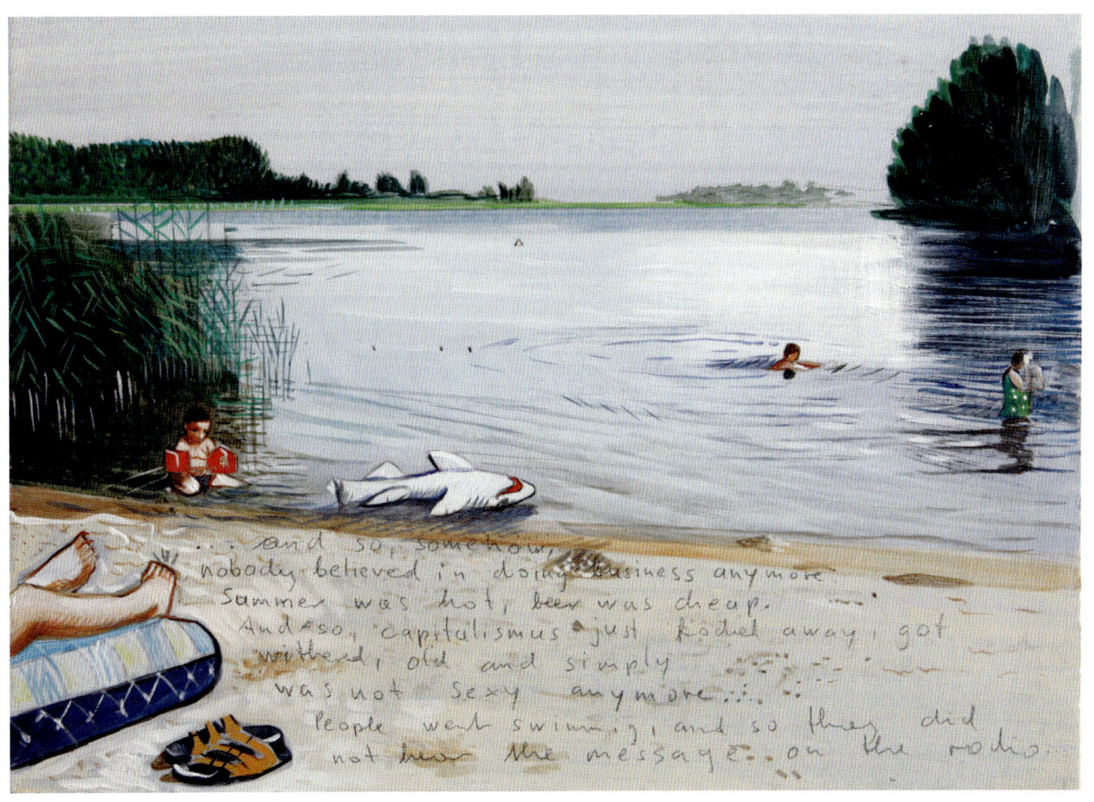

... and so, somehow,
nobody believed in doing business anymore.
Summer was hot, beer was cheap.
And so, capitalismus just faded away, got
withered, old and simply
was not sexy anymore...
People went swimming, and so they did
not hear the message...on the radio.

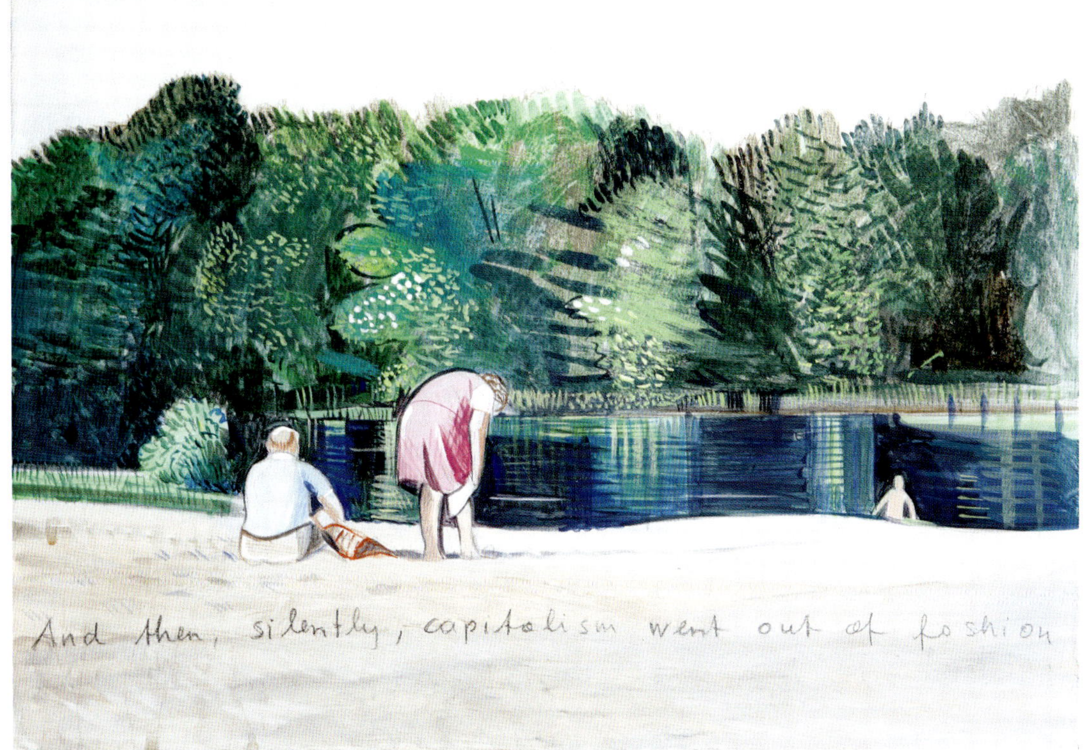

And then, silently, capitalism went out of fashion

Maria Thereza Alves

To Speak from
the Heart /
Aus dem Herzen
gesprochen

While in Minas Gerais filming *Iracema (de Questembert)*—a video for the Lyon Biennial based on the fictional narrative of an indigenous woman in Brazil who inherits an estate in France and founds an Institute for Art and Science—the actress's brother, Tam Krenak, gave me a copy of the *Wörterbuch der Botokudensprache* by Bruno Rudolph, a German apothecary who lived in Brazil at the end of the nineteenth century. Botocudo is a derogatory term given to the Krenaks by the Portuguese.

Tam asked if I could translate the Krenak-German dictionary into Krenak-Portuguese so that the Krenaks could study it. The 500-plus years of Portuguese and continued Brazilian colonization of indigenous peoples resulted in the decimation of the Krenak language due to drastic loss of population from genocide. Concurrently, repression of the language and culture of the Krenaks was to such an extent that in the nineteen-seventies, a Krenak speaking her own language could be beaten, arrested, imprisoned, exiled or even killed. Yet at the same time, in present day Brazil it is often insinuated that indigenous peoples have "forgotten or lost" their language; insinuations that refuse to acknowledge the deliberate physical and cultural policies of premeditated genocide implemented both by the Portuguese and Brazilian Governments.
Recent democratic times have encouraged the Krenaks to use their language without fear of repression, though gaps are still caused by repressive colonial policies. Tam says that the Krenak dictionary by Rudolph will contribute to the Krenak community's hopes for the regeneration of the language given that it contains words currently unknown to contemporary Krenak speakers.

Während ich in Minas Gerais *Iracema (de Questembert)* gefilmt habe – ein Video für die Lyon Biennale, das auf einer fiktiven Erzählung über eine indigene Frau aus Brasilien beruht, die ein Anwesen in Frankreich erbt und ein Institut für Kunst und Naturwissenschaften gründet –, gab mir der Bruder der Hauptdarstellerin, Tam Krenak, eine Kopie des Wörterbuches der Botokudensprache. Dieses Buch stammt von Bruno Rudolph, einem deutschen Apotheker, der Ende des neunzehnten Jahrhunderts in Brasilien lebte. „Botocudo" ist ein abwertender Begriff, mit dem die Portugiesen die Krenaks bezeichnet haben.

Tam fragte mich, ob ich das Wörterbuch Krenak-Deutsch in Krenak-Portugiesisch übertragen könne, sodass die Krenaks es studieren könnten. Die über fünfhundert Jahre lange Kolonisierung der indigenen Einwohner_innen Brasiliens durch Portugies_innen, die durch die Brasilianer_innen fortgeführt wurde, führte zu einem zunehmenden Rückgang der Krenaksprache, weil sich durch Völkermord die Zahl der Sprecher_innen stark vermindert hat. Außerdem wurde die Sprache und Kultur der Krenaks so gründlich unterdrückt, dass noch in den siebziger Jahren des letzten Jahrhunderts Krenak, die ihre eigene Sprache gesprochen haben geschlagen, festgenommen, eingesperrt, ausgewiesen oder sogar umgebracht werden konnten. Dabei wird heute in Brasilien oft behauptet, dass die indigenen Völker ihre Sprache „vergessen oder verloren" hätten. Diese Unterstellung verkennt die bewusste physische und kulturelle Politik des vorsätzlichen Völkermordes, den sowohl portugiesische als auch brasilianische Regierungen durchgeführt haben.

Die demokratischen Entwicklungen der letzten Jahre haben die Krenaks dazu ermutigt, ihre Sprache ohne Furcht vor Unterdrückung zu gebrauchen, obwohl es noch immer sprachliche Lücken infolge der repressiven Kolonialzeit gibt. Tam berichtet, dass das Krenak-Wörterbuch von Rudolph die Hoffnung der Gemeinschaft der Krenaks für eine Erneuerung ihrer Sprache bestätigt, da es Wörter enthält, die den heutigen Sprecher_innen der Krenaksprache unbekannt sind.

With this exhibit, *On the Importance of Words, a Sacred Mountain (stolen) and the Morality of Nations*, I would like to propose that a website be constructed wherein new information from linguistic studies undertaken by anthropologists and other researchers and investigators, and that includes dictionaries such as Bruno Rudoph's, be made available for the indigenous communities who must be the first beneficiaries of any such research.

Strangely, the process whereby indigenous peoples are deliberately forced to loose their culture is—due to rampant racism in Brazil—called "acculturation." The only culture in the Americas is that of the indigenous nations; everyone else has flimsy constructions of forgotten assemblies and attempts to imitate Europe, while others struggle to reconstruct an African identity.

Jürgen Bock, director of the Associação Maumaus in Lisbon, is an old friend and a fluent German and Portuguese speaker. Jürgen's academy works with young artists to develop projects that are based on social situations—similar to my own art practice. Jürgen organized his equipe to translate the dictionary and with the support of the Goethe Institute printed 600 copies for the 600 Krenaks who have survived Portuguese and Brazilian colonization.

In the meantime, Shirley Krenak, the principal actor in *Iracema (de Questembert)*, has proposed to write the creation myth of the Krenaks and to produce a publication including drawings by Tam Krenak, and that will incorporate the new words that are now being returned to the Krenaks through the translation of this dictionary. A process of acculturation begins after hundreds of years of deculturation because of these new strategies of resistance, which recuperates the "lost" aspects of Krenak culture by the Krenak, themselves.

Mit der Ausstellung, *On the Importance of Words, a Sacred Mountain (stolen) and the Morality of Nations* möchte ich vorschlagen, eine Website einzurichten, die auf neuen Erkenntnissen aus linguistischen Studien von Anthropolog_innen und anderen Forscher_innen basiert, und auch den indigenen Gemeinschaften zur Verfügung gestellt werden, die als erste von derartiger Forschung profitieren müssen. Zu den Forschungsergebnissen, die als Basis für diese Website dienen sollten, gehören auch Wörterbücher wie das von Bruno Rudolph.

Seltsamerweise wird der Prozess, in dessen Verlauf indigene Völker absichtlich dazu gezwungen werden, ihre Kultur aufzugeben, aufgrund des in Brasilien grassierenden Rassismus dort immer noch „Akkulturation" genannt. Dabei ist die Kultur der indigenen Völker die einzige Kultur in Nord- und Südamerika. Alle anderen Einwohner_innen des Doppelkontinents verfügen lediglich über einen vagen Grundstock vergessener Versatzstücke und über Versuche, Europa nachzuahmen. Einige kämpfen auch darum, sich eine afrikanische Identität zu erhalten.

Jürgen Bock, Direktor der Associação Maumaus in Lissabon, ist ein alter Freund von mir und spricht fließend Deutsch und Portugiesisch. Jürgens Akademie entwickelt gemeinsam mit jungen Künstler_innen Projekte, die auf sozialen Situationen basieren – ähnlich meiner eigenen künstlerischen Praxis. Jürgen ließ sein Team das Wörterbuch übersetzen und mit Unterstützung des Goethe-Instituts 600 Exemplare für die 600 Krenak drucken, die die portugiesische und brasilianische Kolonisierung überlebt haben.

Inzwischen hat Shirley Krenak, die Hauptdarstellerin von *Iracema (de Questembert)*, vorgeschlagen, die Schöpfungsmythologie der Krenaks aufzuschreiben und mit Zeichnungen von Tam Krenak zu veröffentlichen, wobei all jene neuen Wörter aufgenommen werden sollen, die durch die Übersetzung des Wörterbuchs in die Sprache der Krenak zurückgekehrt sind. Nach Jahrhunderten der Dekulturation beginnt durch diese neuen Strategien des Widerstands tatsächlich ein Prozess der Akkulturation, der eine Wiederherstellung der „verlorenen" Facetten der Kultur der Krenaks durch die Krenaks selbst ermöglicht.

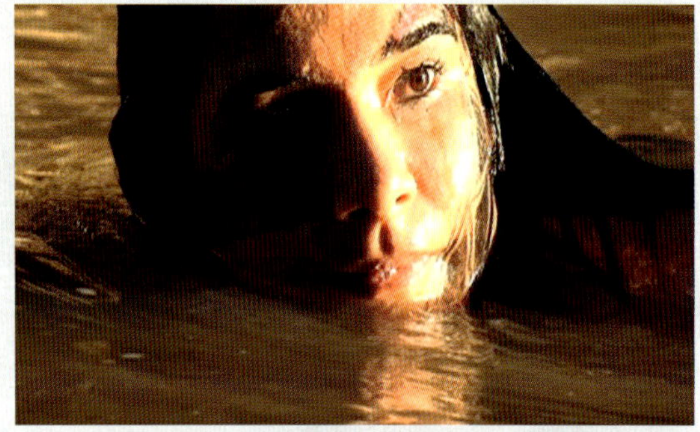

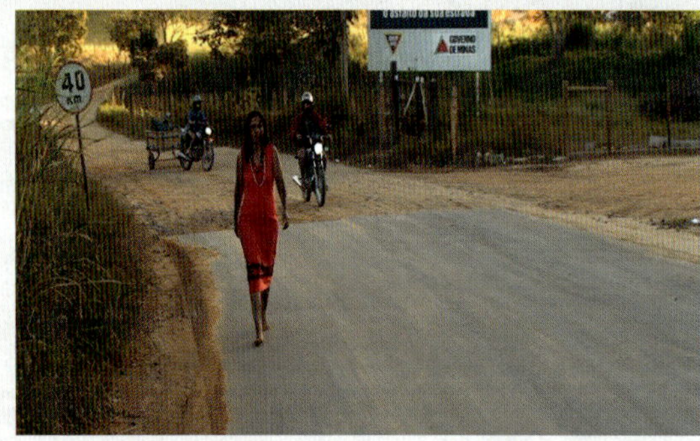

Iracema (de Questembert), 2009
Video by / Video von
Maria Thereza Alves

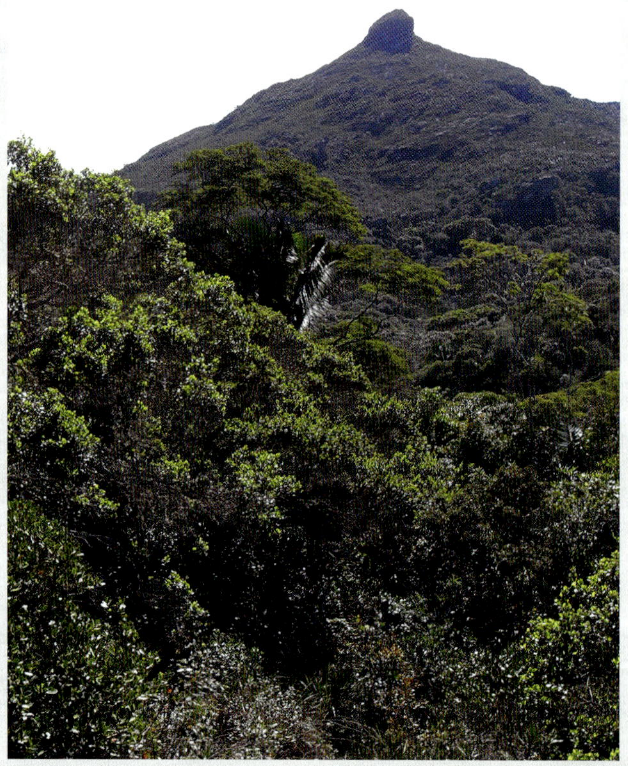

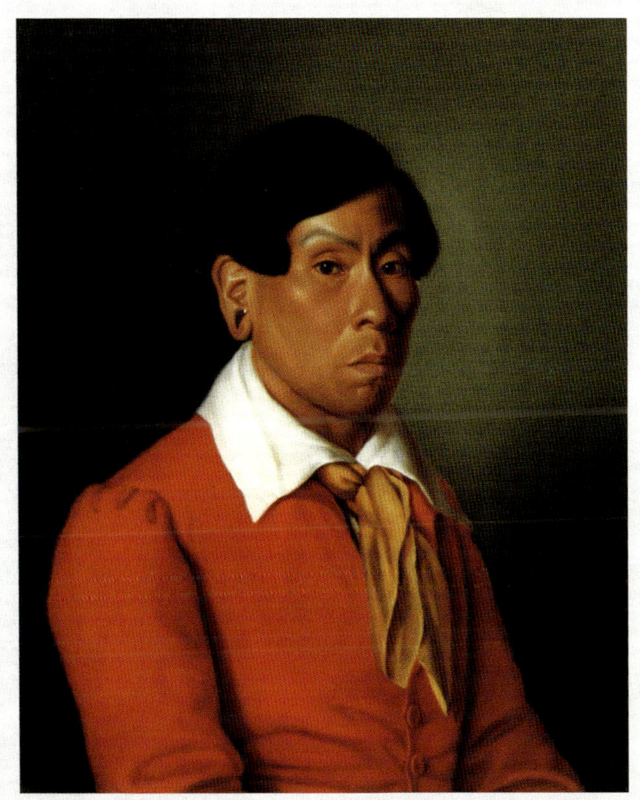

The Krenak (Botocudo) Quack, was taken by Prince Maximilliano Wied-Neuwied to Germany where he remained until his death in 1832. In January of 2011, Germany authorities contacted Quack's relatives, Shirley Krenak's family, to return his bones home. Shirley and her family would like to know if Quack had a family while in Germany. If you have any information please email Shirley at: krenak31@hotmail.com

Der Krenak (Botocudo) Quack wurde von Prinz Maximilian zu Wied-Neuwied nach Deutschland gebracht, wo er bis zu seinem Tod 1832 blieb. Im Januar 2011 kontaktierten deutsche Behörden Quacks Angehörige, Shirley Krenaks Familie, um seine Gebeine nach Hause rückzuführen. Shirley und ihre Angehörigen würden gerne wissen, ob Quack eine Familie hatte, während er in Deutschland war. Bitte schreiben Sie Shirley, wenn Sie dazu Auskunft geben können: krenak31@hotmail.com

Gabi Ngcobo

Does this Window
Have a Memory? /
Hat dieses Fenster ein
Erinnerungsvermögen?

The *Center for Historical Reenactments* (CHR) is located inside August House, a nineteen-forties building at the east end of Johannesburg (affectionately known as Jo'burg), in an area called Doornfontein—the eighth of eleven regions of the city. The address is 76–82 End Street, a block flanked by Kerk and Pritchard Streets on its façade and Mosley Street on the east side. From the main window (see photo) on the right, one can see Kerk Street, from which coach buses that travel between Jo'burg and Zambia's main cities, (Lusaka, Ndola and Kitwe) depart. On Pritchard Street, located on the left, coach buses that travel to and from Malawi's main cities (Lilongwe and Blantyre), collect their passengers, whose presence in the area duplicates a particular liminal Malawian culture.

Walking through these streets one encounters many languages: Nyanja, Bemba, Chichewa, isiZulu, Shona, and many others, most of which I cannot recognize. The sounds and smells are also part of this cityscape. One very distinct sound is that of packaging tapes being used to seal and cover large and oversized packages in their entirety; furniture, clothing, food, appliances, etc., are prepackaged the day before departure. On Kerk Street, inside a newly renovated building you can eat Zambian food at the Kwacha Bar & Grill, (the Kwacha being a Zambian currency). Passengers can also stay at the hotel upstairs to be closer to the departure point

Das *Center for Historical Reenactments* (CHR) befindet sich im August House, einem Gebäude aus den 1940er Jahren im Osten Johannesburgs (liebevoll „Jo'burg" genannt) im Doornfontein-Bezirk – der achte von elf Bezirken der Stadt. Die Adresse 76–82 End Street liegt in einem Block, der auf der Fassadenseite von der Kerk und Pritchard Street und auf der Ostseite von der Mosley Street begrenzt wird. Aus dem Hauptfenster (siehe Foto) blickt man rechts auf die Kerk Street, wo die Busse abfahren, die zwischen Jo'burg und den größeren Städten in Sambia (Lusaka, Ndola und Kitwe) verkehren. In der Pritchard Street (links) nehmen Busse, die die größten Städten Malawis (Lilongwe und Blantyre) anfahren, ihre Passagiere auf, deren Anwesenheit in diesem Bezirk eine für Malawi typische Kultur des Übergangs reproduziert.

Wenn man durch diese Straßen läuft, begegnet man den unterschiedlichsten Sprachen: Nyanja, Bemba, Chichewa, isiZulu, Shona und viele weitere, von denen ich die meisten nicht identifizieren kann. Auch die Klänge und Gerüche sind Teil dieser Stadtlandschaft. Sehr markant ist das Geräusch von Packband, mit dem übergroße Gepäckstücke zum Abdichten vollständig umwickelt werden; Möbel, Kleidung, Lebensmittel, Haushaltsgeräte usw. werden bereits einen Tag vor der Abfahrt verpackt. In einem frisch renovierten Gebäude auf der Kerk Street kann man bei „Kwacha Bar & Grill" sambische Speisen essen (Kwacha ist die Währungseinheit Sambias). Die Passagiere können auch im Hotel im oberen Stockwerk übernachten, um sich bereits in der Nähe des Abfahrtsortes zu befinden, für den Auf-

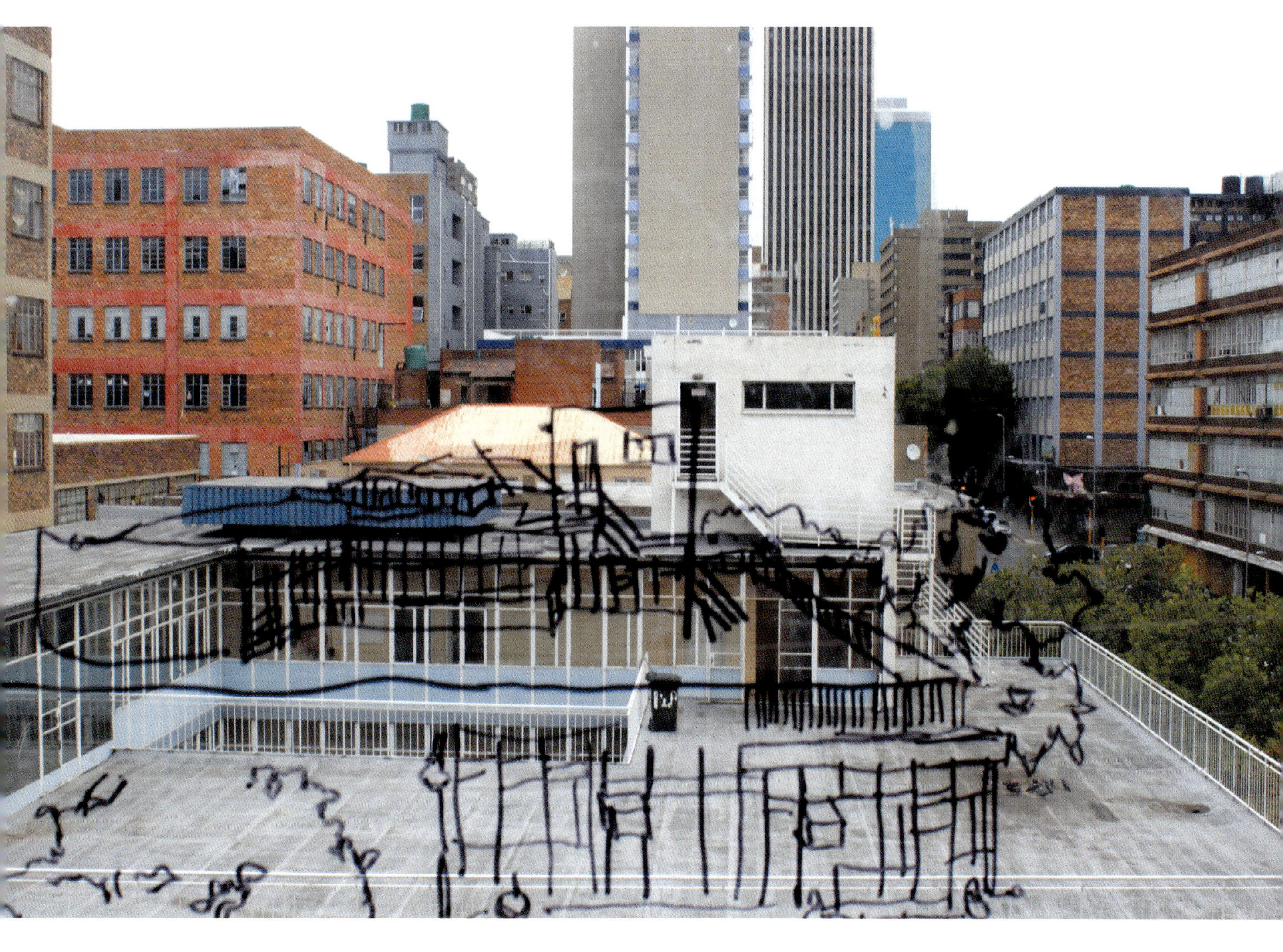

CHR Window with drawing
A window with a sketch of a proposal of
a work in public by Nothando Mkhize to
be unveiled later in 2011
CHR-Fenster mit Zeichnung
Ein Fenster mit einer Skizze der öffentlichen Arbeit von Nothando Mkhize, die
im Laufe des Jahres 2011 eröffnet werden
wird

for the Tuesday-Sunday 8:00 am exodus. Young unemployed boys and men loom around selling products and catering to the soon departing; packaging tapes, pens, permanent markers and passport holders. On this street two old buildings are used as collection and packaging points. A Chinese man who speaks little or no English sits outside the hotel building all day, talking to no one and sometimes reading a Chinese newspaper. I am told that his brother owns the three buildings catering to Zambians on the block. Directly to the right of the roof visible in the photograph—at the corner of Kerk and End Streets—is a nameless building whose condition has reached perhaps the most extreme deterioration imaginable. People live there but the smells stemming from the building tell us that we can hardly call that a life.

Also seen from the *CHR* window is "Jumbo" the pink elephant (a signal of the Jumbo liquor stores), standing on top of the roof of a one storey building right at the corner of Kerk and Nugget streets. On a plastered wall below "Jumbo" is a graffiti written in green spray paint: "GITO BALOI, NA KU RANZA" (GITO BALOI, I LOVE YOU). This is the exact point where thirty-nine year-old Baloi, a Mozambican musician who lived in Johannesburg, was shot dead on his way home from a concert on April 4, 2004.

The music that blurts out of the minibus taxis and neighboring shops is Maskandi, the Zulu folk music. This signals that the area's largest population comes from one of South Africa's largest provinces, KwaZulu-Natal (KZN). Having come from the same province, it is easy for me to quickly grasp the sensibilities and attitudes gathered here. Traditional medicine shops and stalls grace the cityscape, as well as sounds of the very distinct (almost monotonous) acoustic guitar associated with music from this province. The word "Dudlu," uttered by Zulu men at the sight of a woman they desire, (which may very much mean all women), seems to be the area's motto. Some have mistaken these sensibilities for aggression and indeed there are moments where this is very true. An aggressive environment demands an equally aggressive attitude. It de-

bruch, dienstags bis sonntags jeden Morgen um 8 Uhr. Arbeitslose Jungen und Männer streifen umher, um Waren und Speisen an die Wartenden zu verkaufen: Packband, Kugelschreiber, Eddings und Passhüllen. Zwei alte Gebäude in dieser Straße werden als Sammel- und Packstellen genutzt. Ein Chinese, der wenig oder gar kein Englisch spricht, sitzt den ganzen Tag vor dem Hotel, ohne sich mit irgend jemandem zu unterhalten, nur manchmal liest er eine chinesische Zeitung. Wie ich gehört habe, sollen seinem Bruder die drei Gebäude im Block gehören, die sambische Kunden versorgen. Unmittelbar rechts neben dem auf dem Foto abgebildeten Dach – an der Kreuzung Kerk und End Street – steht ein namenloses Gebäude, das den vielleicht extremsten Zustand der Verwahrlosung erreicht hat, den man sich nur vorstellen kann. Es leben Menschen in diesem Haus, doch der Gestank, der von ihm ausgeht, deutet darauf hin, dass wir dies kaum ein Leben nennen können.

Des Weiteren kann man aus dem Fenster des *CHR* „Jumbo", den rosafarbenen Elefanten (Symbol der „Jumbo"-Schnapsläden) sehen, der auf dem Dach eines einstöckigen Gebäudes an der Ecke Kerk und Nugget Street steht. Auf eine verputzte Wand zu „Jumbos" Füßen wurde in Grün ein Graffiti gesprüht: „GITO BALOI, NA KU RANZA" (GITO BALOI, ICH LIEBE DICH). Genau an dieser Stelle wurde am 4. April 2004 der 39-jährige Baloi, ein mosambikanischer Musiker, der in Johannesburg lebte, auf seinem Heimweg von einem Konzert erschossen.

Aus den Minibus-Taxis und den angrenzenden Läden plärrt Maskandi, die bei den Zulu populäre Musik. Dies macht deutlich, dass die meisten der im Viertel lebenden Menschen aus KwaZulu-Natal (KZN), einer der größten südafrikanischen Provinzen stammen. Da dies auch meine Heimatprovinz ist, kann ich die hier aufeinandertreffenden Empfindungen und Haltungen leicht verstehen. Die Läden und Stände, die traditionelle Arzneimittel verkaufen, prägen das Stadtbild genauso wie die Klänge der sehr markanten (fast monotonen) akustischen Gitarre, die mit der Musik aus dieser Provinz verbunden ist. Das Wort „Dudlu", das Zulu-Männer verwenden,

mands that one be in sync with those sensibilities by wearing well-developed defenses that do not attract attention.

I often take neighborhood walks and often look for and pick up unassuming useful objects at next to nothing if anything at all. The mirror from the Indian man, who for decades and until recently ran a second hand clothing shop on Nugget Street, was free. It is oval-shaped with a back handle—the kind I imagine he held up to customers trying on items from his collections. The shop recently closed down without a scream or screech, and much to the man's obvious distress about the unknown. I attribute this to the proliferation of the second hand clothing market located at the corner of King George and De Villiers Streets, in which dealers specialize in second hand items from Europe that range from ties, shoes, shirts, dresses and even underwear.

At four meters wide and 1.8 meters in width, the *CHR* window allows us to witness and imagine tensions of many forms taking place just beyond the glass. To paraphrase Igor Zabel, we are aware of the season of the year, or the time of the day, of the space's location, and its natural, cultural, social, and historical context. [1] We were not here to witness the "xenophobic" attacks that broke out in 2008, but through the window we can almost imagine how this area was affected, and how tensions that triggered whatever may have arisen. We wanted to respond to these events—for which the window remains a primary witness—but more so to the failure of language to articulate trauma. We launched *Xenoglossia*, an ongoing research project that was mindful of Chinua Achebe's words in which he wrote that, "Language is a handy whipping-boy to summon and belabor when we have failed in some serious way…" [2]

Xenoglossy is the alleged or rare condition of speaking or writing in a language entirely unknown to the speaker; it is a condition that is either disputed or explained through another contested phenomenon—that of reincarnation. *Xenoglossia* therefore allows us to respond to one major aspect of the attacks: language. The

wenn sie eine Frau sehen, die sie begehren (was gut und gerne jede Frau meinen kann), scheint das Motto dieses Viertels zu sein. Manche haben diese Gefühle als Aggressionen missverstanden, womit sie bisweilen tatsächlich Recht haben. Eine aggressive Umwelt erfordert eine ebenso aggressive Haltung. Sie verlangt, dass man mit diesen Gefühlen im Einklang ist, indem man ein solides Schutzschild vor sich her trägt, das keinerlei Aufmerksamkeit erregt.

Oft streife ich durch das Viertel auf der Suche nach einfachen nützlichen Gegenständen, die fast nichts, wenn überhaupt etwas kosten. Der Spiegel des Inders, der bis vor kurzem jahrzehntelang ein Secondhandladen in der Nugget Street führte, war umsonst. Er ist oval mit einem Griff auf der Rückseite – ich stelle mir vor, wie der indische Ladenbesitzer diesen Spiegel seinen Kunden entgegenhielt, wenn sie Teile aus der Kollektion anprobierten. Vor kurzem hat das Geschäft in aller Stille geschlossen, zurück blieb nur der Mann in offensichtlicher Verzweiflung angesichts der ungewissen Zukunft. Ich vermute, dass dies auf den expandierenden, an der Ecke King George und De Villiers Street gelegenen Kleiderflohmarkt zurückzuführen ist, wo die Händler vor allem gebrauchte Ware aus Europa anbieten, von Krawatten und Schuhen über Hemden und Kleider bis hin zu Unterwäsche.

Mit seiner Breite von vier Metern und 1,80 Metern in der Höhe erlaubt uns das Fenster des *CHR*, vielfältig ausgeprägte Spannungen, die sich unmittelbar hinter der Glasscheibe ereignen, wahrzunehmen und uns vorzustellen. Um Igor Zabel zu paraphrasieren: Wir wissen um die Jahreszeit oder die Tageszeit, die Lage des Raumes und dessen natürlichen, kulturellen, sozialen und historischen Kontext.[1] Wir waren nicht Zeuge der „xenophoben" Übergriffe, die im Jahr 2008 ausbrachen, doch durch das Fenster hindurch können wir uns beinahe vorstellen, in welchem Ausmaß dieser Bezirk betroffen war und wie die Spannungen durch alles Mögliche ausgelöst wurden. Auf diese Vorfälle – für die das Fenster ein stiller Hauptzeuge bleibt – wollten wir reagieren, mehr noch allerdings auf das sprachliche Unvermögen, das Trauma auszudrücken.

[1] Igor Zabel, "The Return of the White Cube," *Manifesta Journal, no.1* Spring/Summer 2003, p. 19. / Frühjahr/Sommer 2003, S. 19

[2] Chinua Achebe "Politics and Politicians of Language in African Literature" (1989) in *The Education of a British Protected Child* Alfred A. Knopf, New York, 2009 p. 96

[2] Chinua Achebe, „Politics and Politicians of Language in African Literature" (1989), in: *The Education of a British Protected Child*, New York 2009, S. 96

[3] William Ashcroft, *On Post-colonial Futures: Transformations of Colonial Culture*, London, 2001, p. 4 / S. 4

project explores how language has failed us and how it has played a central role in some of the gravest historical misunderstandings that have been reincarnated in recent history, in South Africa, and elsewhere in the world.

It considers events such as the 1976 Soweto student uprisings—an historical protest against Afrikaans being used as a language of instruction in black South African schools. We also take a closer look at the derogatory "words" such as "kwerekwere," a word that attempts to mimic a sound of an unrecognized language, and one in which the 2008 misunderstandings that led to violence can best be located. *Xenoglossia* also goes as far as considering Caliban's retort to Prospero and Miranda in William Shakespeare's *The Tempest* (1610–11): "You taught me your language and my profit on't is I know how to curse," a slogan which has come to be used as a tool of cultural resistance and described by William Ashcroft as, "an evocative model of the post-colonial subject." [3]

Xenoglossia allows us to look at issues pertaining to interpretation and translation, speech and speechlessness, the written text and the spoken word. Hlonipha Mokoena, (author of *Magema Fuze: The Making of a Kholwa Intellectual*, a long overdue book responding to the very first book written in the Zulu language in 1922), foregrounds the importance of looking at the first black South African interpreters (or native informants), who themselves had to deal with the shock of watching themselves being erased, and also how history repeats itself in the guise of progress. We draw equally from literature and art history, considering writers such as Lewis Nkosi and Dambudzo Marechera, and art movements such as the Italian Arte Povera movement, and the exiled South African MEDU Art Ensemble.

Our challenge is to bring "the outside" into our space while simultaneously establishing a context of engaged autonomy that relies on such a distance as facilitated by the glass window between the space and the outside; a crucial boundary across which existential relations maybe viewed with restrained eyes. Thus the

Also initiierten wir das fortlaufende Forschungsprojekt *Xenoglossia* – eingedenk der Worte von Chinua Achebe, wonach „Sprache ein nützlicher Sündenbock ist, den wir herbeirufen und auf den wir einprügeln können, wenn wir einmal ernstlich versagt haben".[2]

„Xenoglossie" ist die angebliche oder seltene Fähigkeit, in einer völlig fremden Sprache zu sprechen oder zu schreiben; diese Fähigkeit wird entweder bestritten oder mithilfe eines weiteren umstrittenen Phänomens erklärt – der Wiedergeburt. Die Xenoglossie erlaubt uns insofern, auf einen der Hauptaspekte der Übergriffe einzugehen: auf Sprache. Das Projekt untersucht das Versagen der Sprache sowie ihre zentrale Rolle bei einigen der gravierendsten historischen Missverständnisse, die in der jüngeren Geschichte, nicht nur in Südafrika, wiederbelebt wurden.

Das Projekt beschäftigt sich mit Ereignissen wie den Studentenunruhen von 1976 in Soweto – dieser historische Protest richtete sich gegen die Unterrichtssprache Afrikaans in den schwarzen Schulen Südafrikas. Auch untersuchen wir abwertende „Wörter" wie „kwerekwere", ein Wort, das den Klang einer unbekannten Sprache nachzuahmen versucht und in dem sich die zu der Gewalt führenden Missverständnisse von 2008 am besten veranschaulichen lassen. *Xenoglossia* geht soweit auch Calibans Erwiderung gegen Prospero und Miranda in William Shakespeares „Sturm" (1610–11) zu bedenken: „Ihr lehrtet Sprache mir, und mein Gewinn ist, dass ich weiß zu fluchen" – eine Losung, die späterhin als Instrument des kulturellen Widerstands verwendet wurde und die William Ashcroft als „anschauliches Modell des postkolonialen Subjekts" beschrieb.[3]

Xenoglossia ermöglicht uns die Auseinandersetzung mit Fragen von Interpretation und Übersetzung, Sprache und Sprachlosigkeit, geschriebenem Text und gesprochenem Wort. In *Magema Fuze: The Making of a Kholwa Intellectual*, einem lange überfälligen Werk über das erste in der Sprache der Zulu verfasste Buch von 1922, weist Hlonipha Mokoena auf die Bedeutung der

CHR space becomes a site of artistic historical research. We foreground artistic practices that raise questions that help reshape the reception of a given historical context. Furthermore, *CHR* sets to investigate and create dialogues between artistic practices in order to reveal how, within their constellation, certain histories are formed or formulated, repeated, universalized and preserved. We employ citations, transversal research processes, subversion and mediation. These forms are strategies of revealing how art could perform transformative effects in political spaces that may not yet be recognized as sites of struggle, and how it may thus be allowed to enter a refreshed political sensibility. Historical reenactments, as we see them, allow for a politicization of history within the art context.

ersten schwarzen südafrikanischen Dolmetscher (oder eingeborenen Informanten) hin – die selbst den Schock verarbeiten mussten, Zeuge ihrer eigenen Auslöschung zu werden – und stellt dar, wie Geschichte sich im Gewand des Fortschritts wiederholt. Wir beziehen uns gleichermaßen auf Literatur- und Kunstgeschichte und beschäftigen uns mit Autoren wie Lewis Nkosi und Dambudzo Marechera sowie künstlerischen Bewegungen wie der italienischen Arte Povera und dem im Exil wirkenden südafrikanischen MEDU Art Ensemble.

Die Herausforderung besteht für uns darin, das „Außen" in unseren Raum hereinzulassen und dabei gleichzeitig eine engagierte Autonomie zu schaffen, die in einer Distanz gründet, wie sie durch das Glasfenster zwischen dem Raum und dem Außen erzeugt wird; eine entscheidende Grenze, über die existenzielle Beziehungen mit einem zurückhaltenden Blick betrachtet werden können. Der Raum des *CHR* wird damit zu einem Ort der künstlerischen historischen Forschung. Wir rücken künstlerische Praktiken in den Vordergrund, die Fragen aufwerfen, durch die ein gegebener historischer Zusammenhang in neuem Sinne verstanden werden kann. Darüber hinaus versucht das *CHR*, Dialoge zwischen künstlerischen Praktiken sowohl zu untersuchen wie zu schaffen, um zu zeigen, wie innerhalb dieser Konstellation bestimmte Geschichtsschreibungen formiert oder formuliert, wiederholt, verallgemeinert und konserviert werden. Wir verwenden Zitate, sich wechselseitig durchdringende Forschungsprozesse, Subversion sowie Vermittlung. All diese Arbeitsformen sind Strategien, um aufzuzeigen, wie Kunst in politischen Räumen, die bislang nicht als Schauplätze der Auseinandersetzung verstanden werden mögen, transformativ wirksam werden kann, um so eine neue politische Sensibilität zu erreichen. Historische Re-Inszenierungen, wie wir sie verstehen, erlauben eine Politisierung der Geschichte innerhalb des Kontexts der Kunst.

Michelangelo Pistoletto's iconic *Venus of the Rags* is considered the symbol of the Arte Povera movement (Italy). Since the late Sixties Pistoletto began working with "impoverished" material as a way of breaking down the hierarchies of "art" and common things. Arte Povera, by definition is art of impoverished materials.
Zanele Muholi's interpretation of Michelangelo Pistoletto's iconic *Venus of the Rags* is a photographic print in which the artist, emulating Pistoletto's Venus's pose stands naked facing a pile of used panties bought at the second hand clothing market on De Villiers Street in the city of Johannesburg. The panties (and all the clothes sold at market) come from Europe and America.

Michelangelo Pistolettos ikonische *Lumpen-Venus* wird als das Symbol der Arte Povera-Bewegung (Italien) betrachtet. In den späten 1960er Jahre begann Pistoletto mit „armen" Materialien zu arbeiten, um die Hierarchien zwischen Kunst und gewöhnlichen Dingen des Alltags niederzureißen. Arte Povera ist per Definition die Kunst der armen Materialien. Zanele Muholis Interpretation von Michelangelo Pistolettos *Lumpen-Venus* ist ein Foto, auf dem die Künstlerin die Pose der Venus nachahmt und nackt vor einem Haufen gebrauchter Unterhosen vom Second-Hand-Markt an der De Villiers Street in Johannesburg steht. Die Slips (und alle Kleider, die auf dem Markt verkauft werden) kommen aus Europa und Amerika.

Izidwedwe as part of **Insila Yomuntu** (after Pistoletto), 2010, Zanele Muholi, is a first commission by the Center for Historical Reenactments
Izidwedwe als Teil von **Insila Yomuntu** (nach Pistoletto), 2010, Zanele Muholi, ist eine erste Auftragsarbeit vom Center for Historical Reenactments

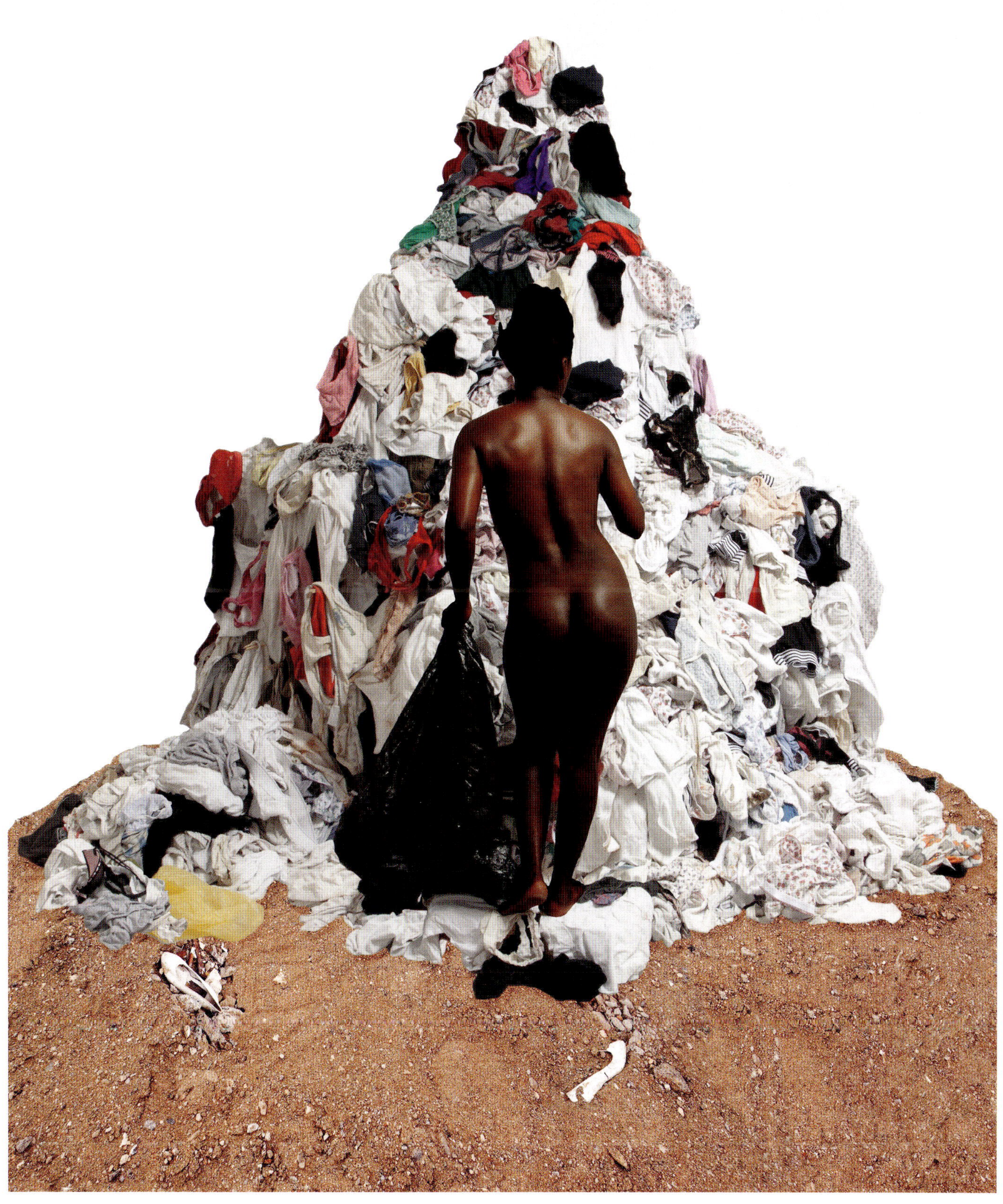

Dorothee Albrecht

Video Atlas
Tea Pavilion

With the projects *Video Atlas* and *Tea Pavilion* I am exploring with different collaborative partners prospects for the conception of a world beyond the traditional order and not merely globalized in purely economic terms.

Video Atlas is a collection of contributions accumulated since 1998 from various artists and groups who investigate and disseminate specialized and sometimes marginal knowledge and thereby generate perceptions for "other possible worlds." The spectrum of attempts at finding new methods and channels to challenge the hegemony of conventional stances ranges from small-scale activities through to more comprehensive initiatives operating with a professional infrastructure. The *Video Atlas* is placed in the public domain, and constantly being expanded. It can be accessed during exhibition and constantly worldwide, online on: *www.videoatlas.info*

A concern for arts spaces in times of global crises became the common ground of investigation of the work *Tea Pavilion / Video Atlas / Atlas* of Spaces, presented at the 2010 São Paulo Biennial.

In this compilation of video works the various protagonists are speaking about their perceptions, artistic concepts and the context related to their respective art space. The emphasis is on how the individual creates new possibilities of acting when sharing and collaborating with other groups and networks. The contributors are invited to speak about the local situatedness of the projects and about the global exchange processes that also take place on the Internet. In this context making art becomes a conceptual space that opens up opportunities for fundamentally different modes of thinking and acting.

The videos document stations of a continuing journey that also explores these new globalized spaces. The starting points of the stages for the *Video Atlas São Paulo* were Ramallah and Tel Aviv, Dakar, and São Paulo itself.

Mit den Projekten *Video Atlas* und *Tea Pavilion* untersuche ich in verschiedenen Kollaborationen die Möglichkeiten einer Idee von Welt jenseits tradierter Ordnungen und einer rein ökonomischen Globalisierung.

Der *Video Atlas* sammelt seit 1998 Beiträge von Künstler_innen und Gruppen aus verschiedenen Teilen der Welt, die spezielles, zum Teil marginales Wissen erforschen und verbreiten und damit auch Vorstellungen anderer Welten generieren. Das Spektrum der Versuche, eigene Methoden und Kanäle aufzubauen, um hegemoniale Sichtweisen in Frage zu stellen, reicht von kleinen Aktivitäten bis hin zu größeren, mit professioneller Infrastruktur arbeitenden Initiativen. Der *Video Atlas* wird als Sammlung fortlaufend erweitert, in verschiedenen Ausstellungen zugänglich gemacht und ist unter *www.videoatlas.info* weltweit verfügbar.

Für den *Tea Pavilion São Paulo / Video Atlas / Atlas of Spaces* zur São Paulo Biennale 2010 wurde die Frage nach Kunsträumen in Zeiten globaler Krisen zum gemeinsamen Nenner.

Auf den abrufbaren Videos sprechen die Akteur_innen selbst über die mit ihrem Kunstraum verbundenen Vorstellungen, Kunstbegriffe und Kontexte. Das Interesse gilt den Handlungsmöglichkeiten einzelner, die in Austausch und in Zusammenarbeit mit Gruppen und Netzwerken neue Räume entwerfen und realisieren. Der Fokus liegt auf der lokalen Verortung der Projekte mit örtlichen Besonderheiten und parallel auf den globalen Austauschbewegungen, die sich auch im Internet vollziehen. Kunst wird als Möglichkeitsraum begriffen, der grundsätzlich andere Denk- und Handlungsweisen erlaubt.

Die aufgenommenen Videos dokumentieren die Stationen einer fortlaufenden Reise, die auch die neuen globalen Räume untersucht. Für den *Video Atlas São Paulo* waren die Ausgangsorte für einzelne Reiseabschnitte Ramallah und Tel Aviv, Dakar und São Paulo.

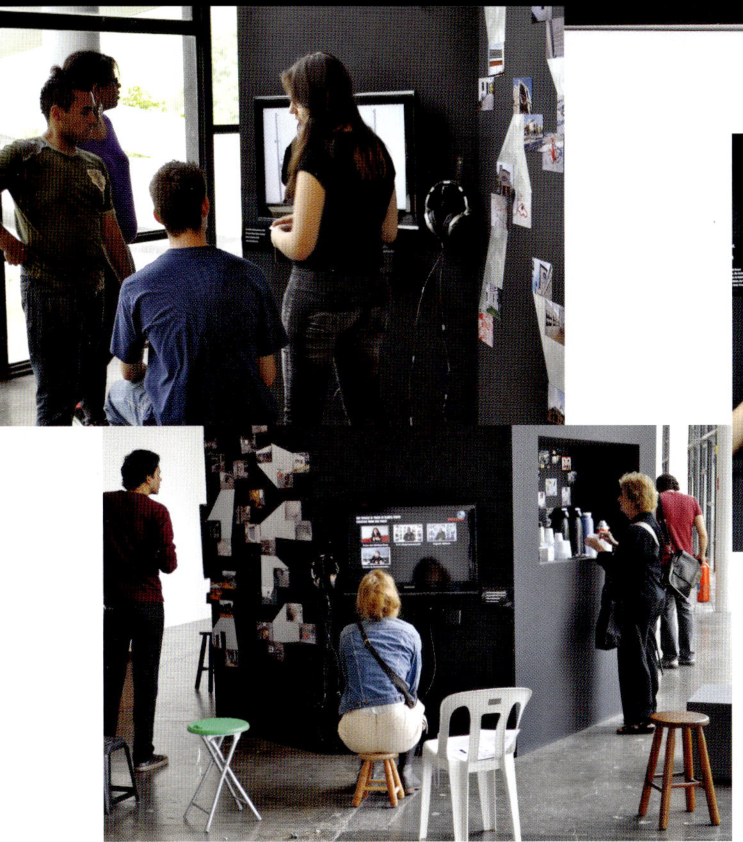

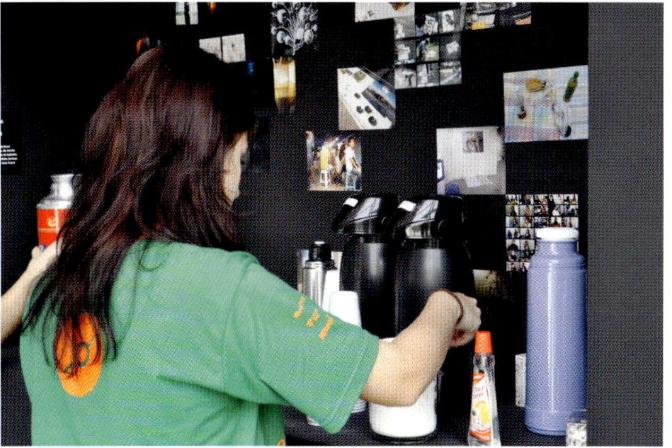

Tea Pavilion São Paulo / Video Atlas / Atlas of Spaces,
São Paulo Biennial 2010

Art Spaces in Times of Global Crisis

Starting from Ramallah and Tel Aviv

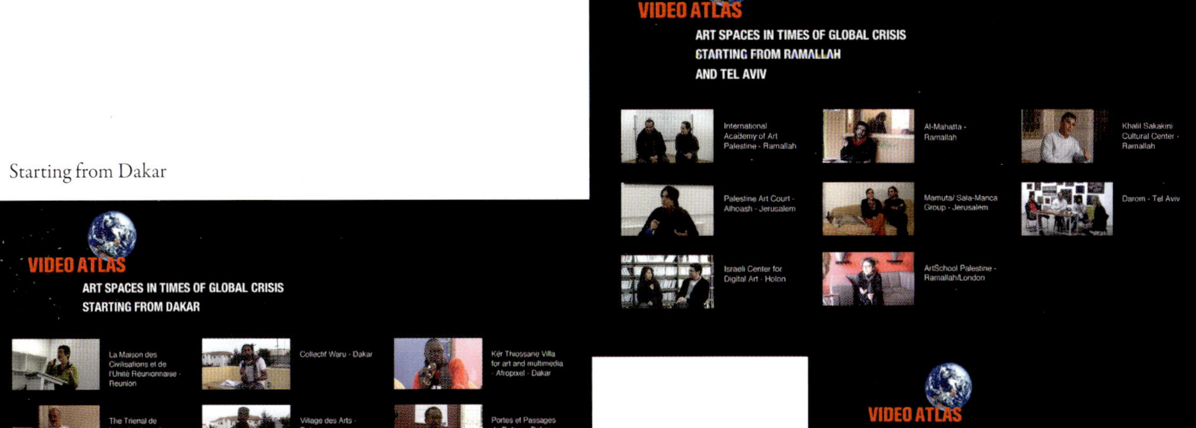

Starting from Dakar

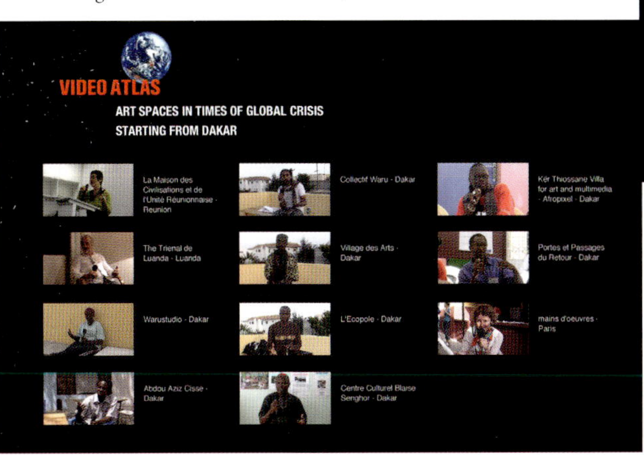

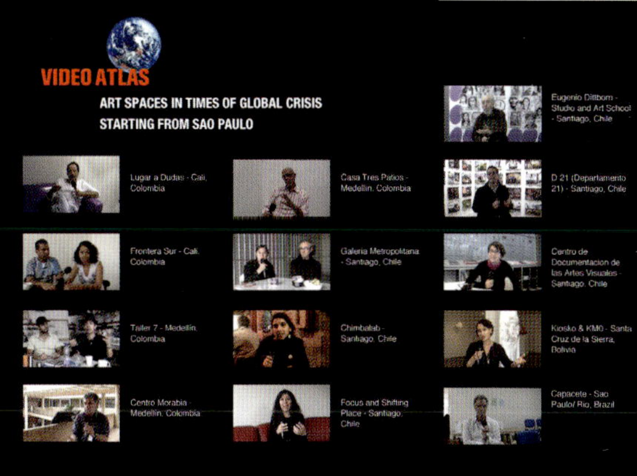

Starting from São Paulo

The *Video Atlas* generates a virtual space spanning the entire globe where you log in via the Internet or through interfaces provided at art exhibitions. In contrast, the *Tea Pavilion* offers a specific space at a specific location where various and possibly divergent perspectives can unfold while the visitor takes tea. Having a cup of tea is part of a tradition that is at least 1000 years old, and which is also related to a colonial history often marked by violence. Taking tea also alludes to a daily respite of relaxation and reflection. Ever since the first presentation of the *Tea Pavilion* at the Guangzhou Triennial in 2008, flexible mobile architectural elements are assembled into displays for artistic projects from various parts of the world, which then generate new spatial contexts. After its presentation at the São Paulo Biennial this current version of the *Tea Pavilion* invites visitors of the exhibit at Berlin's NGBK to have a cup of tea.

Der *Video Atlas* entwirft einen virtuellen Raum, der den Globus umspannt und in den man sich einloggen kann, über das Internet oder über Interfaces, die in Ausstellungen zugänglich gemacht werden. Im Gegensatz dazu bietet der *Tea Pavilion* einen an einem bestimmten Ort verankerten Raum an, an dem unterschiedliche, auch widersprüchliche Perspektiven sich entfalten und Tee getrunken werden kann. Das Trinken einer Tasse Tee steht in einer tausendjährigen Tradition der Teekultur, zu der auch eine von gewaltsamen Konflikten geprägte Kolonialgeschichte gehört. Es bedeutet aber auch einen alltäglichen Moment der Entspannung und Reflexion. Seit dem ersten *Tea Pavilion* bei der Guangzhou-Triennale 2008 dienen die flexiblen architektonischen Elemente als Präsentationsorte für künstlerische Projekte aus verschiedenen Teilen der Welt, die in ein räumliches Spannungsverhältnis zueinander gebracht werden. Nach der Präsentation auf der São Paulo Biennale 2010 lädt eine neue Version des *Tea Pavilion* nun die Besucher in der NGBK zu einer Tasse Tee ein.

Art Spaces in Times of Global Crisis

Starting from Ramallah and Tel Aviv

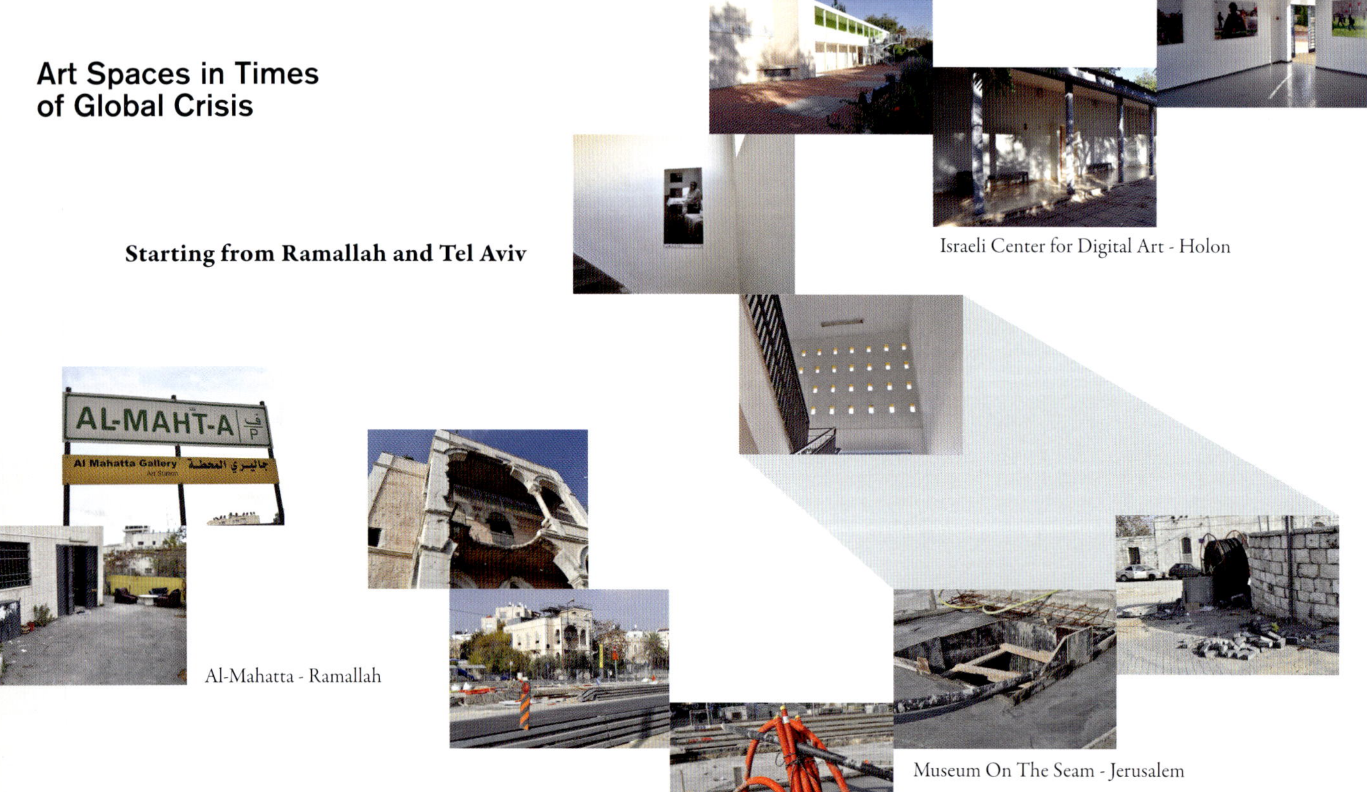

Israeli Center for Digital Art - Holon

Al-Mahatta - Ramallah

Museum On The Seam - Jerusalem

Lugar a Dudas - Cali

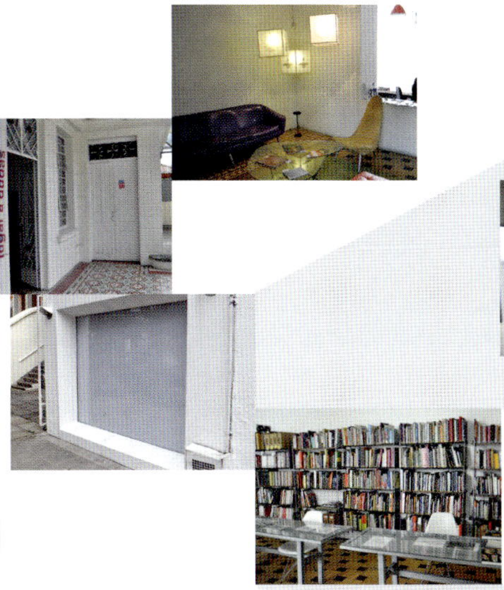

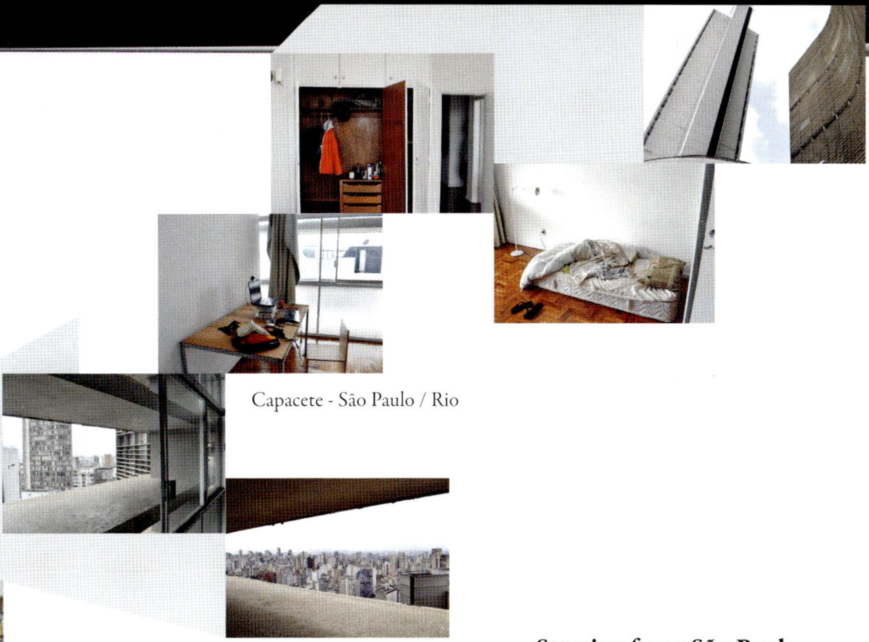

Capacete - São Paulo / Rio

Starting from São Paulo

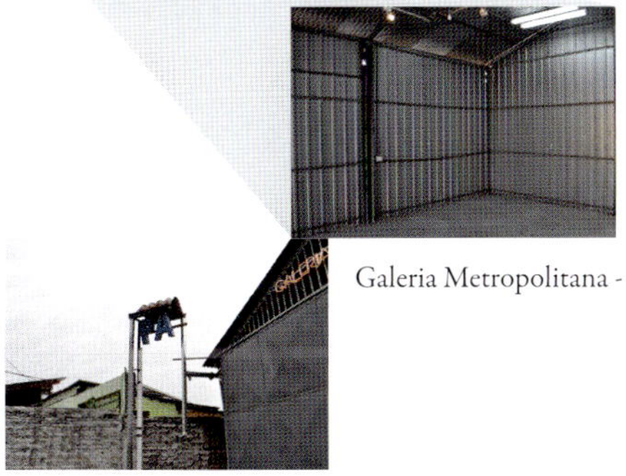

Galeria Metropolitana - Santiago

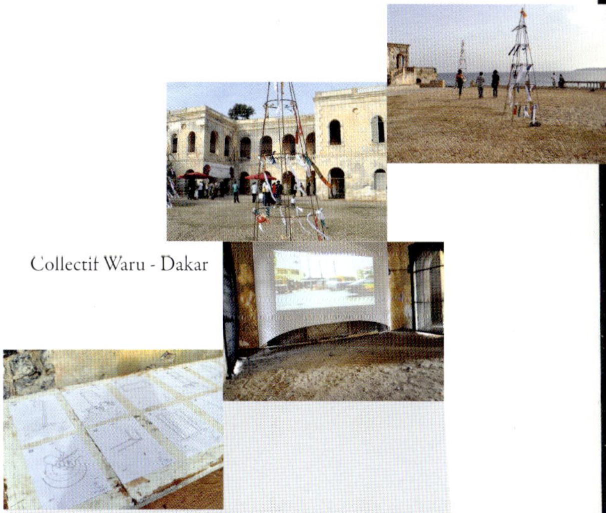

Collectif Waru - Dakar

Starting from Dakar

House of Muhsana Ali, Kan-Si - Dakar

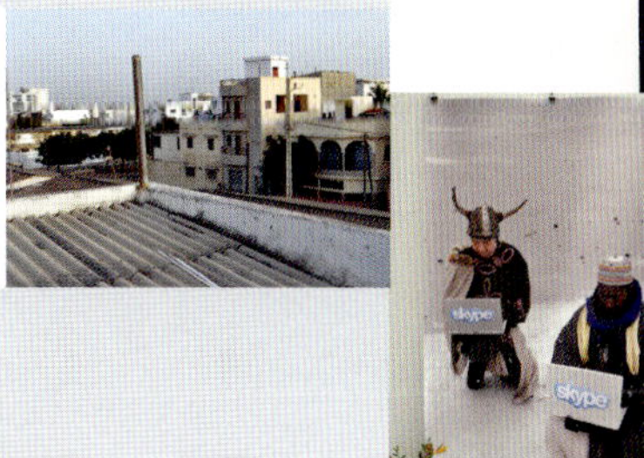

El Mansour, Liberté - Dakar
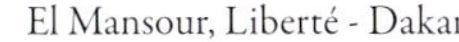
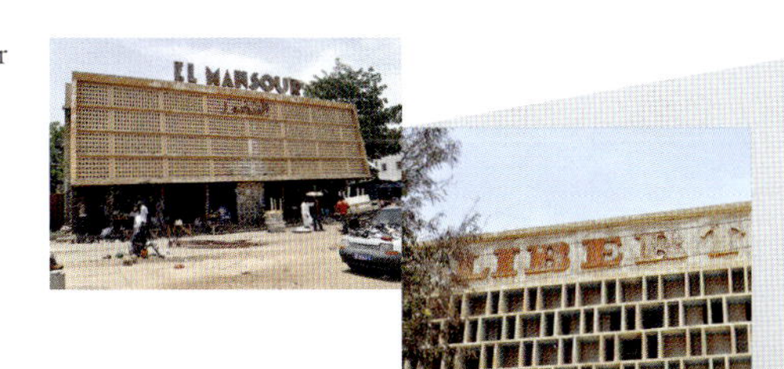

Xu
Tan

Keywords Dictionary /
Wörterbuch der
Schlüsselwörter

The project *Searching for Keywords* began in 2005 with a series of interviews in China. I wanted to create an artwork that investigated important social concepts. In 2007, Hu Fang, Director of *Vitamin Creative Space,* and I edited the *Dictionary of Keywords*, which we created from all of the keywords I had collected.

The most important keywords are about social experience. They represent the values of daily life and important social issues at the moment of the interviews. Between 2005 and 2007, I talked to about seventy people. From each sentence transcribed from the interviews, I chose one or two words. I always made the choice very carefully and by myself. This is an art project, but also a social project. I think that the difference begins when I choose these "central and important" words. After the first selection, I looked at all the sentences to find the common keywords. Then I used four different ways to do a further selection within the common keywords:

1 Frequency.
2 Sensitivity a sensitive issue.
3 Trend some words appear more often in social interaction, in the media and on the Internet. I selected this kind of word—even if it was not repeated often in the interviews. I checked "Baidu" (Chinese Google) to show how hot these words are.
4 Absence important social words, which, for unclear reasons, people didn't use.

We combined these four categories of keywords, making a summation. We had 129 keywords. From these we edited the *Keywords*

Das Projekt *Searching for Keywords* (Suche nach Schlüsselwörtern) begann 2005 mit einer Serie von Interviews in China. Ich wollte ein Kunstwerk schaffen, das wichtige soziale Begriffe untersuchte. 2007 gaben Hu Fang, der Direktor des *Vitamin Creative Space*, und ich das *Dictionary of Keywords* (Wörterbuch der Schlüsselwörter) heraus, das auf sämtlichen Schlüsselwörtern beruhte, die ich gesammelt hatte.

Die wichtigsten Schlüsselwörter haben mit sozialer Erfahrung zu tun. Sie stehen für die Werte des Alltagslebens und soziale Themen, die zum Zeitpunkt der Interviews wichtig waren. Zwischen 2005 und 2007 sprach ich mit etwa siebzig Leuten. Aus jedem Satz der Interviewabschriften wählte ich ein oder zwei Wörter aus. Ich traf die Entscheidung jedes Mal selbst und ging dabei sehr sorgfältig vor. Es handelt sich hier um ein Kunstprojekt, aber auch um ein soziales. Ich nehme an, der Unterschied beginnt da, wo ich diese „zentralen und wichtigen" Worte auswähle. Nach der ersten Auswahl sah ich mir alle Sätze an, um die gemeinsamen Schlüsselwörter zu finden. Dann benutzte ich vier verschiedene Methoden, um eine weitere Auswahl innerhalb der gemeinsamen Schlüsselwörter zu treffen.

1 Häufigkeit.
2 Sensibilität ein sensibles Thema.
3 Tendenz Einige Wörter tauchen in der sozialen Interaktion, in den Medien und im Internet häufiger auf. Diese Wörter wählte ich aus, auch wenn sie sich in den Interviews nicht oft wiederholten. Bei „Baidu" (dem chinesischen Google) überprüfte ich, wie „angesagt" diese Wörter sind.
4 Abwesenheit wichtige soziale Wörter, die die Leute, aus unklaren Gründen, nicht verwendeten.

Dann verbanden wir diese vier Kategorien von Schlüsselwörtern und addierten sie. Wir hatten 129 Schlüsselwörter. Auf dieser Grundlage gaben wir das *Keywords Dictionary* heraus und riefen die *Keywords*-Website ins Leben.

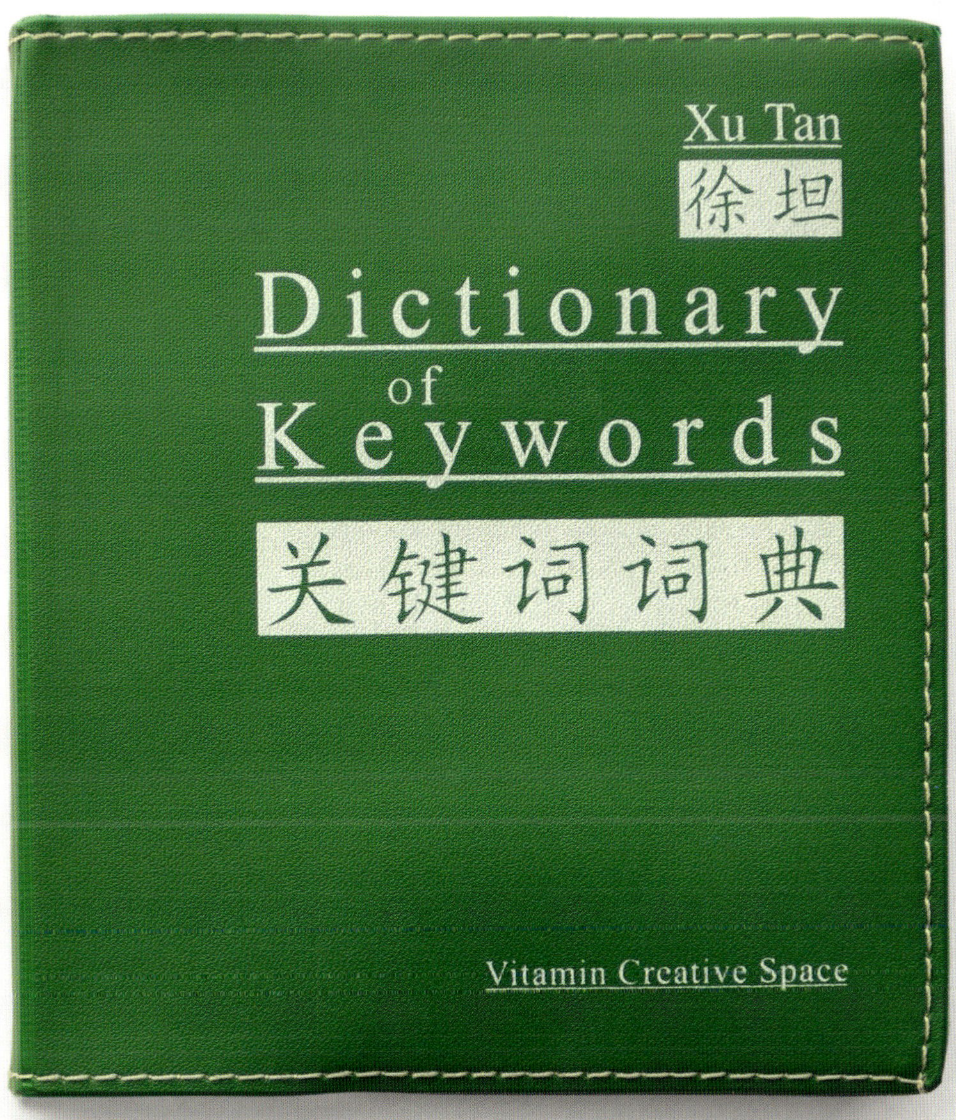

Dictionary and initiated the *Keywords* website. As an artwork, I don't think the project can provide much social knowledge to the public.

I hope to show important words that cover important concepts from social life. The words are related to peoples' consciousness, both individual and collective, and to the way that people think about personal and social life. When we notice these words, maybe we can find something that happened in the spaces between professional social research and art.

Ich glaube nicht, dass das Projekt als Kunstwerk der Öffentlichkeit viel soziales Wissen vermitteln kann. Ich hoffe aber, wichtige Wörter zu präsentieren, die wesentliche Begriffe des sozialen Lebens erfassen. Die Wörter hängen mit dem Bewusstsein der Menschen zusammen, dem individuellen wie dem kolloktivon, und darübcr, wie sie über ihr privates und soziales Leben denken. Wenn wir diesen Worten Aufmerksamkeit schenken, können wir vielleicht etwas finden, das sich in den Räumen zwischen professioneller Sozialforschung und der Kunst ereignet hat.

Huang Xiaopeng

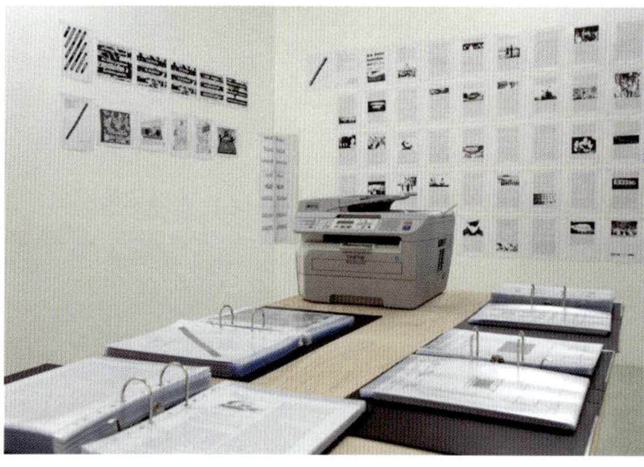

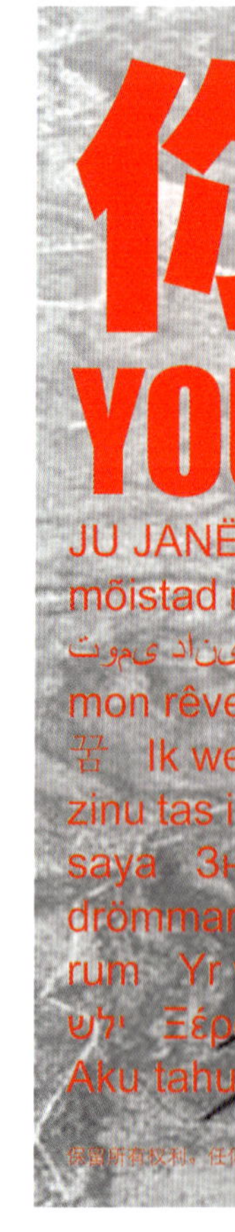

You are the Dream of
my Realization

Text by / von
Raúl Zamudio

Huang Xiaopeng's work approaches contemporary conditions of transitional flows of capital and culture through myriad contexts including, for example, a global matrix taken to absurd proportions. In Huang's *You are the dream of my realization* (2009), a billboard sized banner announces the results of a kind of ventriloquist telephone game. The artist compresses the trope of globalization through Internet translation programs from Chinese to English, and from English to Chinese, only to continue a recycling process that culminates with the phrase: "thanks to the expansion of the empire, economic and culture exchanges become possible to the maximum extent, and previously isolated civilizations become linked." One can see a kind of ironic send-up of the information glut that has permeated into, and comes out of the Internet.

Like other repositories of information—including such disparate sources as the proverbial diction-

Die Arbeit von Huang Xiaopeng nähert sich den aktuellen Bedingungen durchquerender Kapitalströme und Kulturbewegungen durch unzählige Kontexte hindurch, wie etwa einer zu absurder Größe hochgesteigerten, globalen Matrix. In Huangs *You are the dream of my realization* (2009) verkündet ein plakatwandgroßes Spruchband die Ergebnisse einer Art von bauchrednerischen „Stillen Post". Der Künstler verdichtet mittels Internetübersetzungsprogrammen den Tropus der Globalisierung vom Chinesischen ins Englische und wieder zurück, um einen Recylingprozess einzuleiten, der schließlich in dem Satz gipfelt: „Dank der Ausdehnung des Reiches sind wirtschaftlicher und kultureller Austausch in größtem Ausmaß ermöglicht und zuvor isoliert lebende Zivilisationen miteinander verbunden worden." Hier lässt sich eine Art ironischer Selbstmanipulation jenes Informationsüberflusses erkennen, der das Internet durchdringt und zugleich von ihm generiert wird.

ary and the telephone book—the Internet maintains its pretense as an arbiter of authority because it is a nascent technology. By the same token, its democratic ethos—in which anyone can upload information—allows panoply of misinformation to clutter it.

Recycling the word globalization through endless permutations—via what is presumed to be neutral translation system—something like a ghost in the machine is revealed. But this no ordinary phantom, as its ostensible visibility gives weight to an ideological materiality. The quotation, which calls up a market driven utopia of world domination that subsumes history, including civilizations of the past and conflating them with the present, is a cross between the capitalist avatar Adam Smith gone amok, and the mega-computer HAL from Stanley Kubrick's *2001: A Space Odyssey*, (1968).

Wie andere Informationsspeicher – einschließlich solch disparater Quellen wie das Lexikon der Sprichwörter und des Telefonbuchs – hält das Internet seinen vorgeblichen Anspruch auf Authoritat aufrecht, weil es eine im Werden begriffene Technologie ist. Umgekehrt lässt sein demokratisches Ethos – indem jeder Information hochladen kann – eine Fülle an Fehlinformation zu.

Durch das Recycling des Worts „Globalisierung" in endloser Permutation mittels angeblich neutraler Übersetzungssysteme, wird so etwas wie ein „Geist in der Maschine" sichtbar. Doch dies ist insofern kein gewöhnliches Phantom als seine vordergründige Sichtbarkeit eine ideologische Materialität in den Vordergrund rückt. Das Zitat ruft eine marktorientierte, weltumspannende Utopie ins Gedächtnis, die die Geschichte für sich vereinnahmt, indem sie die Zivilisationen der Vergangenheit mit der Gegenwart verschmilzt. In diesem Sinne ist das Zitat eine Kreuzung aus dem durchgedrehten kapitalistischen Avatar Adam Smith und dem Mega-Computer HAL aus Stanley Kubriks *2001: A Space Odyssey*, (1968).

top left / oben links
Manifest (The 138th Edition), 2010, mixed media / verschiedene Materialien

top right / oben rechts
You're my Dream Come True, 2011, printed on outdoor vinyl or paper, in standard billboard size and various size / gedruckt auf Vinylfolie für den Außenbereich oder Papier, in standardisierter Plakatwand-Größe und in verschiedenen Größen

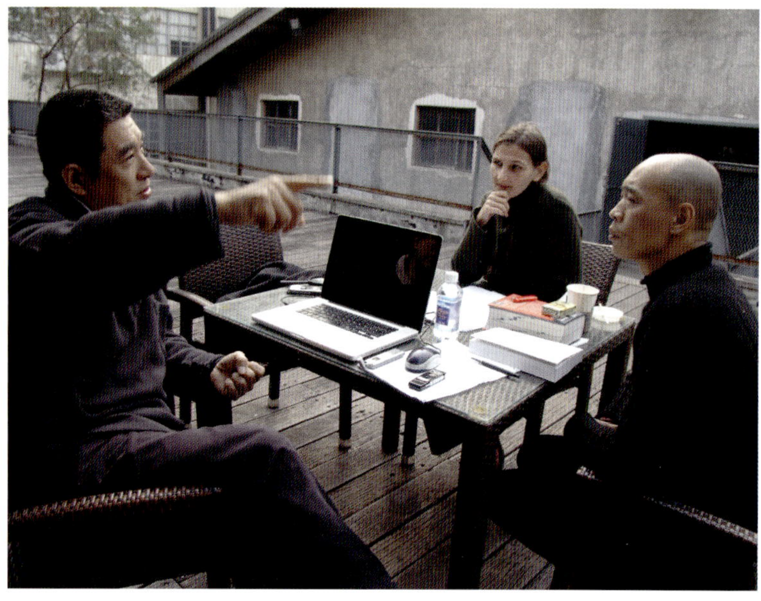

A conversation on the
changing process of
modernization as a myth
in China (social values,
education system,
language, discourse power
and individuality) /
Ein Gespräch über den
Wandel der Modernisierung
als Mythos in China
(soziale Werte,
Bildungswesen, Sprache,
die Macht der Diskurse
und Individualität)

January 16, 2011 at / 16. Januar 2011 im
OCAT in Shenzhen
Special thanks to Claire Louise Staunton for
her editorial input. / Spezieller Dank an Claire
Louise Staunton für die redaktionelle Unter-
stützung.

Huang Xiaopeng: China is building a capitalist society in a uniquely Chinese Communist way today. In here, the education system is like a two-headed monster: on the one hand, universities here are just part of the Communist organization, but on the other hand, the capitalist force is so strong now, so it's also serving the commercial-izm without any principles. Xu Tan, you were a teacher in GAFA, and you were dismissed in 1997 because of your artworks, what is your opinion on this?

Xu Tan: As I know, school is a place for teaching professional knowledge. But in China, the school became more and more about skill-based teaching for job-training purposes. The social value system, generated by propagandis-tic and traditional norms, is much stronger than what you teach at school. You talk about art as

Huang Xiaopeng: China baut zur Zeit die kapi-talistische Gesellschaft in einem unverwechsel-bar chinesischen, kommunistischen Stil nach. Unser Bildungssystem ist dabei wie ein zweiköp-figes Monster. Einerseits gehören die Universi-täten zur kommunistischen Organisation, doch auf der anderen Seite wirken die kapitalistischen Kräfte heute so stark, dass die Akademien sich ebenfalls der Kommerzialität jenseits aller Prinzi-pien verschreiben. Xu Tan, du warst zuvor Lehrer an der GAFA (Guangzhou Academy of Fine Arts) und wurdest dann 1997 aufgrund deines künst-lerischen Werks entlassen, was meinst du dazu?

Xu Tan: Wie ich es verstehe, sind Schulen ein Ort der Vermittlung von fachlichem Wissen. Doch in China wandten sie sich mehr und mehr der ausschließlichen Vermittlung berufsorientier-ter Fertigkeiten zu. Das soziale Wertesystem, das durch Propaganda und traditionelle Normen ge-prägt wird, gilt mehr als das, was an den Schulen gelehrt wird. Man spricht über Kunst als erkun-denden Prozess, aber die jungen Leute glauben

a prospecting process but young people don't believe you because they believe more in the social norms of target-oriented education. Gaining professional knowledge has become like an express lane, a "high way" now. There are many ways, but the "high way" seems the only way in our society today.

Frédérique Aron: Teaching and education have adapted to the changes of the society, but becoming only functional and utilitarian, which is very dangerous.

HXP: Actually, I have not found profound professional knowledge in the art education here. Most students don't have basic knowledge of art today. They can't discuss concepts but they can discuss techniques and the market. This is because the official policy for the students is that their work can't relate to politics, religion, violence or sex. So what can they relate to? What is the function of art school today? And what is the role of contemporary art?

XT: Visual art can be taught in school, there are rules, and regulations. But contemporary art seems impossible to teach in school. For the past five or six years I've been running a project "The Keywords and Keywords School" based on my point of hypothesis. I see society as a very important space for education. I want to do something in the place just in the between, between art and society, between "professional fields." So you can't say that is an anthropologic project, a linguistic project or a social project, but that it is an art project. Maybe if we don't use the word "teaching" but "exchanging," so it will include aesthetics and theory.

HXP: In the Chinese context the whole system is so dated; so nineteenth century. I prefer "contemporary art practice," a new language of art cannot be created from nowhere but out of the contemporary context, and of course, the history of art. For me, art school should be the place for visual language, imagination and interrogation, which helps the student find their inner-self, with critical spirit and a free mind. The school program should be more a way of

einem nicht, weil sie den sozialen Werten der zielorientierten Ausbildung mehr vertrauen. Der Erwerb von Fachwissen ist zu einer Art Schnellstraße geworden. Es gibt viele Wege (und Straßen), aber die „Schnellstraße" scheint das Einzige zu sein, das in unserer heutigen Gesellschaft zählt.

Frédérique Aron: Lehre und Bildungswesen haben sich den Veränderungen in der Gesellschaft angepasst, aber reine Funktionalität und Utilitarismus können gefährlich werden.

HXP: Also ich kann diese Art von profunder Professionalität in unserer Kunsterziehung nicht entdecken. Die meisten Student_innen habe keinerlei Grundkenntnisse, was die Kunst von heute angeht. Sie können keine Konzepte diskutieren, wissen aber über Techniken und den Markt Bescheid. Das liegt daran, dass die offiziellen Richtlinien für Student_innen keine Werke gestatten, die sich auf Politik, Religion, Gewalt oder Sex beziehen. Auf was also können sie sich beziehen? Worin besteht die Aufgabe der Kunsthochschule heute? Und welche Rolle übernimmt die zeitgenössische Kunst?

XT: Bildende Kunst kann an Schulen unterrichtet werden, dafür gibt es Regeln und Regelwerke. Doch zeitgenössische Kunst scheint unmöglich zu unterrichten zu sein. Während der letzten fünf bis sechs Jahre leitete ich ein Projekt mit dem Titel „Schlüsselworte und die Schule der Schlüsselworte", basierend auf meiner Hypothese, dass die Gesellschaft an sich einen extrem wichtigen und auch größeren Raum für Bildungsarbeit bietet. Ich möchte etwas machen, dass genau dazwischen liegt, zwischen Kunst und Gesellschaft, zwischen den „professionellen" Feldern. Also kann man es nicht als anthropologisches Projekt bezeichnen, auch nicht als linguistisches oder soziales Projekt, sondern es handelt sich um ein künstlerisches Projekt. Vielleicht, wenn wir statt des Wortes „Lehre" das Wort „Austausch" benutzen würden, schlösse dies dann auch Ästhetik und Theorie ein.

HXP: Meiner Ansicht nach taucht die Formulierung der „zeitgenössische Kunsterziehung" im

training discernment, and it must relate to frontier thinking. It's a way that's against the curriculum of the institution.

XT: In the "Keywords" project, we always change the position of teacher and student, artist and audience. If you're only cooking and audiences are just eating—like in Rirkrit Tiravanija's work—I don't think that's enough. A real involvement is people adopting both the positions of visitors and also artists: I (artist) am your assistant to help you (audience) to realize something like artwork; this is what I regard as a real exchanging relationship in art.

FA: This is your methodology of teaching. The three of us share an "active methodology" based on the socio-constructivist perspective. But the Chinese way of teaching is focused on the teacher as being the "master," and students are considered a blank page that you have to write on. If you let the students express themselves, or just give them the opportunity to be active in the construction of their learning process, that means the teacher loses the official dominant position and feels obviously threatened.

HXP: This is also related to the fundamental problem of the exam system. If teachers encourage the students to give different answers, the class can't be passed.

XT: "Knowledge" in China is not the principle of action and behavior. The idea of "freedom" for example doesn't lead to any result, if it is only stored in the peoples heads. The teachers in China are supposed only to mediate the knowledge that is written in their textbooks. They don't encourage the students to take initiative and think themselves. From this perspective, teaching in China is very frustrating for me.

FA: I agree with you. Knowledge becomes knowledge only if you understand it, and you can only understand it by practicing it. But there's not such ability here today. You become a teacher not after attending a teaching program in China, but only because you got the job. You

chinesischen Kontext nur auf, weil das ganze System so antiquiert ist, 19. Jahrhundert eben. Ich ziehe den Begriff „zeitgenössische Kunstpraxis" vor. Kunsthochschulen sollten für visuelle Sprache, für Vorstellungskraft und Auseinandersetzung stehen. Sie sollten die Student_innen auf der Suche nach ihrem inneren Selbst mit kritischem Geist und einer offenen Haltung unterstützen. Wir sollten einen Weg finden, aus dem gegenwärtigen Lehrplan der Institution auszubrechen.

XT: In dem „Schlüsselwort"-Projekt vertauschen wir die Rollen von Lehrer_in und Student_in, von Künstler_in und Publikum. Wenn man, wie Rirkrit Tiravanija es gemacht hat, bloß kocht und das Publikum isst die Speisen dann auf, ist das nicht genug. Wirkliche Beteiligung heißt, die Leute dazu aufzurufen, die Positionen der Besucher_innen und der Künstler_innen gleichermaßen einzunehmen: Ich (der Künstler) bin der Assistent, der dem Publikum dabei behilflich ist, etwas als Kunstwerk wahrzunehmen. Dies ist es, was ich als einen tatsächlichen Austausch in der Kunst betrachten würde.

FA: Das ist nun deine Lehrmethode. Wir drei vertreten eine „aktive Methodologie", die auf der sozio-konstruktivistischen Perspektive beruht. Doch die allgemeine chinesische Unterrichtspraxis ist ausgerichtet auf einen Lehrer, der als „Meister" fungiert, und den Schüler_innen, die als unbeschriebene Blätter, die es zu beschreiben gilt, angesehen werden. Lässt man die Student_innen sich selbst ausdrücken oder gibt man ihnen die Gelegenheit, sich aktiv am Lernprozess zu beteiligen, bedeutet dies eine Unterminierung der offiziellen, übergeordneten Position der Lehrenden, die sich offensichtlich dadurch bedroht fühlen.

HXP: Dies hängt auch mit dem fundamentalen Problem des Prüfungssystems zusammen. Wenn Lehrende die Student_innen dazu ermutigen, andere Antworten zu geben, kann das Examen nicht abgenommen werden.

XT: „Wissen" wird in China nicht zur Richtschnur für Handeln und Verhalten. Die Idee von „Frei-

can't become a professional, because you don't have any theory background; so the model of imitation is actually the only available one for every generation of teachers. You just have to pass the exam, and exams in the Chinese educational system are still only based on memorizing, not on understanding!

HXP: It's more about the exam for "Mandarin" than education theory. If you can speak perfect Mandarin in the tone of CCTV, then you can be qualified as a teacher. The Chinese exam system, from the outside, is very much like the official socialist bureaucracy system, but deep down it still remains a Confucian system.

XT: I think this kind of system is also connected to the political structure. If you want to change this, it means you want to change the whole political structure. The Party can give up many things but it will never give up the education system. When I used to teach in the Art College of Beijing Normal University few years ago, an old retired official person told me that he was still there just to keep the next generation away from the pollution of Western capitalism. I joked to him: if you shut down the school, the things you don't like or fear will never happen!

HXP: But Communist ideology also is a Western concept. If you look at the official language like in *The People's Daily*, there is a high number of Western words like "cadre," "economy," "system," "science," "development," and so on, which are all translated words. Actually, up to seventy percent of the modern scientific words that students use in university today came to China via Japan after middle of nineteenth century—according to the Chinese Social Science Research Institute.

XT: Actually modern China introduced and "adopted" a lot of things based on Western concepts. I mean this is the situation, and this not only happened in China but many other nations as well.

FA: China felt great humiliation after the Opium Wars. They were trying to find out what were the major problems. One of the conclusions was that

heit" beispielsweise führt nicht zu einer Umsetzung, solange es nur in den Köpfen abgelegt wird. In China wird von den Lehrenden nur erwartet, das Wissen zu vermitteln, das in ihren Schulbüchern steht. Sie ermutigen die Student_innen nicht, Initiative zu ergreifen und selbst zu denken. In dieser Hinsicht ist es für mich frustrierend, in China zu lehren.

FA: Da stimme ich dir zu. Wissen wird nur zu Wissen, wenn man es auch versteht. Und man kann es nur verstehen, in dem man es praktiziert. Aber diese Fähigkeiten sind zur Zeit nicht existent. Man wird Lehrer_in, nicht nachdem man ein Lehrprogramm in China absolviert hat, sondern weil man die Stelle bekommen hat. Man kann nicht professionell arbeiten, weil einem jeglicher theoretische Hintergrund fehlt, also ist das Modell der Imitation das einzige, das für alle Lehrergenerationen verfügbar bleibt. Man muss lediglich das Examen bestehen, und die Examen im chinesischen Bildungssystem beruhen auf dem Auswendiglernen und nicht auf Verstehen.

HXP: Es hat mehr mit dem Examen in Mandarin zu tun als mit Bildungstheorie. Spricht man perfektes Mandarin im Stil des CCTV, ist man als Lehrer_in qualifiziert. Von außen betrachtet mag das chinesische Examenssystem ja sehr dem offiziellen Verwaltungssystem ähneln, doch im Innersten ist es ein konfuzifianisches System geblieben.

XT: Ich denke, dass diese Art von System auch mit der politischen Struktur zusammenhängt. Will man das eine verändern, dann müsste man die gesamte politische Struktur verändern. Die Partei mag viele Sachen fallen lassen, doch das Bildungswesen wird sie niemals hergeben. Als ich noch vor einigen Jahren an der Kunsthochschule der Beijing Normal University unterrichtete, gab es einen von offizieller Stelle eingesetzten alten Pensionär, der mir sagte, dass er nur noch deshalb dort sei, um die nächste Generation vom westlichen, kapitalistischen Unrat fern zu halten. Und ich scherzte mit ihm und sagte: „Wenn Sie die Schule ganz schließen, wird nichts von den Dingen passieren, die Sie nicht mögen oder fürchten."

Chinese language was considered very primitive, incapable of grasping logical thinking, being more a poetic language that couldn't be used for analyzing, so incompatible to science and modernization.

HXP: But I am more interested in the role of translation in today's world of mass communication. We know there are always inevitable dislocations as the consequence of translation, but these problems are getting bigger today as people rely so much on computers and technology. Last year I made a new work from "The Communist Manifesto." As its first Chinese translation in 1920 was from Japanese rather than from its original German, I followed its historical path. I downloaded the original German from the Internet and used Google to translate it again. At the end, the word "Proletarians" turned out to become "Shareholders!" Also in my karaoke series, a "babe" can become a "treasure," and then an "industry product." But this semantic misfiring just fits the reality of the world we live in; it's exactly how our society is evolving today. This is the social value system.

Xu Yuntao (an assistant curator in OCAT graduated from GAFA in 2009, came to join us): Yes, the computer shows only the final conclusions but doesn't know the knowledge background.

XT: In my opinion, European philosophy is very utilitarian. It's the kind of philosophy that mainly pushed the world into modern society. The methodology of language and thinking is from Descartes' "I think therefore I am," and then, Francis Bacon's "knowledge is power." Science, progress, and development—all these concepts are based on finding truth and knowledge. But I think that thinking in the way of "searching truth" is utilitarianism, so I think it's important that we artists should protect the space of inefficacy in our consciousness. In ancient China, like Buddhism or Daoism, at some point they stopped the language. They wanted to know how they could become close to the real world in their inner world and not in the material world.

HXP: Aber die kommunistische Ideologie ist ebenfalls eine westliche Idee. Schaut man sich die offizielle Sprache in Zeitungen wie *The People's Daily* an, findet man eine große Anzahl westlicher Wörter wie „Kader", „Ökonomie", „System", „Wissenschaft", „Entwicklung" und so weiter, das sind alles übersetzte Wörter. Laut dem Chinese Social Science Research Institut (Chinesischen Forschungsinstitut für Sozialwissenschaften) kam bis zu 70% des modernen wissenschaftlichen Wortschatzes, den die Studenten heutzutage in den Universitäten gebrauchen, seit Mitte des 19. Jahrhunderts über Japan nach China.

XT: China hat tatsächlich eine ganze Menge Dinge adaptiert oder eingeführt, die auf westlichen Ideen beruhen. Das ist einfach die heutige Lage, und das ist nicht nur in China passiert, sondern in vielen anderen Nationen auch.

FA: China fühlte sich durch die Opiumkriege gedemütigt und versuchte die Hauptprobleme herauszufinden. Eine der Folgerungen war, dass die chinesische Sprache als primitiv und als ungeeignet für das Erfassen logischer Gedanken aufgefasst wurde, als eine eher poetische Sprache, die unbrauchbar für die Analyse und unvereinbar mit Wissenschaft und Modernisierung sei.

HXP: Mich interessiert da mehr die Funktion der Übersetzung in der heutigen Welt der Massenkommunikation. Wir alle wissen, dass Übersetzungen in einer unvermeidbaren Verlagerung von Bedeutungen resultieren, und in einer Zeit, in der sich die Leute vermehrt auf Computer und Technologie stützen, nehmen diese Probleme weiterhin zu. Letztes Jahr machte ich aus dem Kommunistischen Manifest eine neue Arbeit. Da die erste Übersetzung ins Chinesische im Jahr 1920 eher aus dem Japanischen vorgenommen wurde statt aus der Originalsprache Deutsch, folgte ich dem historischen Weg und lud mir die deutsche Ausgabe aus dem Internet herunter. Ich verwendete den Google Online-Übersetzer, um es neu zu übersetzen. Am Ende wurden aus den „Proletariern" „Aktionäre"! Und in meiner Karaoke-Serie kann aus einem „Babe" erst ein „Schatz" werden und dann ein „Industrieprodukt". Diese

HXP: For me independent thinking is very important for the future of Chinese society. Everyone should start to make changes by themselves rather than expecting others to do it; otherwise nothing will happen! When I asked my students to edit the third book of the *5th Studio*[1], they didn't consider this work as the opportunity to express their voice, but felt forced to do their homework. Many students practicing contemporary art have the same thinking pattern as the very official Student Union; they'd rather to be arranged than self-organized.

XYT: My parents always tell me that you should be the slave before you become the master.

XT: This is in the subconsciousness of every Chinese. Actually I think that independence and individuality can't be taught at school in China. Since your childhood, you have been taught always to be humble and to stand by the collective. If you go to the opposite way, you feel dangerous. "Herd behavior," was the keyword that I found in my workshop in Hong Kong.

HXP: Someone in my school told me that actually I am an outsider there. Of course I know that and I'm happy to be an outsider inside the system. People are saying everything is possible in China today, probably because in the West everything has become so structured and so solid. The situation in here is quite different—there are lots of loopholes and gray areas.

XT: People in China now started to ask: if we can do such a great job for the Olympic Games, what can't we do? Make a first class university? First class art in the world? Before, we just divided people into progressive or conservative camps—for contemporary art or against contemporary art. Now most people are just for one thing: power. Everyone likes power and to play with different kinds of power.

FA: In the West these two powers share some interest indeed, but it's also very separate. Because art is about freedom, and government is about control.

semantischen Fehlzünder passen sich nahtlos in die Welt ein, in der wir leben. Dies ist genau die Art, in der sich unsere Gesellschaft heutzutage entwickelt, es ist eine Widerspiegelung des sozialen Wertesystems.

Xu Yuntao (Assistenzkurator des OCAT und Absolvent der GAFA im Jahr 2009, der sich zu uns gesellte): Genau, der Computer zeigt nur die Endresultate, aber er zeigt nicht das Hintergrundwissen.

XT: Meiner Ansicht nach ist die europäische Philosophie sehr utilitaristisch. Diese Art von Philosophie hat die Welt in Richtung der modernen Gesellschaft geführt. Die Didaktik von Sprache und Denken folgt Descartes' „Ich denke, daher bin ich" und danach Francis Bacons „Wissen ist Macht". Wissenschaft, Fortschritt, Entwicklung, all diese Konzepte gründen auf dem Erwerb von Wahrheit und Wissen. Doch allein die Art Wahrheit „finden zu wollen", ist bereits utilitaristisch, also ist es wichtig, dass wir Künstler_innen den Bereich des Wirkungslosen in unserem Bewusstsein bewahren. Im alten China, wie etwa im Buddhismus oder im Taoismus, bestand die Kunst im Schweigen. Man wollte wissen, wie man sich der Realität in der inneren Welt nähern konnte, nicht in der physischen Welt.

HXP: Meiner Ansicht nach ist unabhängiges Denken enorm wichtig für die Zukunft der chinesischen Gesellschaft. Jedermann sollte mit den Veränderungen bei sich anfangen, statt dies von anderen zu erwarten, ansonsten wird nichts geschehen! Als ich meine Student_innen anwies, das dritte Buch des *5th Studio* [1] heraus zu geben, wurde dies nicht als Ansporn wahrgenommen, ihrer eigenen Stimme Ausdruck zu verleihen, sondern sie fühlten sich eher wie zu einer Hausaufgabe gezwungen. Viele Student_innen der zeitgenössischen Kunst haben dasselbe Denkmuster wie die hochoffizielle Studentengewerkschaft. Sie ziehen die Anleitung der Selbstorganisation vor.

XYT: Meine Eltern haben mir immer gesagt, dass man erst Sklave sein muss, bevor man zum Meister aufsteigt.

[1] The *5th Studio* is the only conceptual based contemporary art practice studio under the Painting Department in Guangzhou Academy of Fine Arts.
Das *5th Studio* ist das einzige konzeptuell ausgerichtete, zeitgenössische Werkatelier im Fachbereich Malerei an der Kunstakademie in Guangzhou.

XT: When the new generation obtains the power, it might find that the situation is still the same. We should encourage young people to be self-constructive; it's very important for the future. Like in Sartre's play *Les Mouches*, the God told Orestes: I can only punish the people who believe in me. So if everybody becomes an individual, then nothing can kill you.

XT: Dieser Satz wohnt im Unterbewusstsein eines jeden Chinesen. Ich glaube, dass Unabhängigkeit und Individualität in China nicht in der Schule gelehrt werden können. Von Kindheit an wird uns beigebracht, stets demütig zu sein und der Gemeinschaft beizustehen. Geht man in die entgegen gesetzte Richtung, fühlt man sich als Bedrohung. „Herdentrieb" war das Stichwort, auf das ich in meinem Workshop in Hongkong stieß.

HXP: An meiner Schule sagte mir jemand, ich sei dort eigentlich ein Außenseiter. Natürlich weiß ich das und bin glücklich darüber – ein Außenseiter zu sein innerhalb des Systems. Die Leute sagen, im China von heute sei alles möglich, wahrscheinlich deshalb, weil im Westen alles so durchstrukturiert, starr geworden ist. Die Situation hier ist eine andere: Es gibt eine Unmenge an Schlupflöchern und Grauzonen.

XT: Die Leute in China fragen sich heutzutage: Wenn wir so eine Riesenaufgabe wie die Olympischen Spiel bewältigen, wozu sollten wir nicht noch in der Lage sein? Eine erstklassige Universität schaffen, erstklassige Kunst schaffen! Vorher hatten wir die Leute in progressive oder konservative Lager aufgeteilt, in ein „für" und ein „gegen" die zeitgenössische Kunst. Nun sind die Menschen vor allem an einem interessiert – Macht. Jeder genießt Macht und die verschiedenen Möglichkeiten, mit ihr zu spielen.

FA: In der westlichen Welt haben diese zwei Lager auch gemeinsame Interessen, doch in unterschiedlicher Weise. Denn Kunst handelt von Freiheit, und Herrschaft handelt von Kontrolle.

XT: Wenn die neue Generation an die Macht kommt, kann es sein, dass die Situation immer noch gleich geblieben ist. Es ist sehr wichtig für unsere Zukunft, dass wir die jungen Leute dazu ermutigen, sich selbst zu erschaffen. Wie in Sartres Stück *Die Fliegen* Gott zu Orest sagt: Ich kann nur die Leute bestrafen, die an mich glauben. Wenn also jeder zu einem Individuum wird, kann einen nichts umbringen.

Chua Chye Teck

Paradise

Whilst returning to an area I used to spend time in as a teenager, it took me a moment to recollect my memory of the place as it had changed drastically. Punggol used to be a well-developed rural district in Singapore, where poultry, animal, fish and vegetable farming thrived. Now it has been taken over by property businesses and is being developed into a town similar to the stereotypical Western "Satellite Town."

The place was cleared and left empty for a while before development started. More land was claimed, beaches were lost, and you can no longer swim across the narrow channels of sea to Coney Island (Pulau Serangoon), or to untouched forests for exploration. The land has been entirely cleared and is waiting for further development. This is a common experience that people have when revisiting a place in Singapore. It is a country where constant change to the urban landscape takes place. Where the old is seldom valued or retained unless it makes monetary sense. The state's ultimate control of land and its sale is the reason why property remains one of the most important factors contributing to the country's wealth. With the help of foreign workers, changes are made quickly by our government and places change drastically over short spans of time.

During a visit to Punggol in 2006, I discovered the presence of small makeshift shelters, each structure marked by individuality and temporal existence, which I have been photographing since. These shelters do not belong to the homeless. They are made by people who spend time in the area; from fishing hobbyists, to natural wanderers exploring the un-beaten track, and those seeking a moment of quiet reflection with nature. The shelters not only offer them shade from the sun, but also a refuge in which to enjoy some time away from crowds and the concrete jungle. Over time I believe these structures will gradually disappear from our cultural and geographical landscape that is led by the pursuit of uniformity, urbanization and commercialization. *Paradise* pays tribute to these last remaining structures of individualism. It is a glimpse of quiet moments in a passing space of time.

Als ich an einen Ort zurückkehrte, an dem ich als Teenager viel Zeit verbracht hatte, brauchte ich einen Augenblick, um ihn wiederzuerkennen, da er sich so sehr verändert hatte. Punggol war einst ein gut entwickelter ländlicher Stadtteil von Singapur, in dem es Geflügelzucht, Tierzucht, Fischzucht und Gemüseanbau gab. Heute gehört es Immobilienfirmen, die hier nun eine Stadt errichten werden, die der stereotypen westlichen Satellitenstadt ähnelt.

Bevor das Bauvorhaben begann, wurden die Grundstücke geleert und lagen für eine Zeit brach. In dieser Zeit fiel weiteres Land an die Immobilienfirmen, die Strände sind nicht mehr zugänglich und man kann nicht mehr über die Meerenge bis nach Coney Island (Pulau Serangoon) oder zu den unberührten Wälder schwimmen, um sie zu erforschen. Das Land ist vollkommen verlassen und wartet auf die weitere Entwicklung. Dieselbe Erfahrung machen viele Menschen, die einen Ort in Singapur erneut besuchen. In diesem Staat verändert sich die städtische Landschaft ständig. Das Alte wird nur geschätzt oder erhalten, wenn es finanziell sinnvoll scheint. Der Staat kontrolliert den Handel mit Grund und Boden, und dadurch leisten Immobilien immer noch einen der wichtigsten Beiträge zum Reichtum Singapurs. Mithilfe ausländischer Arbeiter setzt unsere Regierung Änderungen rasch um. So verändern sich viele Orte in kurzer Zeit sehr stark.

Während eines Besuchs in Punggol im Jahr 2006 entdeckte ich ein paar kleine Unterstände, von denen jeder individuell und provisorisch zusammengezimmert war. Seither fotografiere ich diese Strukturen. Diese architektonischen Konstrukte gehören nicht etwa Obdachlosen. Sie werden von Menschen errichtet, die sich zeitweise in dieser Gegend aufhalten: Hobbyfischer, Freizeitwanderer, die abseits der ausgetretenen Pfade unterwegs sind, und Menschen, die einen Moment der Ruhe in der Natur suchen. Die Verschläge bieten ihnen nicht nur einen Schutz vor der Sonne, sondern sind auch einen Zufluchtsort jenseits von Menschenmassen und Betondschungel. Mit der Zeit werden diese „Bauwerke" wohl nach und nach aus unserer kulturellen und geographischen Landschaft verschwinden, die gezeichnet ist vom Streben nach Uniformität, Urbanisierung und Kommerzialisierung. *Paradise* ist ein Tribut an diese letzten bestehenden Zeugnisse des Individualismus; eine Momentaufnahme von Ruhepausen im Vorbeifliessen der Zeit.

p. / S. 77–79
From the ongoing photographic
series *Paradise* since 2006 / Aus
der 2006 begonnenen Fotoserie
Paradise

Shelter, 2006
Photography / Fotografie, (c-print)
71 cm x 71 cm

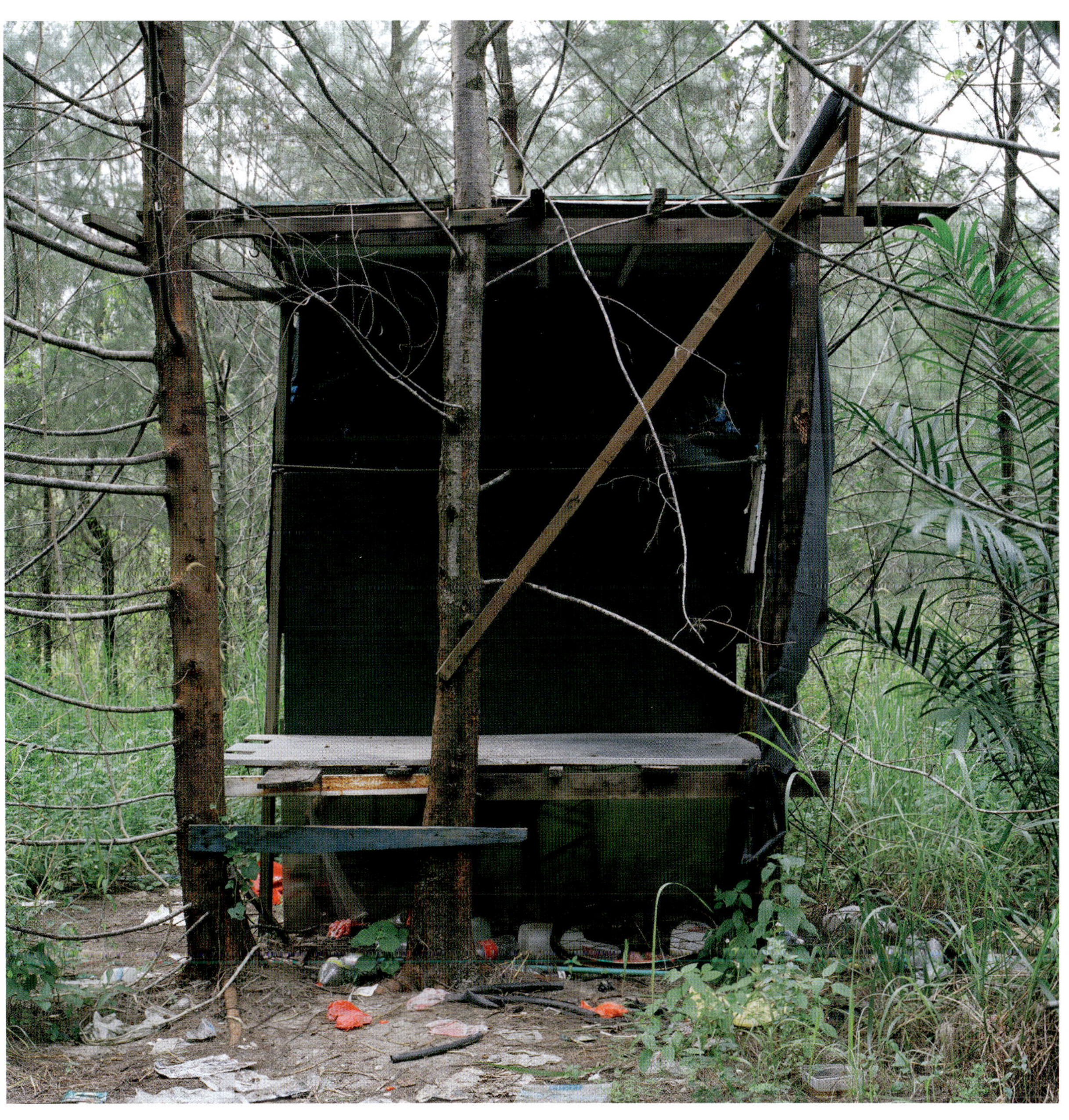

BBQ Pit, 2006
Photography / Fotografie, (c-print)
71 cm x 71 cm

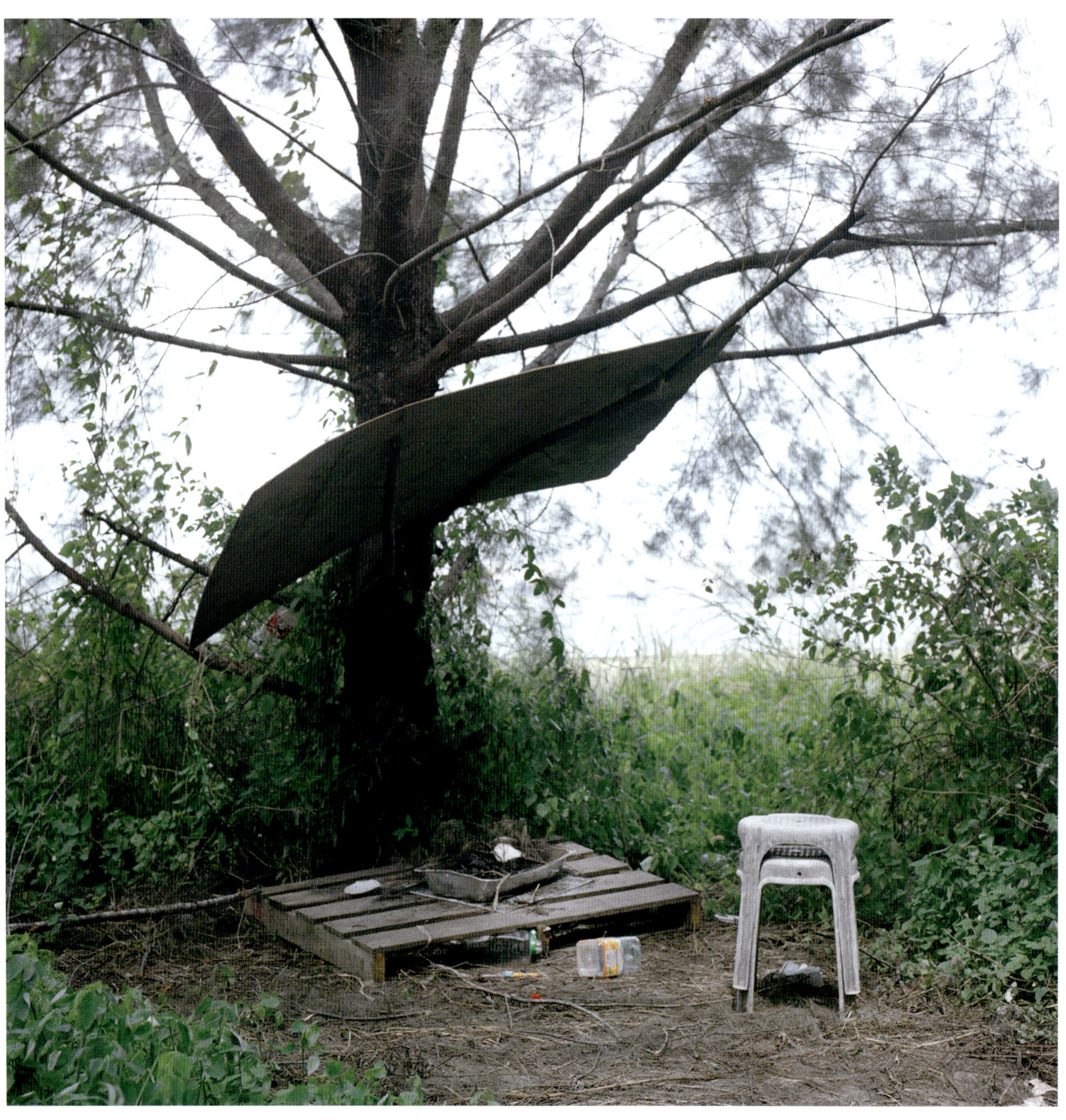

Wooden Bench, 2006
Photography / Fotografie, (c-print)
71 cm x 71 cm

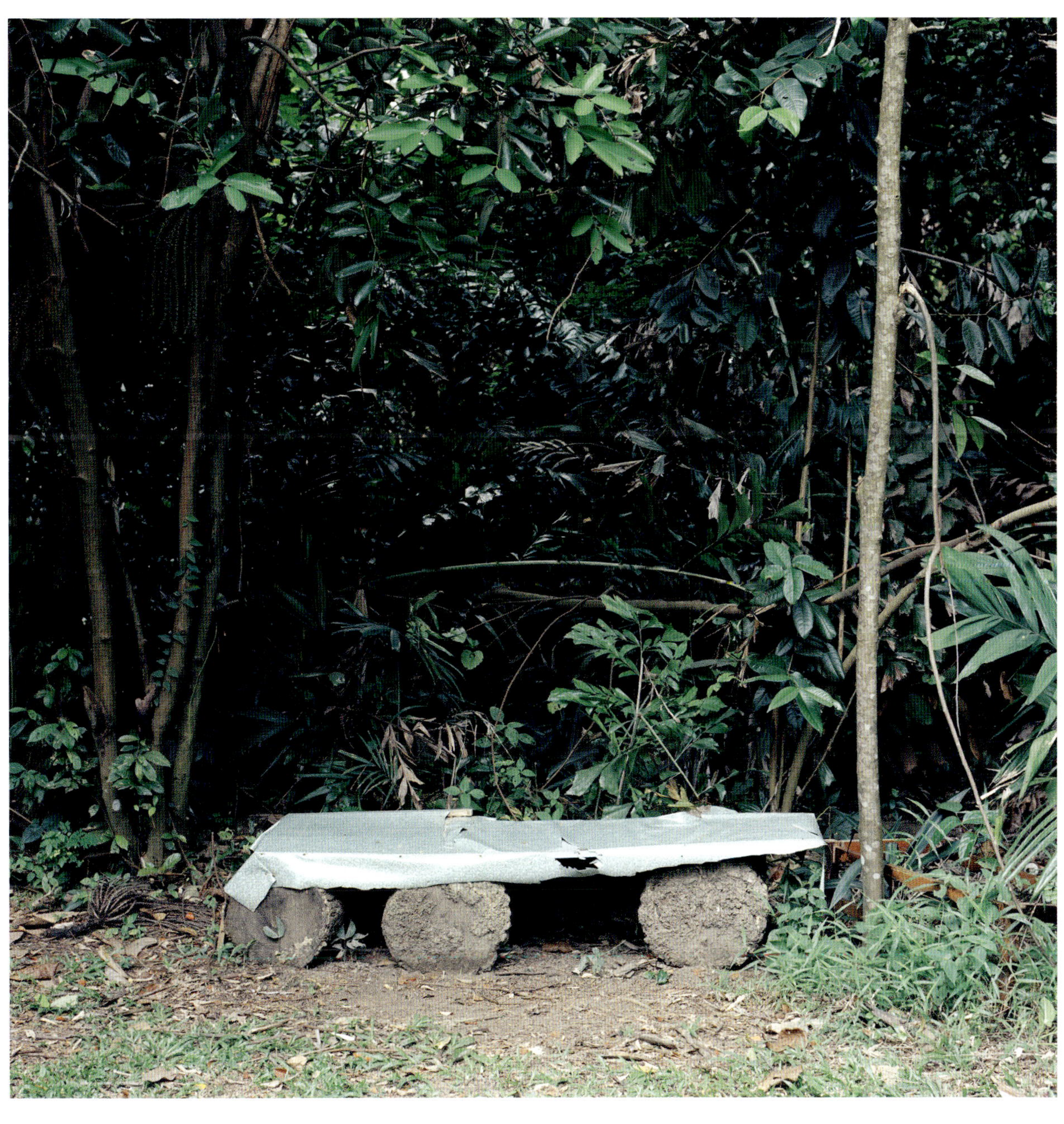

Moira Zoitl

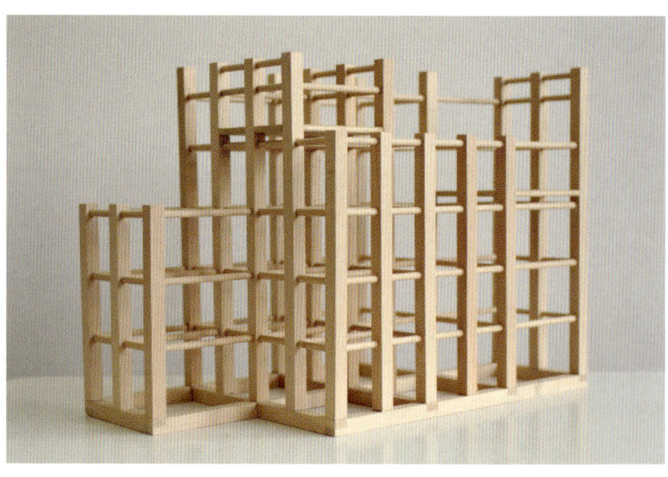

Gerüst/antiautoritär

From the series *The Aesthetics of Resistance et seq.* [1]
Aus der Serie: *Die Ästhetik des Widerstands ff.* [1]

[1] The title refers to: Peter Weiss' three-part novel *The Aesthetics of Resistance* , (Frankfurt/Main, Germany), 1975–81. Der Titel bezieht sich auf einen 3-teiligen Roman von Peter Weiss: *Die Ästhetik des Widerstands*, Frankfurt/Main 1975–81

The installation *Gerüst/antiautoritär* (Framework/anti-authoritarian) is based on a playground climbing frame built by committed parents of the counter culture of the nineteen seventies for their independently run kindergarten. It appears in my mother's photos, implanted into a petit bourgeois neighborhood in Salzburg, Austria. Because the machine didn't transport the film correctly the images seem like the exaggerated reflection of the use to which it was put by the children—the superimposed images of children and their surroundings appearing to move in relation to each other, resulting in a kind of animated sequence.

At the kindergarten there was fierce infighting among the parents of various Trotskyite, Maoist and anarchist leanings. Parents were determined to offer their offspring an alternative to the strict educational formulae offered by conventional church-run institutions. They were reading books such as *Das proletarische Kind in der bürgerlichen Gesellschaft* (by Otto F. Kanitz; "The Proletarian Child in Bourgeois Society"), or *Kinderläden: Revolution der Erziehung* (by authors' collective, Lankwitz near Berlin; "Alternative Crèches: A Revolution in early Child Care"), and Walter Benjamin's *Über Kinder, Jugend und Erziehung* ("On Children, Youth and Education"). This inspired them to invent and devise their own educational tools—such as the climbing frame.

Ausgangspunkt für die Installation *Gerüst/antiautoritär* ist ein Klettergerüst, das von engagierten Eltern Anfang der 1970er Jahre für den selbst organisierten Kindergarten gebaut wurde. Fotos meiner Mutter zeigen das Gerüst im kleinbürgerlichen städtischen Umfeld von Salzburg, Österreich. Da der Fotoapparat den Film nicht richtig transportierte, spiegeln die Bilder die Benutzung der Kinder mehrfach wieder und es entsteht eine Art animierte Sequenz – Kinder und Umgebung überlagern sich und geraten zueinander in Bewegung.

Im Kinderladen bekämpften sich Maoisten, Trotzkisten und Anarchos. Die Eltern wollten ihre Kinder im Kollektiv selbst erziehen und das nicht länger den kirchlichen Einrichtungen überlassen. Es wurden Bücher wie *Das proletarische Kind in der bürgerlichen Gesellschaft* (Otto E. Kanitz), *Kinderläden – Revolution der Erziehung* (u.a. Autorenkollektiv Lankwitz), oder Walter Benjamins *Über Kinder, Jugend und Erziehung* gelesen. Das führte dazu, dass auch die Erziehungsmittel – wie das Klettergerüst – selbst erfunden und gestaltet wurden.

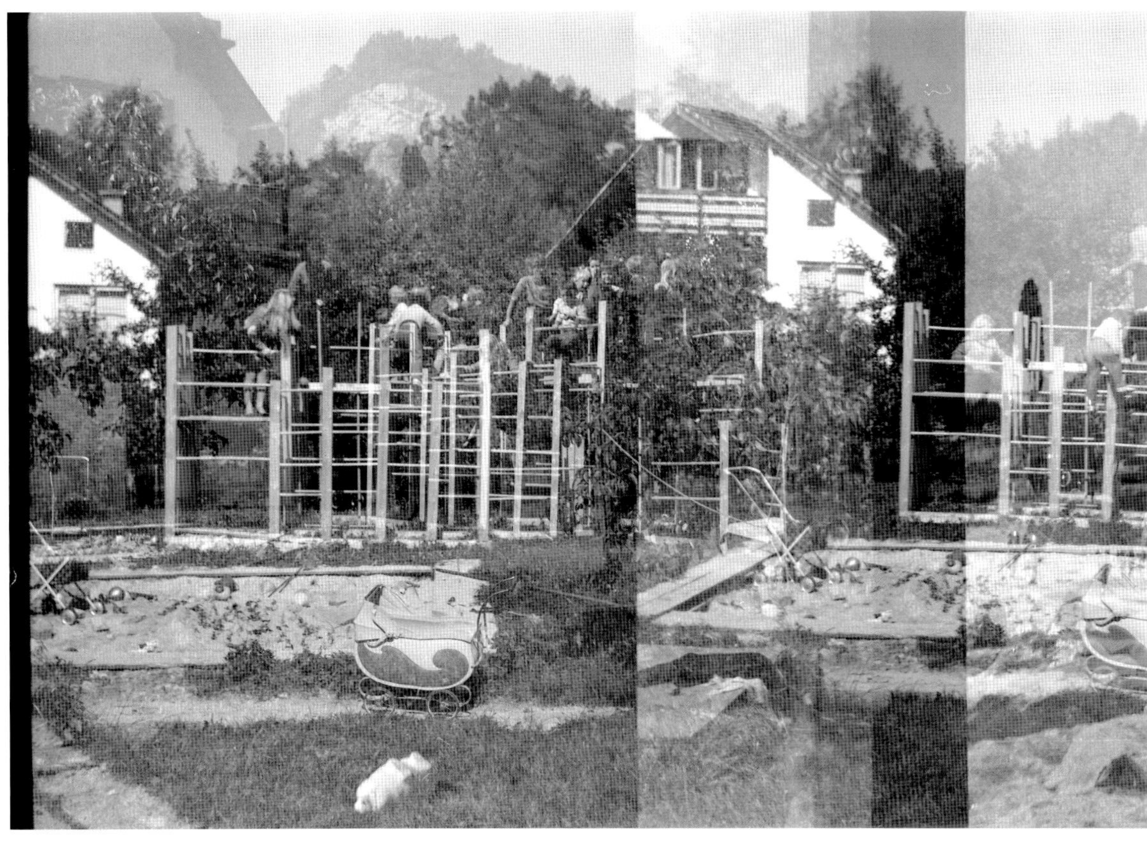

Gerüst/antiautoritär exemplifies how contemporary political and aesthetic debate is reflected in such a "toy," with influences ranging from Minimal and Conceptual Art, e.g. Sol LeWitt's *Structures* and continuing to the concepts of anti-authoritarian education proposed by the likes of A.S. Neill. Literary samples taken from my father's library, illustrating the involvement with current debate of the nineteen seventies, are juxtaposed with media depictions and images of contemporary icons such as Angela Davis, Jimi Hendrix, and Che Guevara. This generates a memory collage of references and links that combine individual recollection and activity with collective experience and imagery.

Apart from the climbing frame's 1:10 scale model, the installation illustrates this kind of associative identity research in a video assemblage that incorporates a formal reflection on the fragmentary nature of personal memory in flashbacks positioned against other such (more or less successful) attempts at creating a new, counter cultural (educational) universe.

Gerüst/antiautoritär zeigt, inwieweit dieses „Spielzeug" die politischen und ästhetischen Einflüsse der Zeit spiegelt – angefangen bei der Minimal und Conceptual Art am Beispiel der *Structures* von Sol LeWitt bis zu den Ideen einer antiautoritären Erziehung von A.S. Neill. Beispiele aus der Bibliothek meines Vaters, die die Beschäftigung mit den Diskursen der 1970er Jahre wiedergeben, werden mit Medienbildern und Darstellungen der Ikonen der Zeit, wie Angela Davis, Jimi Hendrix, Che Guevara, verwoben. Es entsteht eine Gedächtnis-Collage von Verweisen und Links, die individuelle Erinnerungen und Aktionen mit kollektiven Erfahrungen und Bildern verknüpfen.

Neben dem Modell des Klettergerüsts im Maßstab 1:10 zeigt die Installation diese assoziative Identitätsforschung als Video-Assemblage, die auch formal die Fragmentierung der persönlichen Rückblenden aufnimmt und den mehr oder weniger gelungenen Versuchen, andere (Erziehungs-)Welten zu erschaffen, gegenüberstellt.

p. / S. 80
1:10 scale model of the climbing frame/
1:10 Modell des Klettergerüst
Photo: Ralf Hoedt, 2010

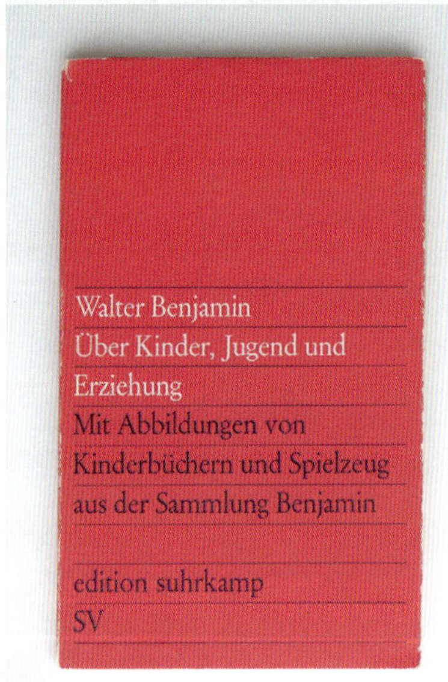

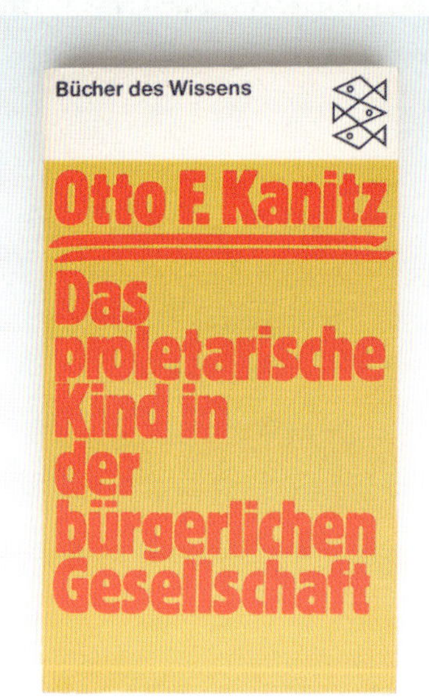

top / oben
Gerüst/antiautoritär – Referenz:
Series of front covers / Serie von Buch-
deckeln: Walter Benjamin, *Über Kinder,
Jugend und Erziehung*, Frankfurt/Main,
1969, Otto F. Kanitz, *Das proletarische
Kind in der bürgerlichen Gesellschaft*,
Frankfurt/Main 1974
Photo: Ralf Hoedt, 2011

right / rechts
Gerüst/antiautoritär – Referenz:
Sol LeWitt's *Structures*
Photo: Ralf Hoedt, 2011

p. / S. 83
Photo, Gloria Zoitl, ca. 1972

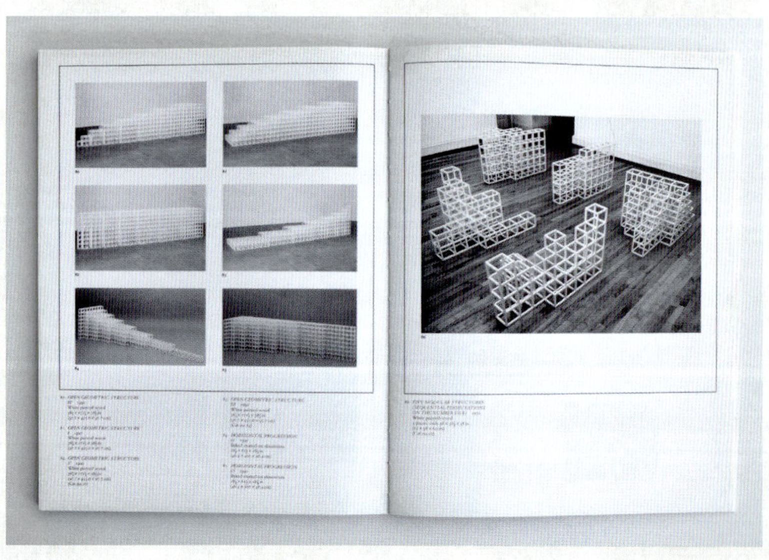

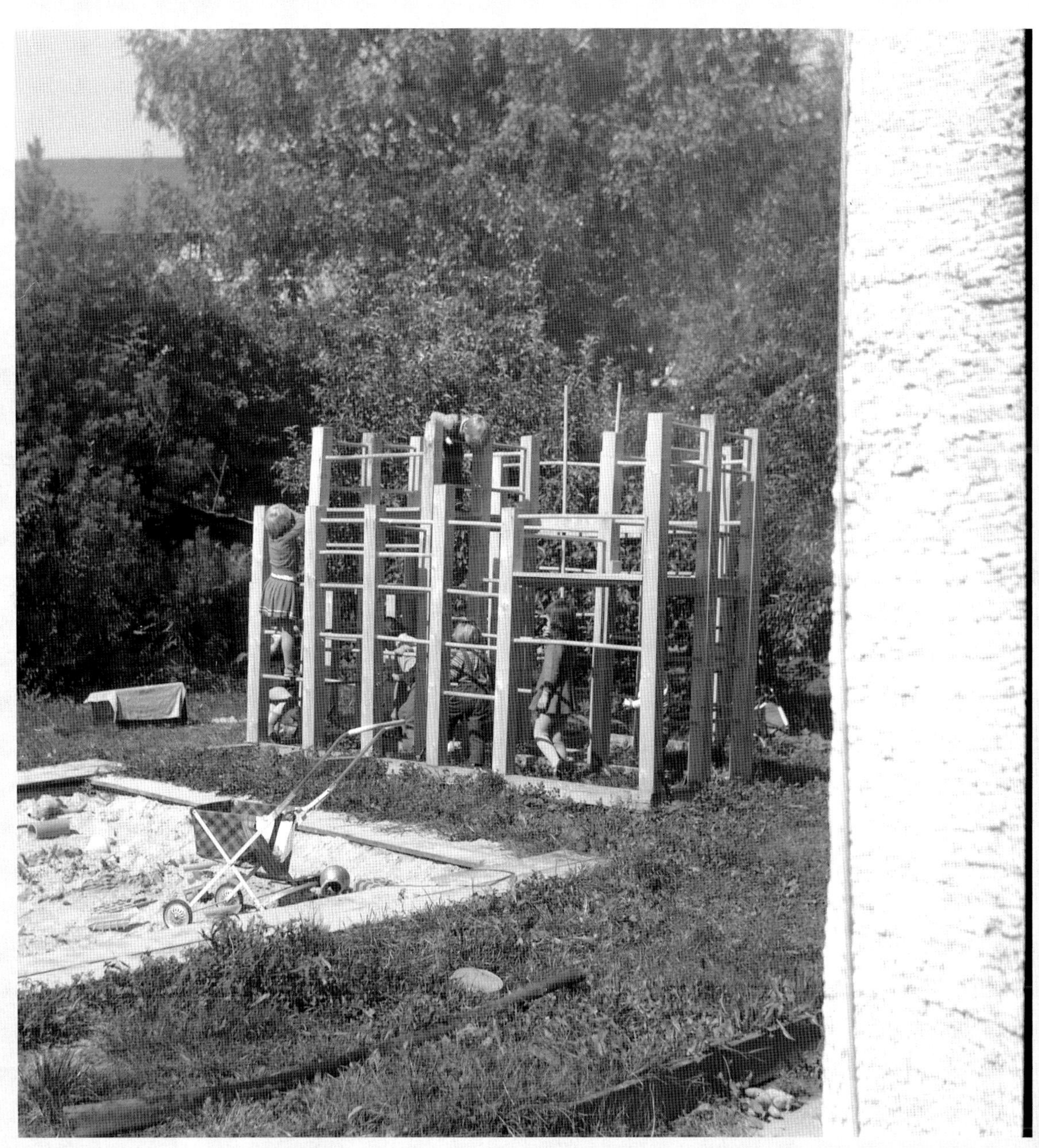

ExRota-
print

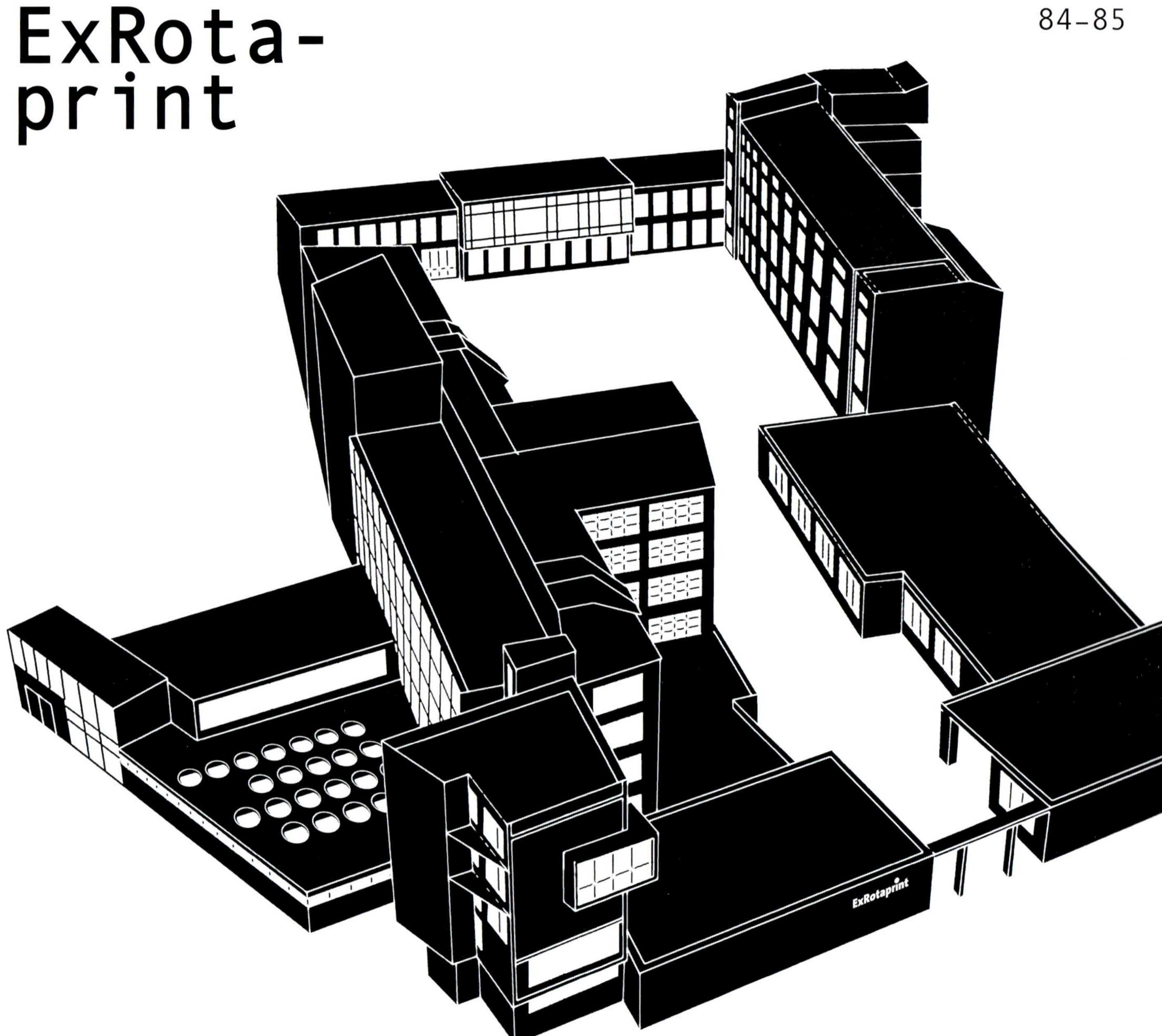

Text by / von
Daniela Brahm
Les Schliesser

www.exrotaprint.de

ExRotaprint is the former site of the Rotaprint printing press manufacturing plant in Berlin's Wedding district. Following the insolvency of Rotaprint in 1989, the 10,000 square meter premises fell into a state of neglect while lingering in the redevelopment line. In 2005, artists Daniela Brahm and Les Schliesser formulated a concept for taking over the property by renters already on site. The goal was to develop the location to serve a heterogeneous mix of Arbeit, Kunst, Soziales (work, art, and community). In 2007, ExRotaprint gGmbH took over the site, which is registered as an historical monument.

ExRotaprint ist das ehemalige Produktionsgelände der Druckmaschinenfabrik Rotaprint im Berliner Stadtteil Wedding. Nach dem Konkurs von Rotaprint im Jahr 1989 verwahrloste das 10.000 qm große Gelände in der Warteschleife der Verwertung. Die Künstler_innen Daniela Brahm und Les Schliesser formulierten 2005 ein Konzept zur Übernahme des Geländes durch die Mieter_innen vor Ort. Ziel war eine Entwicklung des Standorts für eine heterogene Nutzung aus Arbeit, Kunst und Sozialem. 2007 hat die ExRotaprint gGmbH das als Baudenkmal eingetragene Gelände übernommen.

ExRotaprint pertains to urban development, the real estate and monetary economy, tendencies toward the nature of social separation and exclusion, art strategies within city politics, and it sets an example for new projects in urban space. *ExRotaprint* is a model. A reality initiated by artists and created from the viewpoint of art. A realm of possibility is brought into being here: non-profit and showing solidarity, and non-ideological yet dependent on agreement and consensus. *ExRotaprint* forsakes the prospect of profits via ownership in favor of stability and inclusion, and it balances a heterogeneous array of interests.

Point Zero

Disused urban spaces and real estate can be an ideal situation for such projects. Point Zero is characterized by the moment at which—for the widest range of reasons—capital has been withdrawn and redevelopment strategies are put on hold. This point must be viewed as the moment of an opportunity to be taken before a new process of appreciation begins. The spectacular architecture of the Rotaprint site was the motivation and fuel for *ExRotaprint*. In the nineteen-fifties the Rotaprint company brought in architect Klaus Kirsten to build modern additions onto the original Gründerzeit structure. Our interest in the architecture is not an end in itself, but it is part of a project that promotes and sustains heterogeneous relationships that are also far removed from high culture.

Purchasing a 10,000 square meter property without personal capital is a complex undertaking. Conditions such as the purchase price, usage possibilities, and the state of the building are critical to a successful development free from outside control. Within a heterogeneous group of artists, social organizations, and businesses there are differing visions that must be discussed and moderated. Fantasies of profits, investment returns or retirement safeguards quickly come to the fore and obscure the view of a common interest. Deciding to be non-profit was the result of a long process. *ExRotaprint* is intended to be a space for new strategies of social urban development that is free from the exclusionary consequences of speculation. We consider it an advantage when strategies of art are applied to the

ExRotaprint verhält sich zu Stadtentwicklung, zu Immobilien- und Geldwirtschaft, zu sozialen Abgrenzungstendenzen, zu Strategien der Kunst in der Stadtpolitik und ist Beispiel für neue Projekte im Stadtraum. *ExRotaprint* ist ein Modell. Von Künstler_innen initiiert, wird aus der Perspektive der Kunst Wirklichkeit gestaltet. Hier entsteht ein Möglichkeitsraum, gemeinnützig und solidarisch; nicht ideologisch, aber angewiesen auf Abmachungen und Konsens. *ExRotaprint* verwirft die Aussicht auf Profit durch Eigentum zugunsten von Stabilität und Teilhabe und balanciert ein heterogenes Gefüge von Interessen aus.

die Nullstelle

Das Brachliegen von städtischen Räumen und Immobilien kann eine ideale Situation sein. Die Nullstelle ist gekennzeichnet durch den Moment, an dem sich – aus den unterschiedlichsten Gründen – das Kapital zurückgezogen hat und Verwertungsstrategien ausgesetzt sind. Diese Nullstelle muss vor einem neuen Aufwertungsprozess als Chance genutzt werden. Die spektakuläre Architektur des Rotaprint Geländes war Motivation und Treibstoff für *ExRotaprint*. Das Unternehmen Rotaprint hat in den 1950er Jahren den Architekten Klaus Kirsten moderne Bauten an den Bestand aus der Gründerzeit anbauen lassen. Wir nutzen das entstandene Interesse an der Architektur nicht als Selbstzweck, sondern für ein Projekt, das heterogene Zusammenhänge auch fern von Hochkultur aushält und befördert.

Ohne Eigenkapital ein 10.000 qm großes Gelände zu kaufen, ist eine komplexe Aufgabenstellung. Ausgangsbedingungen wie die Höhe des Kaufpreises, die Nutzungsmöglichkeiten und die Baussubstanz sind entscheidend für den Erfolg einer unabhängigen Entwicklung. In einer heterogenen Gruppe aus Künstler_innen, sozialen Trägern und Gewerbebetrieben gibt es unterschiedliche Vorstellungen, die besprochen und moderiert werden müssen. Die Phantasie von Profit, Rendite oder Altersabsicherung steht schnell im Vordergrund und verstellt den Blick auf das gemeinsame Interesse. Die Entscheidung für die Gemeinnützigkeit war das Ergebnis eines längeren Prozesses. *ExRotaprint* sollte ein Möglichkeitsraum für neue Strategien der sozialen Stadtentwicklung werden, ohne die ausgrenzenden

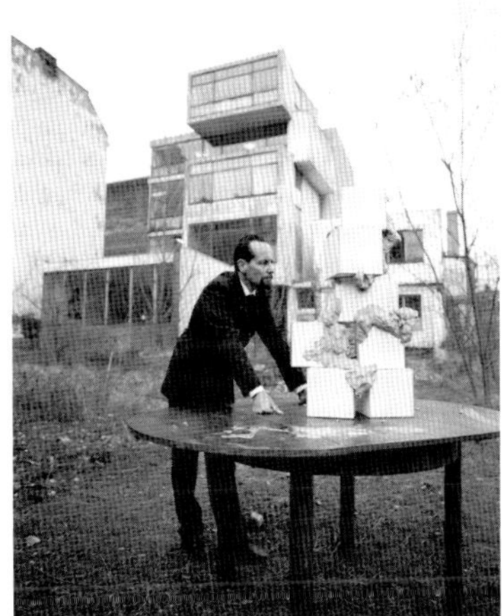

der vierdimensionale Architekt, 2007, Les Schliesser, Setphoto

project. Critical here are in depth analysis and shifts in perspective, approaching details in novel ways, the appropriation of ideas and problem-solving methods, the principle of collage, as well as integrating different levels of meaning independent of ideology but with a sense of pragmatic idealism. A significant percentage of the work is directed outward. The outcomes and decisions of the internal process must reach both politicians and the public at large. Artists can generate a public and the public motivates politics and the press to take the goals of an initiative seriously. Art can therefore be a way of opening doors, or it can be a Trojan horse: enabling processes that are generally viewed with mistrust and are easily dismissed.

The Social Sculpture

Local social actors are experts; they know the potential of their surroundings. *ExRotaprint* rents a third of its space to work, art, and community, respectively. Working on-site are businesses, social organizations, and independent creatives. An overall community image emerges that presents an alternative to the imposed dreams of investment return monocultures, and instead promotes cooperation and exchange. Communication and direct contact are essential. *ExRotaprint*, as a social sculpture, implies an expansion of the remit of art, which takes form here as a created reality—not as a reproduction or quotation. Though it can be art, it does not have to be.

We consciously select projects that work with the neighboring community of *ExRotaprint*: a school run by Kurds teaches German to immigrants; a job services agency works with the unemployed and creates projects in the narrow, nebulous zone between the real economy and employment politics; and at the training center young dropouts are given the chance to receive a high school diploma. The social services organizations guarantee that the premises are open to people who live in Wedding and are part of the social body that makes up the district. Musicians, designers, writers, and artists rent office spaces, practice rooms, and studios. We offer these spaces to young creatives who, in turn, can themselves operate as points of interconnection. They are extremely well networked and

Folgen von Spekulation. Wir sehen es als Vorteil, wenn Strategien aus der Kunst zur Anwendung kommen: Hinterfragen und Perspektivwechsel, neues Herangehen an Details, Aneignen von Inhalten und Lösungsansätzen, das Prinzip der Collage, die Integration unterschiedlicher Bedeutungsebenen, ohne Ideologien aber mit pragmatischem Idealismus. Ein großer Teil der Arbeit richtet sich nach außen. Die Ergebnisse und Entscheidungen der internen Prozesse müssen Adressat_innen in Politik und Öffentlichkeit erreichen. Künstler_innen können Öffentlichkeit herstellen. Öffentlichkeit motiviert Politik und Presse, die Ziele einer Initiative ernst zu nehmen. Kunst kann damit ein Türöffner oder trojanisches Pferd sein, um Prozesse zu ermöglichen, die im Allgemeinen mit Misstrauen und Ablehnung bedacht werden.

die soziale Plastik

Akteure vor Ort sind Expert_innen, sie kennen die Potentiale ihrer Umgebung. *ExRotaprint* vermietet zu je einem Drittel Flächen an Arbeit, Kunst, Soziales. Hier arbeiten Gewerbebetriebe, soziale Einrichtungen und Kreative. Es entsteht ein gesamtgesellschaftliches Bild, das sich gegen die Monokulturen aufgesetzter Renditeträume wendet und stattdessen das Miteinander und den Austausch fördert. Kommunikation und direkter Umgang sind essentiell. *ExRotaprint* als soziale Plastik bedeutet eine Ausdehnung des Kunstbegriffs, der hier nicht als Abbild oder Zitat, sondern als gestaltete Wirklichkeit Form findet und Kunst sein kann, aber nicht muss.

Wir entscheiden uns bewusst für Projekte, die mit der Nachbarschaft von *ExRotaprint* arbeiten. Eine Schule, die von Kurd_innen geleitet wird, unterrichtet Deutsch für Migrant_innen. Ein Beschäftigungsträger arbeitet mit Arbeitslosen und setzt Projekte in der schmalen, nebelhaften Zone zwischen Realwirtschaft und Beschäftigungspolitik um. In der Produktionsschule erhalten schuldistanzierte Jugendliche die Chance, einen Hauptschulabschluss zu erreichen. Die sozialen Einrichtungen garantieren die Öffnung des Geländes für Menschen, die im Bezirk Wedding leben und ein Teil des sozialen Gefüges sind, das den Wedding ausmacht. Musiker_innen, Designer_innen, Schriftsteller_innen

p. / S. 87

left top / links oben
my city, 2009, Daniela Brahm, marker on paper / Filzstift auf Papier, 29.7 x 42 cm

left below / links unten
Artists Daniela Brahm and Les Schliesser work with architects Oliver Clemens, Bernard Hummel, and Christian Schöningh as the planning team at ExRotaprint GmbH. Die Künstler_innen Daniela Brahm und Les Schliesser arbeiten mit den Architekten Oliver Clemens, Bernhard Hummel und Christian Schöningh als Planungsteam der ExRotaprint gGmbH.

right / rechts
the big argument, 2009, Daniela Brahm, Installation, Plac Defilad, Warsaw

create their own professional structures. The ground floor spaces are reserved for manufacturing businesses: metal construction; workshops for neoprene and wood; art framing and exhibition design; and serigraphy. Electricians and commercial cleaning and building contractors occupy the large units. In a district where manufacturing jobs have disappeared, new jobs and educational training sites are central to the economic and social stabilization of the surrounding environment. The spatial coexistence of manufacturing, creativity, and job services provides a mix that creates mutual exchange, critique, and spawns future growth. *ExRotaprint* has flat hierarchies and it moderates interests, visions, and ideas. This creates ties and fosters mutual communication.

Berlin's Wedding district is a real space of urban theoretical discourses. Immigration, unemployment and poverty, and the fledgling appreciation

und Künstler_innen mieten Büros, Studios und Ateliers. Wir vergeben diese Räume an junge Kreative, die selbst wieder zu Schnittstellen werden können. Sie sind extrem gut vernetzt und schaffen sich ihre professionellen Strukturen selbst. Die Erdgeschossflächen sind für produzierendes Gewerbe vorgesehen. Metallbau, Neopren- und Holz verarbeitende Werkstätten, Rahmen- und Ausstellungsbau, Siebdruck, Elektriker, Gebäudereinigung und Baugewerbe belegen große Einheiten. In einem Bezirk, aus dem sich Arbeitsplätze in der Produktion verabschiedet haben, sind neue Arbeits- und Ausbildungsplätze zentral für die wirtschaftliche und soziale Stabilisierung des Umfelds. Das räumliche Nebeneinander von Produktion, Kreativität und Maßnahmen der Beschäftigung ist eine Verschränkung, die sich gegenseitig kommentiert, kritisiert und befruchtet. *ExRotaprint* hat flache Hierarchien und moderiert Interessen, Vorstellungen und Ideen. Das schafft Verbindungen und fördert die Kommunikation untereinander.

Der Berliner Bezirk Wedding ist ein Realraum stadttheoretischer Diskurse. Migration, Arbeitslosigkeit und Armut sowie die beginnende

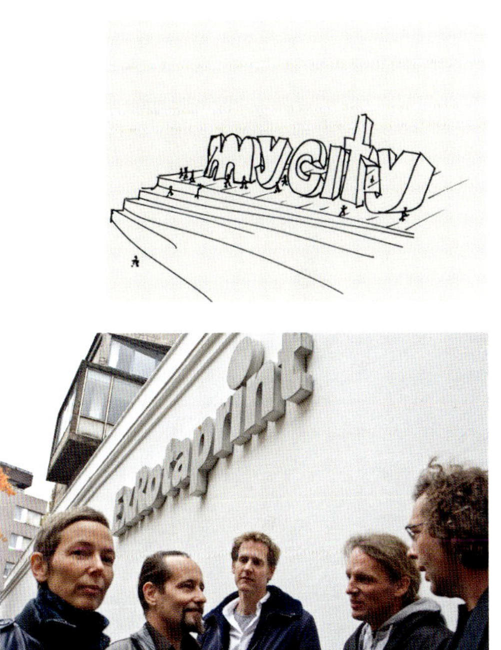

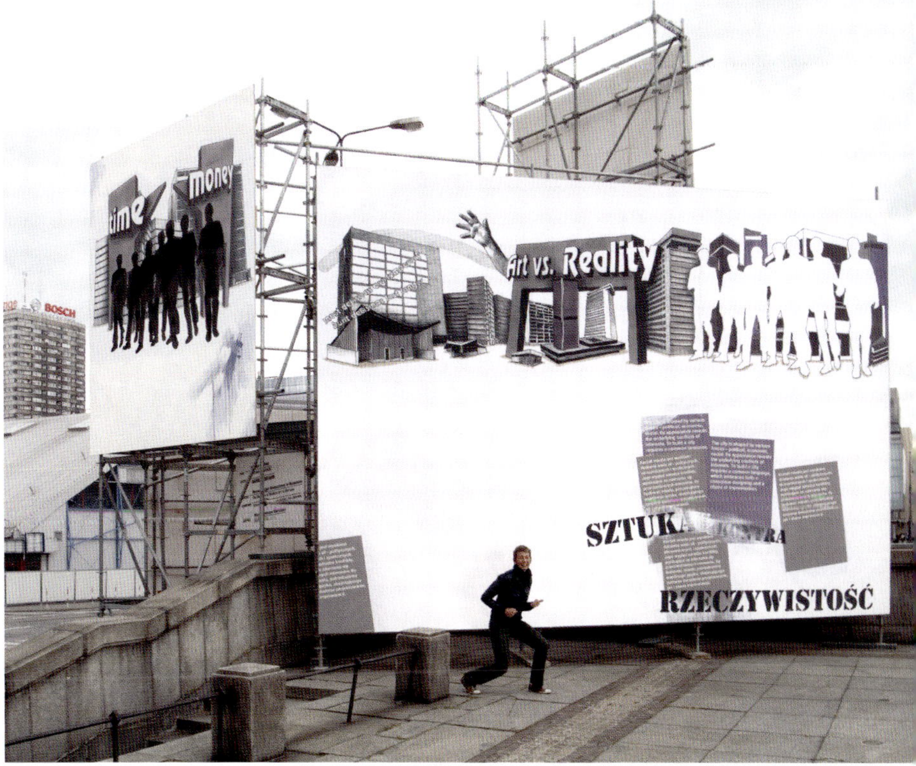

in property values via "creatives" are converging to produce a conflict in the years ahead that will be reflected in many cities and redevelopment processes. Stakeholders in the real estate sector have long recognized the potential represented by artists, who, similar to those on the Left or those leading alternative lifestyles, seek out new spaces for working and living and can initiate processes of gentrification. It is impossible to avoid this dilemma. Our experience—that the success of *ExRotaprint* was only possible in a precarious economic environment—has fostered a bond with the immediate surroundings. We view what's here, and its potential, in a positive light and we strengthen existing structures through our utilization plan.

The Legal Plinth

To insure the project and to be able to shape its future, a solid legal basis needs to be created. This legal plinth is the unwavering foundation of the social sculpture, which cannot be misappropriated by individual interests. A heritable building rights contract with two foundations, Trias and Edith Maryon, along with a non-profit ExRotaprint gGmbH partnership agreement forms a basis for the development of the project independent of all profits derived from direct ownership.

The purchase price we negotiated was not financed by a bank loan. Instead we opted for a cooperative arrangement with the foundations. Both the Trias and Edith Maryon foundations take a novel approach to dealing with property that circumvents real estate speculation. The foundations purchased the property on behalf of the non-profit ExRotaprint gGmbH, in order to then sign a 99-year heritable building rights contract that places ExRotaprint gGmbH in an ownership-equivalent position for the duration of that contract. We are responsible for all aspects of the property related to finances and development; our only limitation is that we cannot sell it. Written into the heritable building right contract are our intentions to rent equal portions of the premises to work, art, and community, as well as a declaration of the socially integrative orientation of the project. Thus *ExRotaprint* has long-term security and can exist independently of those involved in its inception.

Aufwertung durch die „Kreativen" werden in den nächsten Jahren einen Konflikt eingehen, der für viele Städte und Entwicklungen exemplarisch ist. Längst haben Interessensvertreter_innen der Immobilienwirtschaft das Potential von Künstler_innen erkannt, die parallel mit Linken und Alternativen neue Arbeits- und Lebensräume suchen und Aufwertungsprozesse einleiten können. Diesem Dilemma kann man nicht entkommen. Unsere Erfahrung, dass der Erfolg von *ExRotaprint* nur in einem prekären Umfeld machbar war, schafft eine Verbundenheit mit der direkten Umgebung. Wir sehen das Existierende und seine Potentiale positiv und stärken durch unser Nutzungskonzept bewusst die vorhandenen Strukturen.

der rechtliche Sockel

Um das Projekt abzusichern und die Zukunft gestalten zu können, muss eine solide rechtliche Grundlage geschaffen werden. Der rechtliche Sockel ist die unveränderliche Basis der sozialen Plastik, er kann nicht durch Partikularinteressen vereinnahmt werden. Ein Erbbaurechtsvertrag mit den Stiftungen Trias und Edith-Maryon und die Gemeinnützigkeit des Gesellschaftervertrags der ExRotaprint gGmbH formen zusammen die Grundlage für eine Projektentwicklung ohne direkten Profit durch Eigentum.

Der von uns verhandelte Kaufpreis wurde nicht über einen Bankkredit finanziert. Wir haben uns stattdessen für eine Kooperation mit den Stiftungen entschieden. Die Stiftungen trias und Edith Maryon arbeiten an neuen Wegen im Umgang mit Grund und Boden und verhindern die Spekulation mit Grundstücken. Die Stiftungen haben an Stelle der gemeinnützigen GmbH ExRotaprint das Gelände gekauft, um mit ihr einen 99-jährigen Erbbaurechtsvertrag abzuschließen. Das Erbbaurecht setzt die ExRotaprint gGmbH für den gesamten Zeitraum in eine eigentumsgleiche Position. Wir verantworten die Finanzierung und Entwicklung des Geländes in allen Aspekten, einzig der Verkauf des Geländes ist uns unmöglich. In dem Erbbaurechtsvertrag wurden unsere Ziele, die paritätische Vermietung an Arbeit, Kunst, Soziales und die sozial integrative Ausrichtung des Projektes festgeschrieben. So ist *ExRotaprint* langfristig gesichert und unabhängig von den Akteur_innen der ersten Stunde.

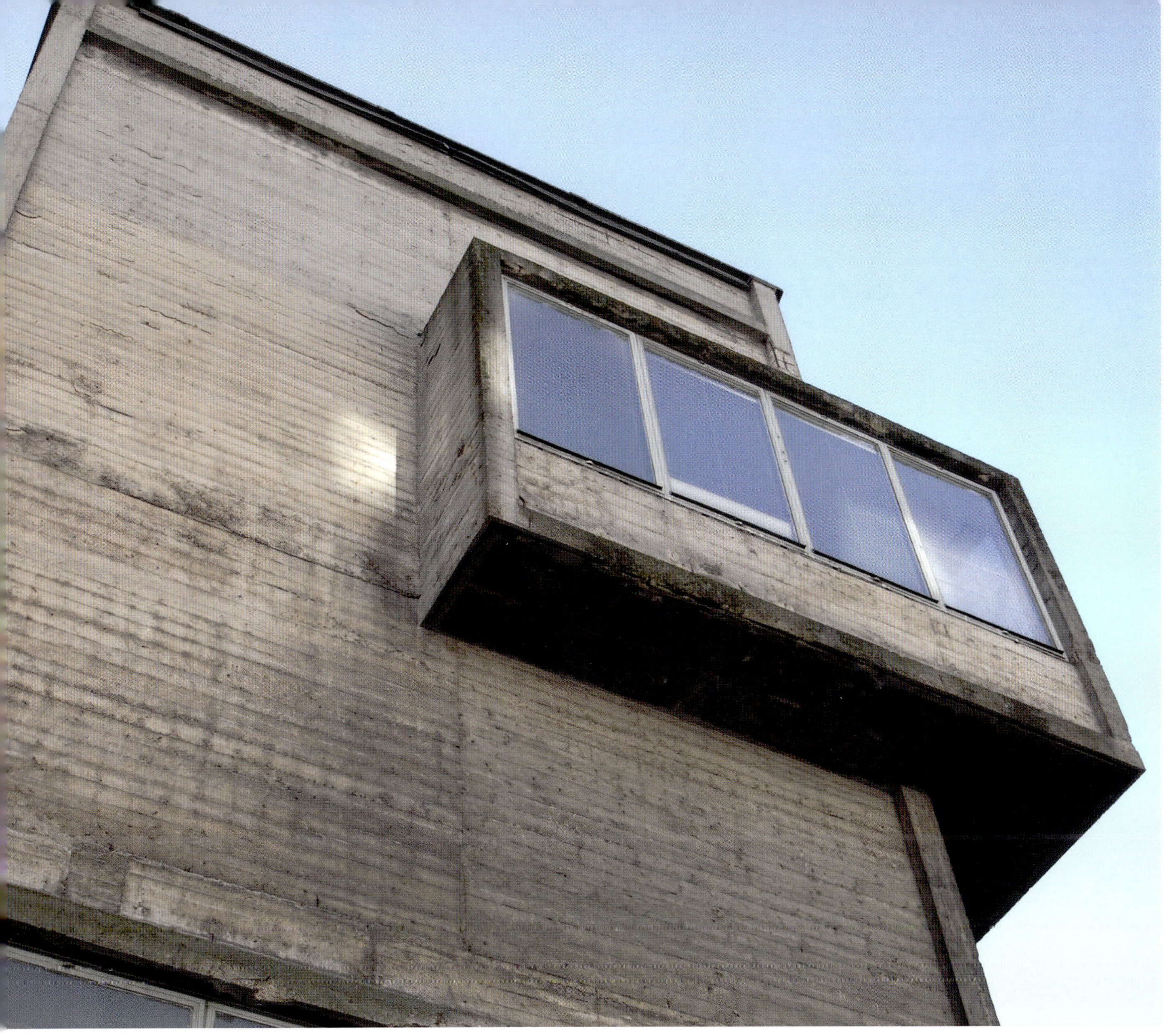

The status of non-profit dispels the conflict over partial ownership and allows for planning unencumbered by individual interests. ExRotaprint gGmbH partners do not profit from the income generated by the property and cannot realize any increase in value from a sale of their stake in the partnership. Thus a long-term and stable location is created that can be developed on its own terms. This is the profit of *ExRotaprint*. The first objective of the ExRotaprint gGmbH partnership agreement is the preservation of an historic monument and the second stated aim is the support of art and culture. Thus *ExRotaprint* can, in the future, be a place for discussing art, culture, politics, and urban development.

Die Gemeinnützigkeit hebt den Konflikt über partielles Eigentum auf und ermöglicht eine Planung unbehelligt von Partikularinteressen. Die Gesellschafter_innen der ExRotaprint gGmbH profitieren nicht von den Einnahmen des Geländes und können bei Verkauf ihrer Gesellschaftsanteile keinen Mehrwert realisieren. So entsteht ein Ort, an dem langfristig stabil zu selbst geschaffenen Konditionen gearbeitet werden kann. Das ist der Profit von *ExRotaprint*. Der Erhalt des Baudenkmals ist die erste Zielsetzung im Gesellschaftervertrag der ExRotaprint gGmbH. Als zweites Ziel ist die Förderung von Kunst und Kultur festgeschrieben. *ExRotaprint* kann so in Zukunft ein Ort für den Diskurs über Kunst, Kultur, Politik und Stadtentwicklung sein.

ExRotaprint–Eckturm von Klaus Kirsten, 1958–59, Photo: Daniela Brahm

La Torre del Ruido / The Tower of Noise

Text by / von
Agnaldo Farias

Published at the 29th São Paulo Biennial 's catalogue / Publiziert im Katalog der 29. São Paulo Biennale
Courtesy / Mit freundlicher Genehmigung: Arquivo Histórico Wanda Svevo / Fundação Bienal de São Paulo

Yoel Diaz Vázquez's work explores the way that contradictions in the world are rendered subjective in different contexts. In *La Torre del Ruido*, Vázquez invites rappers from the underground scene in Havana to speak their mind about life in present-day Cuba through sung interventions filmed in domestic settings. The resulting discourses are invariably critical and express the thoughts of an ample cross-section of the Cuban youth. The footage is shown on dozens of monitors piled up in the form of a tower, each showing the intervention of one rapper.

When approaching the installation environment, the sounds and images from the televisions strike the visitor as something of a cacophony. Getting closer to the tower, his or her attention automatically funnels to a smaller number of stimuli, which stand out from the others. Eventually, the viewer's concentration may be whittled down to a single monitor, allowing the song of that particular rapper to prevail over the rest. In its physical configuration, the work is a metaphor for the conflict between a public context, in which discourse is reduced to mere noise, and a more private situation, where people can speak and be heard.

In seiner Arbeit untersucht Yoel Diaz Vázquez wie die Widersprüchlichkeiten der Welt in verschiedenen Kontexten subjektiv wahrgenommen werden. Für *La Torre del Ruido (Der Turm der Unruhe)* lud Vázquez Rapper_innen aus der Untergrund-Szene Havannas ein, über gesungene Interventionen, die bei ihnen zuhause gefilmt wurden, ihre Ansichten über das Leben im heutigen Kuba vorzutragen. Die entstandenen Äußerungen sind ausnahmslos kritisch und spiegeln die Gedankenwelt der kubanischen Jugend im breiten Durchschnitt wider. Das Filmmaterial wird auf Dutzenden von Monitoren gezeigt, die in Form eines Turms aufeinander gestapelt sind und von denen jeder die Intervention je einer Rapper_in zeigt.

Wenn man sich der Installation nähert, werden die Klänge und Bilder der Fernseher von den Besucher_innen fast wie eine Kakafonie empfunden. Beim näheren Herantreten an den Turm konzentriert sich die Aufmerksamkeit auf eine immer kleiner werdende Anzahl von Stimuli, die sich von anderen abheben. Schließlich reduziert sich die Konzentration des Betrachters nur noch auf einen einzigen Bildschirm, wobei der Beitrag dieser speziellen Rapper_in, sich gegenüber dem Rest durchsetzt. In ihrer physischen Gestalt ist die Arbeit eine Metapher für den Konflikt zwischen einem öffentlichen Kontext, in dem Reden auf bloßen Lärm reduziert wird, und einer eher privaten Situation, in der Menschen sprechen und gehört werden können.

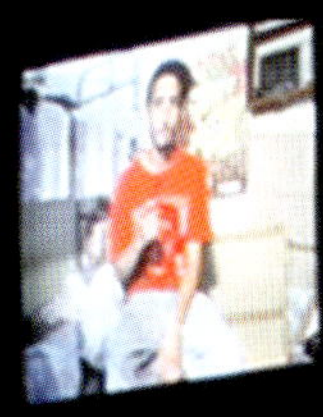
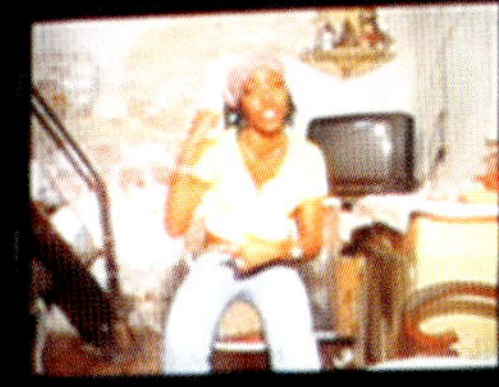
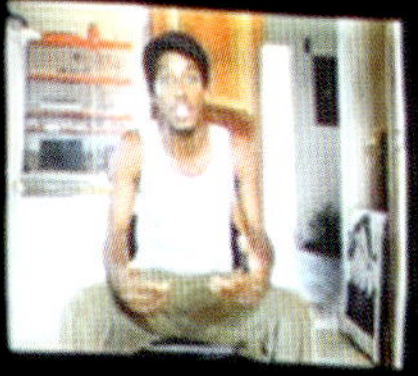
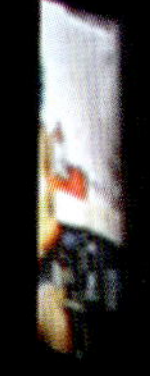
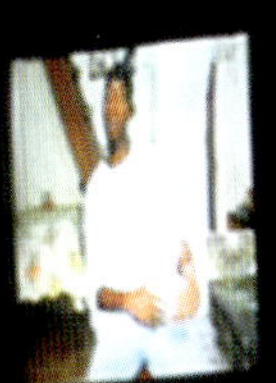
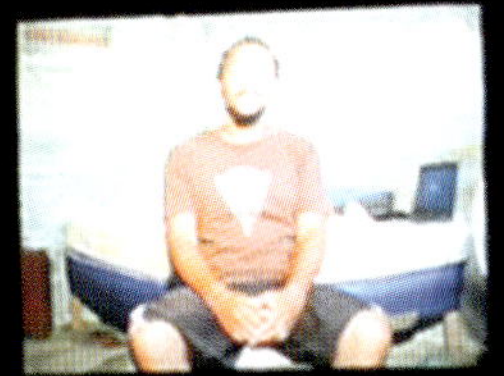
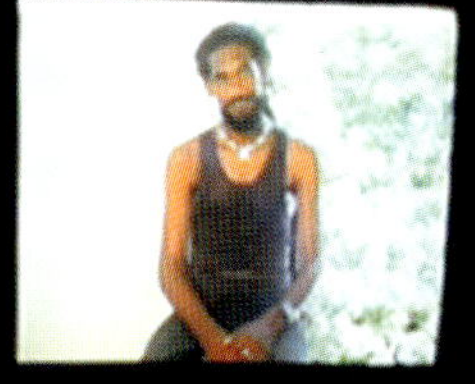
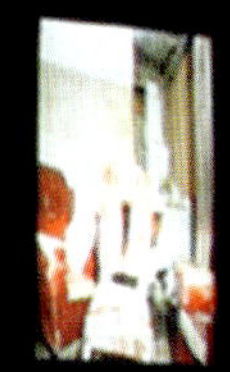
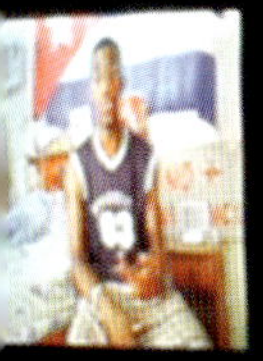
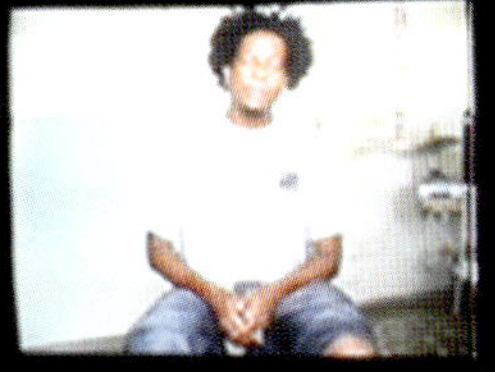
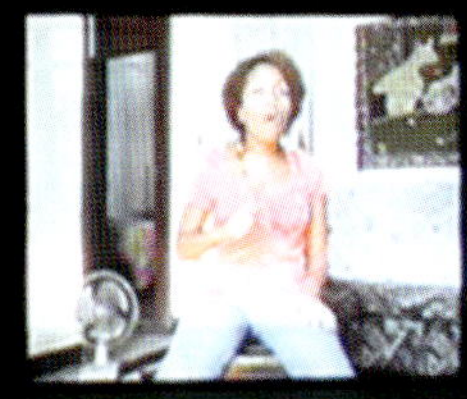
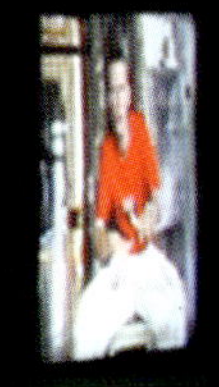
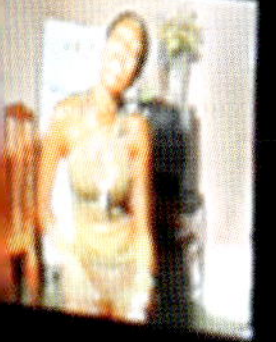
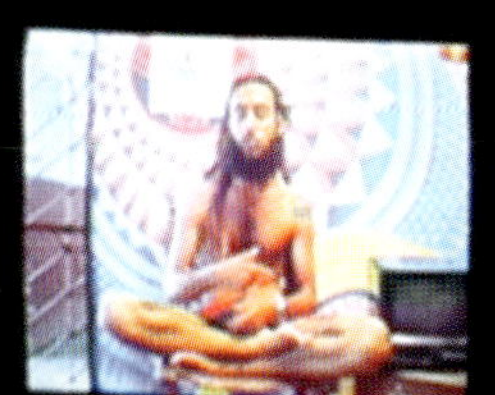
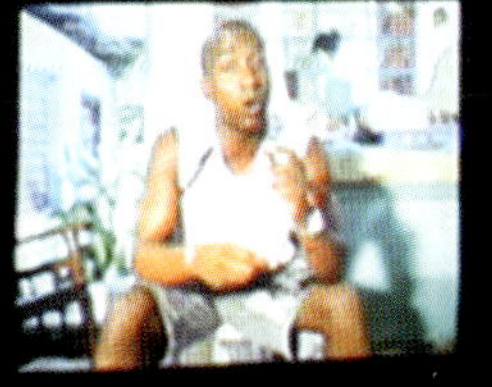
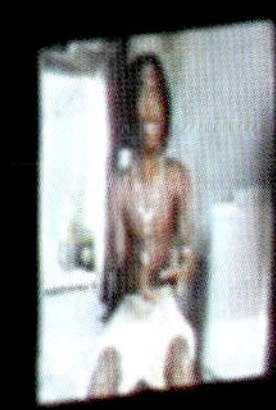

LIST OF THE RAPPERS

- Raudel S4dron Patriota
- Sekou
- Alexei Eltipo este
- Amazona
- Yamai La fina
- Zoandres Anonimo Consejo
- Abelito Manigua
- David Omni Zona Franka
- Osvaldo
- El Vietnamita
- Franko
- Reina
- Yadira la real
- Andrey
- Adversario
- Albany
- Brebaje Man
- Abel Eskobar
- Rositika
- Yudi La java atrevida

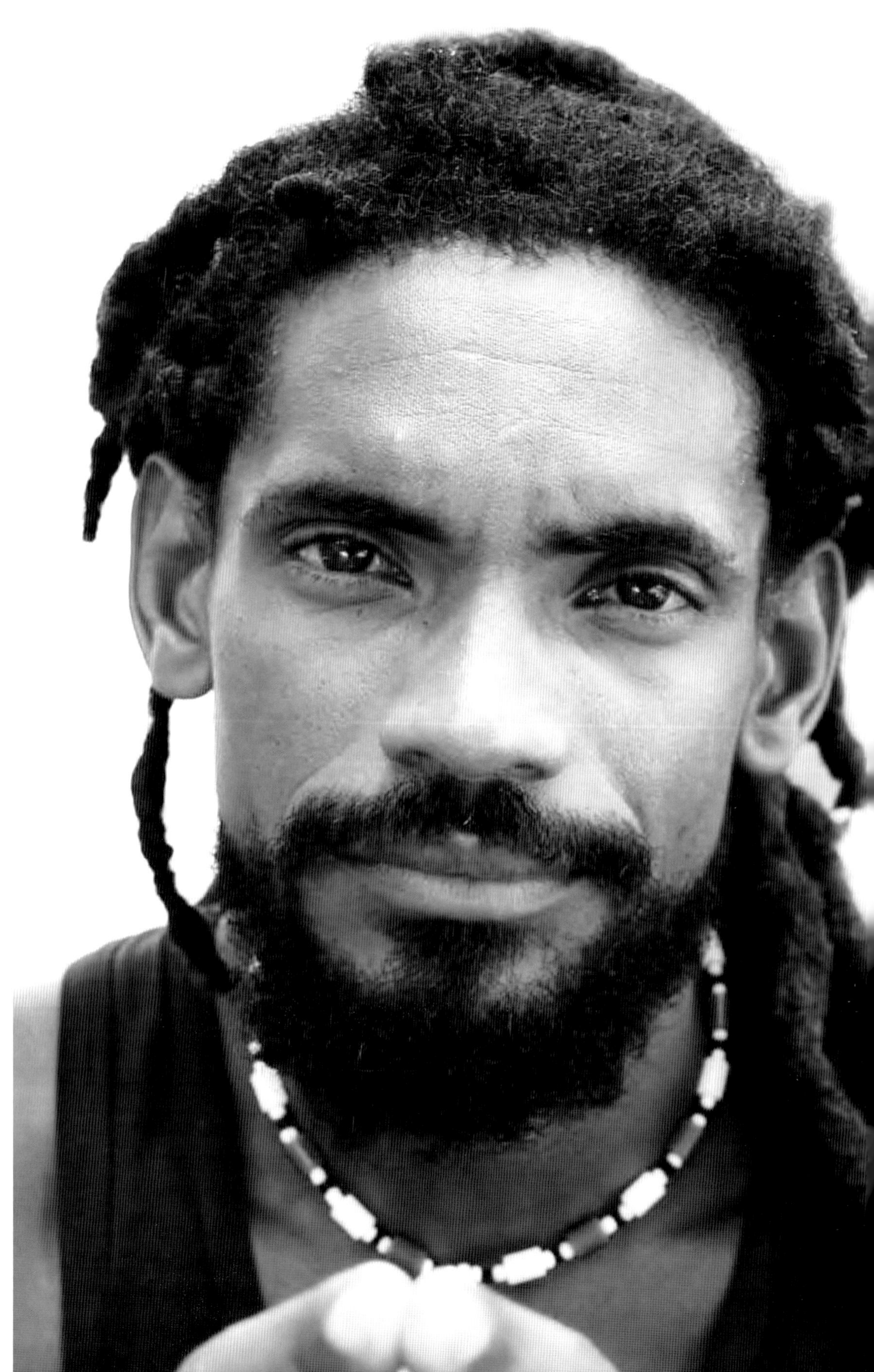

We are the Root of Change *Raudel – Eskuadron Patriota*

Pay attention, we're no danger to anyone. We don't want violence or confrontation. They insist our message is counter-revolution. No, this is reality and commitment to the nation. Love conquers fear, words provide protection. We give people back their voice instead of resignation. Revolution is change, progress is transformation. Not freezing the hopes of millions for no reason.

Conspiracy against the Squadron, why? Because of my mission. Talk to them and meet the worst side of this nation.

Not middle class, no US family, no nice position. I live at its heart, where people suffer and swallow pain. I don't sing politics, mistake. I have a critical conscience and that's what I express. And of course I worry, I live at the centre of the whirlwind. It doesn't take much research to see the state of this country. Inequality, scarcity, little food. Overcrowding, poor communication, depression, disoriented generation, banality, separation, racism, destruction and the list goes on. But they still see us as provocation. Justifying the millions who give us their support.

We are the blood flowing from an open wound, we are redemption. The flag of urban soldiers.

Chorus:
Look at the mountain, see the light, something is being revealed. We are the root of change. So long thinking without acting. What are we waiting for? We are the root of change. They can't handle us. The truth lies with the people and they know it. We are the root of change. For young and old, black and white. We are the root of change.

I can honestly say this is out of control. Concerts invaded by security men give the wrong impression, create an atmosphere of tension. At every show more respect and reconciliation. I know it's hard to wake up. No one grows up the same, I was a terrible victim. If information is partial, the isolation is lethal. If ignorance is total, I can prove it.

I'm not capable of promoting hatred, of manipulating anyone or giving false testimony. I have a family, friends and the Lord is all powerful. And obviously I want change, prosperity, why?

It's what most people think, I know. It's what most people feel, I know. It's what most people want, I know, but they're too scared to tell you. You can follow my every footstep, all around the house, and tell everyone that Squadron is a threat.

Sell the blind the image they like best. But with their silent tears thousands of souls support me. The truth may be relative but we don't believe it, we are real. The dawn of a new day rising to music and rhyme. A weary nation now awakening. After this declaration I raise my eyes to the heavens, peacefully and quietly. Ask the Lord that, in every tear shed in tribulation he grant us infinite joy and give us back our faith and our love.

Repeat chorus.

The True *Amazona – Dayanna*

They don't want us to talk but we have to talk because things like this can't be ignored. You have to sit down and think, you have to tell the truth however tough it is.

Yes, saying what we have to say, talking how we have to talk, that's all. Not too much or too little, that's important cos I haven't gone mad and I'll show you.

I'll show you the four faces on the dice. Don't go thinking cos we're quiet we've lost our heads. There's nothing new under the stars and no need to go to school or university to know and see that the people at the top got there by ambition not vocation. The one in a position behind a desk, takes advantage of what you and I produce. They don't care about quality, all they want is quantity. Reality is tough but you have to realise, we can't live life just for the sake of it. You've got to understand if you've got it you're worth it, if you haven't you're worth nothing in this life and you know it.

I'm sick and tired of the same old thing, don't you all feel the same? Give me a reason not to sing about reality and shout out the truth.

I live in the monster and I know his innards. I'm going to let sweetness flow from my lyrics like a machete on sugar cane. I'm going to tell you what hurts me and so many others. Why? Because if it stings, it stings. Above all I know what it means to be realistic.

If you've got a full wallet you'll get a helping hand, if you haven't you can go hang. The door is open wide with a little money or a bribe while we carry on sweating out our guts. Make what you can of it, what I'm telling you is what's hap-

pening, think about it, so my words aren't lost on the wind, can we still shoulder all this weight of wrongdoing? So this is to tell you, this is the moment. Then they don't want us to talk but we have to talk because things like this can't be ignored. You have to sit down and think, you have to tell the truth, however tough it is.

I'm sick and tired of the same old thing, don't you all feel the same? Give me a reason not to sing about reality and shout out the truth.

This is why we don't get anywhere, this is why we are where we are. How can we sing about Havana cigars, tropical rum or Santero spirits? I don't understand and be careful brother, it's beyond a joke. If you have a godfather you'll be christened, so the saying goes. And the ones on top will always trample on those under their feet. How different it would be, if I only had dollars.

I'm sick and tired of the same old thing, don't you all feel the same? Give me a reason not to sing about reality.

The Public School timeline

September 2007: *The Public School* starts in Los Angeles as a not very well thought out diagram. It is a school with no curriculum in which people propose classes that they want to take or teach. If enough people sign up for the class then the school will try to offer it. The school is located underneath the *Telic Arts Exchange*—literally in the basement. Website development begins.

January 2008: *Telic Arts Exchange* holds an open house/orientation, culminating in a Richtfest, a celebration of the unfinished structure. Ninety classes proposed through website and on paper.

February 2008: First classes: "grant writing…" and "*The Public School*." 130 classes have taken place since, beginning with "Rancière: The Politics of Aesthetics (and/as an Ethics)," to most recently, "The Egyptian Revolution and its Historical Context."

September 2008: *The Public School* moves to another, bigger, basement—formerly a Chinese Opera and Mahjong club.

January 2009: Development begins on the second version of the website, which provides for multiple school locations. Schools can see proposals from other schools and eventually copy classes from other schools. *AAAAARG* Issues can now be synced with class proposals.

March 2009: *The Public School* begins in Chicago through *Version Fest*. It will become the first school to shut down as everyone loses interest.

May 2009: *The Public School* (sort of) begins in Philadelphia. On another timeline, it wouldn't begin until January 2010 and on another, until January 2011.

July 2009: Class on "The Coming Insurrection" takes place—taught by Jason Smith in Los Angeles.

August 2009: The Los Angeles Public School moves into Win Sun, an old jewelry store. (Mahjong in the back.) The basement is given to awesome people who teach some classes called "Listening Parties."

September 2009: *The Public School* (for Architecture) begins in New York City in collaboration with the architecture office, common room. *L'Ecole Publique* begins in Paris with the support of *Bétonsalon*.

October 2009: *The Public School* starts in Brussels—in a residency at Nadine—with the curatorial collective, *Komplot*.

December 2009: A class called "The Future of *The Public School* (for Architecture)" decides to eliminate the "(for Architecture)," expand the committee, and share a space with *Triple Canopy* and *Light Industry*. *The Public School* begins in San Juan, Puerto Rico in support of *Beta-Local* and *La Ivan Illich*.

January 2010: *The Public School* begins in Helsinki. In Los Angeles meetings about "The UC Strikes and Beyond" lead to a two-day, twenty hour seminar with Brian Holmes in preparation for the March 4th strikes across California and the world.

February 2010: *The Public School* begins in Helsinki. In Los Angeles meetings about "The UC Strikes and Beyond" lead to a two-day, twenty hour seminar with Brian Holmes in preparation for the March 4th strikes across California and the world.

March 2010: "Neoliberalism and Human Capital" class happens in Los Angeles. It is also taken to Helsinki.

July 2010: A seminar "There is nothing less passive than the act of fleeing," takes place in various locations throughout Berlin over the course of thirteen straight days. It is one of the hottest summers on record.

August 2010: *The Public School* starts in Berlin with many participants from the previous month's seminar. The first event is "The Future of *The Public School*." "Neoliberalism and Human Capital v3" is proposed. "There is nothing less passive than the act of fleeing" takes place in modified versions in Los Angeles and New York.

September 2010: "The Future of *The Public School*" seminar with Brian Holmes meets to review the state of public education and discuss the potential of autonomous education projects.

October 2010: "Territorial Regimes," the first class in Berlin takes place. It is shortly followed by the "Neoliberalism…" class, which has met several times since.

November 2010: A panel called "There is nothing less passive than the act of fleeing" takes place at a conference in San Diego on the future of education. Organizers and authors/participants of the Berlin seminar read an 8500 word collaboratively written essay.

January 2011: *L'Ecole Publique* stops in Paris, to be reborn there someday as *The Public School*. "No Other Impossible Worlds" class meets in Berlin to discuss the collaborative text that follows.

February 2011: This timeline was written by Telic Arts Exchange, Los Angeles.

The Public School

Class Proposal
No Other Impossible Worlds

A Class About

The Public School Berlin was recently invited to contribute a catalogue text to the exhibition *Other Possible Worlds*. The exhibition will address the function of art projects and spaces in redefining/reimagining the world that we live outside economic globalization, institutional discourse, hegemonic social and political systems, and so on.

We thought that the best way to approach the writing of this text was to hold a class in which we looked at particular models and practices, and responded collaboratively—either with an analysis, or our own conception of a possible world(s).

DATE
January 22, 2011: 12:00 pm

In advance of the class, people submitted texts that they wanted to read and discuss. What follows was coauthored by those who attended the session: Alex Auriema, Luis Berríos-Negrón, Mino Degli Atti, Fiona Geuß, Julian Kücklich, Fotini Lazaridou-Hatzigoga, Jillian May, Nine Eglantine Yamamoto-Masson, and Caleb Waldorf. This is partly a transcript of the conversation and partly afterthoughts, contributed to a shared document, which was then edited together. [1]

*

What is a world?

*

A world needs to be furnished in order to be a) believable and b) inhabitable. In regard to the abstract constitution of a world, the furniture can be thought of as institutional structure, a conceptual framework, or as artifacts. In the absence of those things, worldness is diminished.

*

The worlds of today tend to fluctuate between speculation and experimentation; and from solace to escapism. These worlds, often accused of having the quietist demeanor, are being built to operate within the common spaces of those who equip themselves and their comrades. Up in the trees and down in the labyrinths, creating new parameters and reaching for other possibilities that elude the faltering structures of social justice and religion.

*

[1] *See also / siehe auch: http://berlin.thepublicschool.org/class/3100*

Seminarvorschlag
No Other Impossible Worlds

Über dieses Seminar

The Public School Berlin erhielt vor kurzem die Einladung, einen Katalogtext zur Ausstellung *Other Possible Worlds* beizusteuern. Die Ausstellung thematisiert die Funktion künstlerischer Projekte und Räume, um die Welt in der wir leben neu zu definieren und neu zu denken, jenseits wirtschaftlicher Globalisierung, institutioneller Diskurse und hegemonialer sozialer und politischer Systeme.

Ein Seminar schien uns der beste Weg, um diesen Text zu schreiben. In diesem Seminar haben wir ausgewählte Vorgehensweisen und Methoden untersucht und sie uns gemeinsam angeeignet – entweder analytisch oder mithilfe unserer eigenen Vorstellung einer möglichen Welt.

DATUM
22. Januar 2011: 12:00 h

Im Vorfeld des Seminars hatten die Teilnehmer_innen Texte eingereicht, die sie lesen und besprechen wollten. Der folgende Text stammt von den bei der Veranstaltung Anwesenden: Alex Auriema, Luis Berríos-Negrón, Mino Degli Atti, Fiona Geuß, Julian Kücklich, Fotini Lazaridou-Hatzigoga, Jillian May, Nine Eglantine Yamamoto-Masson, und Caleb Waldorf. Die Mitschrift des Gesprächs und ergänzende Gedanken wurden in einem Dokument zusammengeführt und dann gemeinsam bearbeitet. [1]

*

Was ist eine Welt?

*

Eine Welt muss „ausgestattet" sein, um a) glaubwürdig und b) bewohnbar zu sein. Wenn es um die abstrakte Zusammensetzung von Welt geht, können wir uns eine solche „Ausstattung" als institutionelle Struktur denken, als Konzeptrahmen, oder als Artefakte. Ohne diese Dinge gibt es keine Welt.

*

Die meisten heutigen Welten schwanken zwischen Spekulation und Experiment; zwischen Trost und Eskapismus. Diese Welten, denen man häufig Quietismus vorwirft, werden konstruiert, um innerhalb der gemeinsamen Räume derjenigen zu operieren, die sie und ihre Kameraden bestücken. Hoch oben in den Bäumen und tief unten in den Labyrinthen schaffen sie neue Parameter und suchen nach anderen Möglichkeiten, die sich den schwächelnden Strukturen der sozialen Gerechtigkeit und der Religion entziehen.

*

Where is dystopia?

*

Is the idea of utopia finished?

*

It might be interesting to find out what lies between dystopia and utopia: the common ground? or a no man's land? Life lurks in the interstices. In other words, life takes place between a utopian and a dystopian modality. This also means that utopia and dystopia are never entirely finished; they exist as virtualities.

*

Utopia cannot be finished. By definition it is the emotion, the aspiration for an impossibility, where the dystopia is the construct of it, for it, and if effective, can stand aside, in parallel to the structures—the state, configuring its own laws, having its own gravity. But the moment it becomes visible, it becomes vulnerable.

*

The challenge is to maintain the factors of potentiality in which other worlds can become. The drive towards utopia, while conscious of its own impossibility, taps into energies that themselves are catalysts of alternate possible worlds. By so doing it questions and ruptures the order at hand.

*

What is a possible world?

*

Possible for whom?

*

Are we bored of other possible worlds? Do we rather want to understand where we are now and how this world works?

*

Is there an outside? Outside of what? Are there "outsides"?

*

The outside is the condition that renders the world vulnerable, and then impossible.

*

Do we want to be opaque/transparent/visible/invisible (to/for power)?

*

Maybe translucent: being visible but not opaque. Being transparent but not invisible. Having substance without obstructing the flow. Being insubstantial without being negligible. Remaining elusive without being intangible. Being in time without occupying space.

*

Wo liegt Dystopia?

*

Ist das Konzept von Utopia am Ende?

*

Eine interessante Frage könnte lauten: Was liegt zwischen Dystopia und Utopia? Gibt es Gemeinsamkeiten oder ist es ein Niemandsland? In den Zwischenräumen spielt das Leben. Anders ausgedrückt: Das Leben findet zwischen utopischer und dystopischer Modalität statt. Das bedeutet auch, dass Utopie und Dystopie nie ganz beendet sind. Sie existieren als Virtualität.

*

Utopie kann nicht vollendet werden. Per Definitionem ist es das Gefühl, das Streben nach dem Unmöglichen, in dem die Dystopie das Konstrukt von und für die Utopie ist; und wenn die Dystopie wirkungsvoll ist, kann sie abseits stehen, parallel zu den Strukturen – dem Staat, der seine eigenen Gesetze und seine eigene Anziehungskraft hat. Aber wenn Dystopie sichtbar wird, wird sie verwundbar.

*

Die Herausforderung besteht darin, die Momente der Potentialität zu erhalten, in der andere Welten werden können. Mit dem Bewusstsein der eigenen Unmöglichkeit, zapft das Streben nach Utopie Energien an, die ihrerseits Katalysatoren anderer möglicher Welten sind. In diesem Prozess wird die bestehende Ordnung durchbrochen und in Frage gestellt.

*

Was ist eine mögliche Welt?

*

Für wen ist sie möglich?

*

Sind wir gelangweilt von anderen möglichen Welten? Möchten wir lieber verstehen, wo wir uns derzeit befinden und wie diese Welt funktioniert?

*

Gibt es ein „Außerhalb"? Außerhalb wovon? Gibt es mehrere „Außerhalbs"?

*

Das Außerhalb ist die Bedingung, die die Welt verwundbar und dann unmöglich macht.

*

Wollen wir opak/transparent/sichtbar/unsichtbar sein (für die Macht)?

*

Vielleicht durchlässig: sichtbar sein, aber nicht undurchsichtig. Transparent sein, aber nicht unsichtbar. Mit körperlicher Substanz, aber ohne den Fluss zu hemmen. Substanzlos, aber ohne nebensächlich zu sein. Flüchtig sein, aber nicht ungreifbar. In der Zeit sein, aber ohne Raum zu besetzen.

*

... ein Schatten sein?

*

Was ist ein Schatten und wo berührt er den Boden?

*

Streben wir nach dem Unmöglichen? Oder nach materieller Manifestierung dieser Welten?

*

Was sind „keine andere(n) unmögliche(n) Welt(en)"? Wo liegen sie?

*

In der Erschaffung solcher Welten spielen abstrakte Maschinerien eine Rolle. Ihre einzelnen Bestandteile werden zu dem gesamten Mechanismus, der die Welt möglich macht; und wenn der Mechanismus greift, dann ist er nur für jene sichtbar, die in ihm agieren. Geheime Sprachen können hier Fuß fassen. Die flüchtigen und undurchsichtigen Qualitäten, aus denen einst Gemeinsamkeit bestanden hat, können sich in ein Vakuum wandeln, in dem politische Wirksamkeit aufgehoben ist. Dies als Ausgangspunkt nehmend, kann ein Koordinatensystem entstehen, das anpassungsfähig an die Komponenten einer gegebenen Maschinerie (einem Bereich der Produktion) ist und zugleich den umgekehrten Bauplan seiner Demontage in sich birgt.

*

Was ist der Unterschied zwischen durchbrechen und durchdringen? → Flachheit (durchbrechen) versus Tiefe (durchdringen) → Dreidimensionale Topologien (Erzeugung von Bruchstellen, ohne in sie hineinzufallen).

*

Benötigen wir mehr Nicht-Konduktivität?

*

Wenn Nicht-Konduktivität eine verfolgenswerte Strategie ist, wie können wir sie erzeugen? Indem wir Verläufe unterbrechen, Stockungen erzeugen, durchbrechen, zerreissen, auflösen, durchdringen – je nach den Terrains oder Strukturen, mit denen wir es zu tun haben.
Wie können Kunst und künstlerische Praktiken das erreichen? Was sind die „Geheimsprachen", die Kunst und kreative Gemeinschaften entwickeln können, und wie können diese gleichzeitig sowohl beim Unterbrechen als auch bei der Ausprägung emotionaler Verbindungen helfen?

*

Kunst sollte auf gesundem Menschenverstand fußen. Hat die Kunst eine Sprache oder ist sie eine Sprache? Wie viel Verständlichkeit oder Lesbarkeit erwarten wir von der Kunst?

*

Die Vorstellung von Kunst als Mittel zum Zweck ist möglicherweise veraltet. Der wahre Wert der Kunst liegt in ihrer Herstellung, ihrer materiellen wirtschaftlichen Bedeutung und der Art und Weise, in der sie sichtbar wird. Um die undurchsichtige Natur zu ermöglichen, die erforderlich ist, um Brüche in-

---

... being a shadow?

*

What is the shadow and where does it meet the ground?

*

Are we aiming at impossibility? Or a material manifestation of these worlds?

*

What is a "no other impossible world(s)"? Where is it?

*

Abstract machines have a role in the production of such worlds. Their separate components not only become the whole mechanism that makes the world possible, but if effective, the machine is only visible to those operating in it. Secret languages can take hold here. The elusive and opaque qualities that once made the common can invert into a vacuum where political potency disbands. Grounding this in a territory can facilitate a coordinate system adaptable to the components of a given machine (a field of production), but it also provides an oppositional blueprint for its dismantling.

*

What is the difference between ruptures and penetrations? → Flatness (rupture) vs. depth (penetration) → Three-dimensional topologies, (creating a crack but not falling into it).

*

Do we need more non-conductivity?

*

If non-conductivity is a valid strategy to embrace, how do we create it? By disrupting flows, creating clogs, rupturing, ripping, dissolving and penetrating; depending on the terrain/fabric we are dealing with.
How can art and art practices do that? What are the secret languages that art and creative communities can develop, and how can they help simultaneously with the disruptive project as well as that of forming affective connections?

*

Art should work on common sense. Does art have a language or is it a language? What is the level of intelligibility or legibility that is required from art?

*

The idea that art is a means to an end is potentially a relic. The actual value of it lies in its production, its material economy, and how it is made visible. To heed to the opaque nature required to formulate ruptures within the topological subject, the author, the labor, and the object also require an unstable,

time-based constitution. To accept art's vulnerability is to strengthen its potency. Its constant emergence and disappearance depends not on faith and adherence to a secret language—for this collapses into the parallel pitfalls of exclusion—but on the strict production of common knowledge that configures the solace longed for in the elusive worlds. Its programmatic nature should, by default and for its own gravity, operate as an exercise of attraction, not promotion. Delineating its memory becomes then the greatest of its risks and challenges.

*

We should identify the constituent parts of a possible world and not aim for a whole. As we cannot predict or design another world, it will become.

*

A world implies a totality—a molecule particularity. Yet at the same time, a molecule can be total, and a world can be particular. Totality also implies rupture and dissent, while particularity implies cohesion and consensus. As a totality, both dissent and consensus are totalitarian; as a particularity, they are peculiar at best.

*

How does this relate to cannibalism?

*

Cannibalism is about consuming power and not escaping it or destroying it. It is another type of relation.

*

The other who is the same as you is power?

*

After you eat it.

*

The "Art of Life" might be the last "weapon" to make a revolution. In this sense, Foucault said that the "revolution will be ethical." What does this mean? Maybe that the subject is a field of power and resistance, and in this field everyone has to play his or her game. This game, finally, is life in itself. But is this a hyper-individualistic perspective? Maybe not: the chance that we have is inside the construction of the common, and within something that can keep us in contact—with others, and against power. So "ethical" could mean something in common. Also as something that we share and that is, in a way, a last wall against the penetration of power into our lives.

nerhalb des topologischen Themas herzustellen, benötigen der Autor, die Arbeitskraft und das Objekt auch eine instabile, zeitgebundene Beschaffenheit. Die Verwundbarkeit der Kunst zu akzeptieren bedeutet, ihre Kraft zu stärken. Ihr ständiges Entstehen und Vergehen hängt weder vom Glauben noch vom Gebrauch einer Geheimsprache ab – denn dies hieße, in die Falle der Ausgrenzung zu stolpern –, sondern von der präzisen Produktion allgemein verständlichen Wissens, das den ersehnten Trost in schwer fassbaren Welten bietet. Dieses programmatische Wesen der Kunst sollte grundsätzlich und um seiner selbst willen, als Anziehungskraft ausgeübt werden und nicht als Werbung. Seine Erinnerung zu schildern, wird dann zu seinem größten Risiko und zur größten Herausforderung.

*

Wir sollten die einzelnen Bestandteile einer möglichen Welt herausarbeiten, anstatt diese als Ganzes verstehen zu wollen. Da wir eine andere Welt weder vorhersagen noch entwerfen können, wird sie entstehen.

*

Eine Welt impliziert Gesamtheit – ein Molekül hingegen impliziert Besonderheit. Aber gleichzeitig kann auch ein Molekül gesamt und eine Welt etwas Besonderes sein. Totalität beinhaltet Brüche und Widerspruch, während Besonderheit Zusammenhalt und Konsens impliziert. Als Gesamtheit, sind sowohl Dissens als auch Zustimmung totalitär. Als Besonderheit sind sie bestenfalls eigentümlich.

*

Inwiefern kann man hier eine Verbindung zum Kannibalismus sehen?

*

Kannibalismus handelt vom Verzehr der Macht, nicht von ihrer Zerstörung oder der Flucht vor ihr. Es ist eine andere Art von Beziehung.

*

Der andere, der von derselben Art ist wie du, ist Macht?

*

Nachdem du ihn verzehrt hast.

*

Die „Kunst zu leben" könnte die letzte „Waffe" sein, um eine Revolution durchzuführen. In diesem Sinne meinte Foucault: „Die Revolution wird ethisch sein." Was bedeutet das? Vielleicht, dass es um das Feld von Macht und Widerstand geht und dass jeder in diesem Zusammenhang sein Spiel spielen muss. Dieses Spiel ist letztlich das Leben an sich. Betrachten wir es hier etwa aus hyper-individualistischer Sicht? Vielleicht nicht: Unsere Möglichkeit liegt innerhalb der Konstruktion von Gemeinsamkeit und somit innerhalb von etwas, das uns verbinden kann – mit anderen und gegen die Macht. „Ethisch" könnte also bedeuten, dass wir etwas gemeinsam haben.

THE PUBLIC SCHOOL

In other words we need to take care: take care of us, first of all, and then to be vigilant against strategies of the penetration of power. But also taking care of the common: through the continuous building of a net, and of good affective relations. We have to work on our affective apparatus and this is not only an individual problem. We are involved in an acknowledgement process. That means that we need others. We need to be in a net. Something extremely new is coming: "attraction not promotion."

We have to be ready.
*

@ JamalDajani: Egyptian bloggers have been quoting Gandhi "First they ignore you, then they ridicule you, then they fight you, then you win."
Via Twitter on 3 Feb, 2011

This diagram, which emerged during the middle of the last century—and more recently via the Egyptian street—maps a subjective position within a particular notion and formation of domination. This formula, if it could be called that, is rather clear in the events that have recently unfolded. But, a question quickly comes to mind: What about the recent events can be thought of as a victory?
What seems to characterize victory here is not any tangible political change. As of the time this writing was produced, there is none. What has perhaps happened, or become instantiated, is a politically reproducible example that is not based on a prior formulation of other possible worlds, but that exists as a type of engaged withdrawal from the status quo. We have a series of actions that have brought together the many, and that cut across class, gender and religion. An emerging community has opened up that has no clearly articulated objective in mind, aside from a desire to become something else, and to have the capacity to find a new way of being. This is taking place now. This is not a possible world; it is an actual one, and something that we can continue fighting for.

Oder auch etwas, das wir teilen und das in gewisser Weise eine letzte Barriere gegen das Eindringen von Macht in unser Leben ist.
Mit anderen Worten: wir müssen sorgsam sein. Zunächst einmal in Bezug auf uns selbst, aber dann müssen wir auch wachsam gegenüber den Strategien der Macht sein, die unser Leben durchdringen wollen. Nicht zuletzt müssen wir uns auch um das Gemeinsame kümmern: Durch beständigen Aufbau von Netzwerken und durch gute emotionale Beziehungen. Wir müssen an unserem emotionalen Apparatus arbeiten, und zwar nicht nur auf individueller Ebene. Wir sind an einem Prozess der Kenntnisname beteiligt, d.h. wir brauchen die anderen: Wir müssen vernetzt sein. Etwas ganz und gar Neues ist am entstehen: „Anziehungskraft und nicht Bewerben."

Wir müssen bereit sein.
*

@ JamalDajani: Ägyptische Blogger haben Gandhi zitiert: „Erst ignorieren sie euch, dann lachen sie über euch, dann bekämpfen sie euch, dann habt ihr gewonnen."
Via Twitter am 3. Februar 2011

Dieses Schema, das Mitte des letzten Jahrhunderts aufkam und heute in den Straßen von Ägypten wieder gegenwärtig ist, zeigt einen subjektiven Standpunkt innerhalb einer bestimmten Vorstellung und Entstehung von Herrschaft. Die Formel, wenn man sie so nennen kann, ist im Licht der jüngsten Ereignisse ziemlich deutlich. Aber eine Frage stellt sich schnell: Was an den jüngsten Ereignisse kann als Sieg verstanden werden?
Der Sieg scheint hier nicht in einem greifbaren politischen Wandel zu bestehen. Zu dem Zeitpunkt, da wir diesen Text verfasst haben, gab es keinen greifbaren politischen Wandel. Was möglicherweise geschehen oder in Gang gekommen ist, ist ein politisches wiederholbares Beispiel, das nicht auf einer der oben formulierten Definitionen anderer möglicher Welten, sondern auf einer Art engagiertem Rückzug vom Status quo beruht. Es war eine Abfolge von Handlungen, in denen viele zusammengearbeitet haben und zwar über Klassen-, Geschlechter- und Glaubensgrenzen hinweg. Es entstand eine Gemeinschaft, die kein klar formuliertes Ziel hat – außer dem Wunsch, etwas anderes zu werden und die Kapazität zu einer neuen Art des Seins zu haben. Das findet gerade statt. Es ist keine mögliche Welt, sondern eine tatsächlich existierende, und etwas wofür wir weiterhin kämpfen können.

Chto delat?

Creative Time in Common

Prehistory of the experiments in prolonged collectivity

Drift: Narvskaya Zastava
Saint Petersburg, 2004

Aside from researching the urban environment during a two-day walk around a chosen location, an important component of this project was the material derived from communication within the group, from the personal lives of its participants, and from the associations that arose in connection with the places researched. An objective mapping of the site was organized in parallel with the subjectivity of the community, which gained new experiences by jointly living through a certain moment of time in an environment alien to it. The methods developed in Drift were a continuation of the Leningrad/Petersburg tradition of strolling around strange places. This culture is directed towards the experience of communities that are based on friendship and aspire to a reclaiming and détournement of urban space, thus demonstrating with their own experience the contrast between what life is and what it might be.

Self-Education(s)
A series of seminars and an exhibition
Moscow, 2006

In the course of three days of seminars following the exhibition opening, participants discussed mechanisms of social communication and new means of constructing collective interaction. Aside from the artists who participated in the exhibition, the seminars also involved a number of activists and social researchers. During the seminars, most of the participants lived in the guest rooms of the National Center for Contemporary Art or with friends, and their interactions continued practically non-stop for all of the three days.

Leftist Art. Leftist History.
Leftist Philosophy. Leftist Poetry
An Experimental 24-Hour Communal
Life Seminar
Nizhny Novgorod, May 9, 2009

The first experimental *Communal Life Seminar*, with its self-ironic title, took place in Nizhny Novgorod on May 9, 2009. Moreover, the task of combining creative, educational, and political elements in a single time in a single place seemed tempting not only to us, but also to the special police department for combating "extremism," who, as it turned out, had been "casing" our seminar from the moment that information about it was first published on blogs. Consequently, at the very beginning of the seminar, during a screening of Jean-Luc Godard's film *Sympathy for the Devil (One Plus One)*, the seminar space was invaded by an armed police detachment that proceeded to detain all the participants for several hours. Thanks to this incident—which became necessary to reflect upon and make public—the idea arose to continue the seminar in the form of a three-day production seminar whose goal was to make a new film, *2+2/Practicing Godard*. To this end, some of the organizers (the screenplay group) returned to Nizhny Novgorod and recruited local people to participate in the filming. Aside from the collective development of the screenplay and the shooting of the film itself, we also conducted workshops on editing the film.

Open 48-Hour Congress-Commune of Creative Workers

Moscow, April 29–30, 2010

On the eve of May Day, we held a congress devoted to the problematic of creative work within the current social, economic, and political conditions. Several dozen initiative groups participated in the congress and the attendees not only included artists, critics, university teachers, researchers, publishers, translators, writers, and other cultural workers, but also specialists in labor law, social and political activists, and trade unionists. Thematically, the event was divided into two parts: the changing concept of "labor" was discussed over the course of the entire first day, while the second day dealt with "self-organization." On the morning of the following day, congress participants joined the red-black bloc (anarchists, antifascists, and socialists) at the May Day demonstration.

Living Politically
A 48-Hour Communal Life Seminar

Jan Van Eyck Academie, Maastricht, July 2–4, 2010

Living Politically was Chto delat's first international seminar in the "life" format. Its goal was to pose to participants the question of how they politically make sense of, not only their professional work, but also everyday life. Theorists, artists, activists, and curators from Russia, Belgium, Poland, Germany, Italy, China, and other countries came together at the Jan van Eyck Academie in Maastricht in order to discuss, in an experimental way, the heterogeneity of political forms of participation and living. The traditional forms of theoretical lectures and discussions were combined with dance and vocal performances in which everyone present at the seminar participated.

Political Art: From Theory to Practice
A Three-Day Open Communal Summer Camp for Leftist Activists and Theorists

Kaliningrad, August 23–25, 2010

At a site outside the city on the Baltic Sea coast, participants discussed the issues of political art and direct action, and held poetry readings and film screenings. The summer camp was organized by the group Verkhotura and friends as a wholly autonomous project that would launch a consistent series of self-developing initiatives.

What Struggles Do We Have In Common?
A 48-Hour Communal Life Seminar

The ICA, London, September 9–10, 2010

The ICA hosted the two-day event, which aimed to create an intensity of relations between its participants through sleeping, eating, entertaining, performing and discussing together. The event brought together invited cultural workers who are part of collectives from around Europe. This "commune" used the question "What struggles do we have in common?" as a starting point to focus on the problem of how to combine theory and art with a militant political life. Using the model of Bertolt Brecht's "learning plays" and Augusto Boal's project, *Theater of the Oppressed*, the discussions over the course of the seminar led to the public performance of a play on the evening of September 10. This play fused the issues tackled by the "commune" with expressive theatrical presentation.

To Arts, Citizens!
A 48-Hour Communal Life Seminar

Serralves Museum, Porto, November 22–24, 2010

…

An extract of a
conversation between
members of Chto delat?,
Nikolay Oleynikov and
Dmitry Vilensky.
First published in the *Chto delat? newspaper,
#06- 30: Living, Thinking, Acting politically*,
November 2010.

Auszug einer Unterhaltung
zwischen den Mitgliedern
von Chto delat?, Nikolay
Oleynikov und Dmitry
Vilensky.
Erstveröffentlichung in der Zeitschrift
*Chto delat? newspaper #06 - 30: Living,
Thinking, Acting politically*, November 2010.

Nikolay Oleynikov: Over the last year and a half we have launched a series of experimental events that were united by a single format—the *48-Hour Communal Life Seminars*. At this stage it would make sense to summarize the experiences we've had and attempt to examine the perspectives for this experiment, which has offered "creative workers" and "workers in the field of cultural production" a direction for making sense of their position in society. It has given them the impulse to engage in critical self-education at the local level, while reframing the question of a rapprochement between political and creative practices.

Dmitry Vilensky: I think that your initiative, which was immediately taken up by several collectives, has an interesting and problematic genealogy, and we need to have a precise sense of it. It is clear that all this is directly related to the theme of education, but there is also the theme of collectivity. And that was no accident—for each of our seminars had the qualifier "communal life" attached to it. That is, we have arrived at the understanding that genuine creative education and growth is possible only within collective practices. In the history of art we see many examples of artists uniting to share their vision of art's development and the meaning invested in this notion. This happened when the existing system of art and education did not fulfill—from the viewpoint of these artists—these functions. That is, it was always a matter of something new, which was not accepted in the academy and society, emerging through a mode of confrontation. We should also note that artists and intellectuals are

Nikolay Oleynikov: Während der letzten eineinhalb Jahre haben wir eine Reihe von experimentellen Veranstaltungen durchgeführt, denen jeweils das Format eines 48-stündigen *Communal Life-Seminars* zu eigen war. An diesem Punkt scheint es sinnvoll, unsere Erfahrungen zusammenzufassen und die weiteren Aussichten dieses Experiments unter die Lupe zu nehmen. Die Seminare haben den sogennanten „Kreativen" und „Kulturarbeiter_innen" die Möglichkeit gegeben, ihre Verortung in der Gesellschaft zu reflektieren. Auf lokaler Ebene gaben die Seminare den Anstoß zu einer Auseinandersetzung mit Selbstbildungsprozessen, während sie parallel die Diskussion um die Annäherung zwischen politischer und kreativer Praxis reaktivierten.

Dmitry Vilensky: Ich glaube, dass diese Initiative, die verschiedene Kollektive sofort aufgegriffen haben, eine interessante, aber auch problematische Vorgeschichte aufweist, die wir sorgfältig untersuchen sollten. Es ist klar, dass hier sowohl ein direkter Bezug zum Thema Bildung als auch zu Kollektivität besteht. Selbstverständlich ist das kein Zufall. Denn alle Seminare waren ja von der Idee des Gemeinschaftslebens, von „communal life" geprägt. Aus diesem Verständnis heraus, sind wir zu der Erkenntnis gekommen, dass genuine kreative Bildung und Wachstum nur in kollektiver Praxis möglich sind. Aus der Kunstgeschichte kennen wir viele Beispiele von Künstler_innen, die sich zusammenschliessen, um ihre Vorstellung von der Entwicklung und Bedeutung von Kunst zu teilen. Dies geschah immer dann, wenn nach Meinung dieser Künstler_innen, das bestehende System der Künste und der Erziehung bestimmte Funktionen nicht mehr zu erfüllen vermochte. Es ging somit stets um etwas

always in the process of forming their own milieux. The most interesting events take place not at exhibition openings but in studios, kitchens, and bedrooms, where we find an intensive, non-stop dialogue about how to make art, why we make it, who we make it for, and whether it wouldn't be better to totally reject art as an institutional practice and equate art and life. I think that this permanently present collectivity—which is not formally organized in a determinate way—requires some kind of structuredness and a new degree of intensity from time to time. This gives rise to all sorts of circles, seminars, summer schools, groups, movements, working and non-working groups, and so forth. That is, we're continuing a certain tradition, and we should try and understand how our initiative, which has already been going on for over a year, is different from what has been and what is.

Nikolay Oleynikov: You're right. *The 48-Hour Communes* initiative is an heir to a tradition of creative associations and experimental educational strategies. Our events, however, are built into a pre-set time frame—two days. This duration is capable, at first glance, of generating only an instable temporary community that disintegrates as soon as the event is over. But then, perhaps, it would make sense for us to regard this kind of organization not as a series of separate events, but as a consistent movement that unfolds in time, in various places, and that is realized by various participants who seize this initiative.

This approach gives us the opportunity to discuss very different questions on the agenda with the very different ad hoc communities that

Neues, das weder das akademische noch das gesellschaftliche Umfeld zuvor akzeptiert hatten und das stets durch das Prinzip von Auseinandersetzung entstand. Dabei sollten wir außerdem festhalten, dass Künstler_innen und Intellektuelle sich grundsätzlich ihr eigenes Millieu erschaffen. Die spannenden Dinge geschehen nicht bei der Eröffnung einer Ausstellung, sondern in Ateliers, Küchen und Schlafzimmern. Hier erleben wir einen intensiven, unaufhörlichen Dialog darüber, warum und wie wir Kunst machen, für wen wir sie erschaffen und ob es nicht von vornherein besser wäre, die institutionelle Kunstpraxis aufzugeben und Leben und Kunst gleichzusetzen. Diese beständige Gemeinschaft, die in keiner bestimmten Weise organisiert ist, erfordert immer wieder eine Restrukturierung im Sinne einer Intensivierung. Dieser Prozess regt die Bildung verschiedenster Formen der Organisation an: Freundeskreise, Seminare, Sommerakademien, Bewegungen, bis hin zu Arbeits- und Nicht-Arbeitsgruppen. Wir sollten also aus der oben erwähnten Vorgeschichte heraus verstehen, wie unsere Initiative, die bereits seit einem Jahr bestand hat, sich zur Tradition früherer Initiativen verhält und was sie von ähnlich gesinnten zeitgenössischen Versuchen unterscheidet.

Nikolay Oleynikov: Du hast recht. Das 48-Stunden-Seminar zum Thema *kommunales Leben* steht in der Tradition kreativer Gemeinschaften und alternativer Erziehungsstrategien. Im Unterschied zu vielen weitaus beständigeren Initiativen, finden unsere Veranstaltungen aber in einem begrenzten Zeitrahmen statt. Auf den ersten Blick scheint es auch als ob dieser Zeitraum von nur zwei Tagen bloß eine instabile, temporäre Gemeinschaft hervorbringen kann, die sich auflöst, sobald die Veranstaltung beendet ist. Aber vielleicht sollten wir diese Organisationsweise nicht als eine Reihe einzelner und aufeinander folgender Veranstaltungen begreifen, sondern als eine konsequente Bewegung, die sich in ihrem Verlauf in Zeit und Raum entfaltet

emerge. Every time there are different constellations of theorists, activists, artists, critics, curators, members of collectives, and people with a background in individual work. This "instability of collectives" gives us the chance to return again and again to a discussion of key problems while also inserting the acute, urgent issues that arise. A network deployed in space and time thus arises, and a process takes place that dislocates both the notion of the traditional artistic group and the activist cell, and the customary schemes for interacting in the artistic and academic milieux. Consequently, we get this picture of an endless nomadic commune where people interested in developing certain ideas eat at the same table (or at different tables), doze off together in front of a big screen during nighttime screenings of political cinema, and are in constant dialogue. Here, as I see it, is where a phenomenon emerges: the production of "common creative time" and "communal (socialized) learning time." The question is whether this is really a serious alternative to established relations (commercialized on the one hand; institutionalized, on the other), within the milieux that we customarily assign to creative production.

Dmitry Vilensky: It's a pretty picture you paint, but it is still reminiscent of a general rapturous movement connected more with consumption than production, don't you think? This makes sense only if we're going to focus on questions of activist responsibility; that is, if we're going to ask questions about the degree to which all this impacts the environment outside our seminars. It is vital for us to understand to what degree our

und von jenen Teilnehmer_innen getragen wird, die in die Dynamik dieses Prozesses eintauchen und initiativ werden.

Dieses Verfahren ermöglicht uns unterschiedliche Fragestellungen mit jenen Ad-hoc-Gemeinschaften zu diskutieren, die bei diesen Gelegenheiten entstehen. Jedes dieser Ereignisse ist neu zusammengesetzt und besteht aus unterschiedlichen Theoretikern_innen, Aktivist_innen, Künstler_innen, Kritiker_innen, Ausstellungsmacher_innen sowie aus Mitgliedern von Kollektiven als auch Menschen aus höchst individuellen Arbeitskontexten. Diese „Instabilität des Kollektivs" gibt uns die Chance, wiederkehrende Schlüsselprobleme zu diskutieren, ohne dabei brisante und aktuelle Themen aus dem Blickfeld zu verlieren. Bei diesem Prozess werden sowohl die Begriffe der traditionellen Künstler_innengruppe als auch jener der Aktivistenzelle aufgelöst, als auch die Schemata künstlerischer und akademischer Milieus in Frage gestellt. In Folge entsteht eine nomadische Kommune, in der die Menschen am selben Tisch essen und spätabendlich bei politischen Filmen vor dem Bildschirm verweilen, während sie einen Diskurs über gemeinsame Ideen führen. Hier entsteht ein Phänomen: die kollektive Erzeugung und das Teilen von „kreativer Zeit" und „Lernen". Die Frage lautet, ob dies tatsächlich eine wirkliche Alternative zu den herkömmlichen Beziehungen innerhalb jener kommerziellen und institutionellen Milieus darstellt, denen wir üblicherweise die Produktion kreativer Tätigkeit zuschreiben.

Dmitry Vilensky: Du entwirfst ein hübsches Bild, aber es erinnert immer noch an eine im Großen und Ganzen schwärmerische Bewegung, die eher mit Konsum als mit Erzeugung zu tun hat, findest Du nicht auch? Das ergibt nur dann Sinn, wenn wir uns auf die Frage nach der Verbindlichkeit von Aktivismus konzentrieren; wenn wir fragen, was all dies außerhalb unserer Seminare

ideas are capable of holding up when they're addressed to an audience that is much broader than a couple hundred privileged people who have access to this luxury of circulating from institution to institution, and who have access to the grants and foundations employed for these pleasant ends.

Moreover, I would once again caution you against this sweeping use of the word *production*. Of course everything produces something; even the refusal to produce produces quite palpable forms of the economy of refusal. But this word often very imprecisely describes the plenitude of what goes on. You can talk about the production of love all you like, but everyone knows there are many other things involved in love that cannot be described within terms of relations of production. It's the same with creativity, which is the basis not only of art, but all other forms of activity. As we've already said, this is a certain surplus that breaks out of the calculated logic of production. Life is not something that can be calculated and that is why it's interesting. You're planning a project, and then you up and die, or you become ill or fall in love. And then there's no project.

bewirkt. Es ist äußerst wichtig für uns, zu verstehen, ob unsere Ideen bestehen können, wenn sie an ein größeres Publikum gerichtet werden, als an die paar hundert Menschen, die privilegierterweise von einer Veranstaltung zur nächsten reisen können und die Mittel für diese vergnügliche Tätigkeit von Institutionen zur Verfügung gestellt bekommen.

Darüber hinaus möchte ich dich warnen, das Wort „Produktion" in so weitläufiger Weise zu verwenden, wie dies heutzutage geschieht. Natürlich produziert jedes Phänomen irgendetwas; selbst die Weigerung, etwas zu erzeugen, produziert spürbare Formen in der Ökonomie der Verweigerung. Aber nichtsdestoweniger beschreibt „Produktion" nur sehr ungenau die Vielfalt dessen, was vor sich geht. Man kann so viel wie man will über die Erzeugung von Liebe sprechen, aber jeder weiß, dass zur Liebe viele Dinge gehören, die sich nicht im Sinne von „Erzeugung" begrifflich fassen lassen. Dasselbe gilt für die Kreativität, die die Grundlage nicht nur der Kunst, sondern jeder weiteren Form von Aktivität ist. Wie wir bereits gesagt haben, entsteht ein Überschuss, ein gewisser Mehrwert, der aus der berechnenden Logik der Produktion ausbricht. Man kann das Leben nicht berechnen, deshalb ist es ja spannend. Man plant ein Projekt und plötzlich stirbt man, wird krank oder verliebt sich. Und auf einmal gibt es kein Projekt mehr.

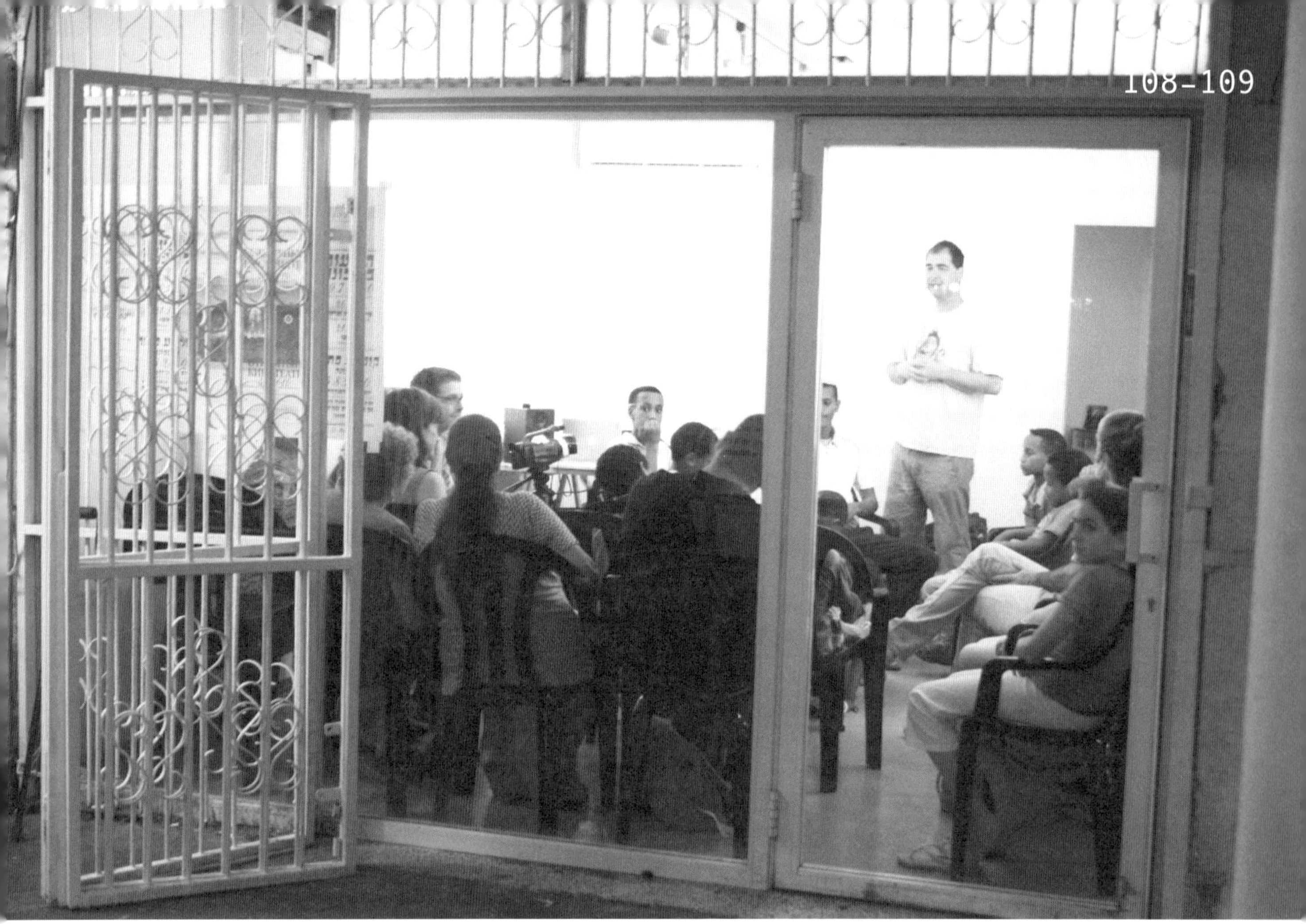

Our office/art space in the neighborhood is offering a program that includes artists talks, screening of movies and video art, workshops and music performances. In the image artist Daniel Meir talks about his project of a recording studio.
Unser ausgelagertes Büro und Nachbarschafts-Kunstraum, bietet ein Program mit Film- und Videokunstvorführungen, Gesprächen mit Künstler_innen, Workshops und Musikveranstaltungen. Abbildung: der Künstler Daniel Meir spricht über sein Projekt eines Aufnahmestudios.

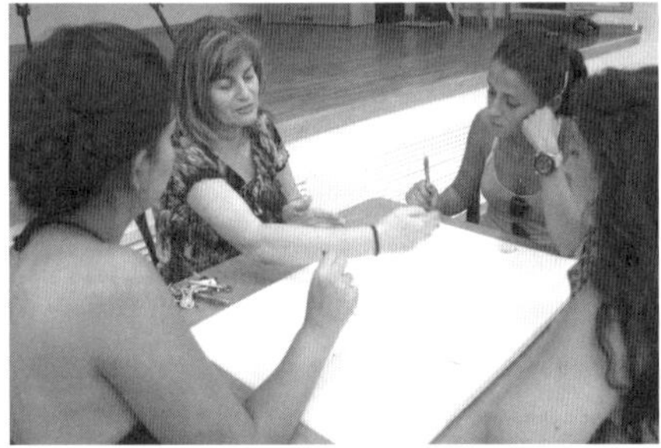

Students Studios (architect: Gil Mualem Doron): A group of college students offered internal design services to neighborhood residents, suggesting designs or helping them create their own designs, real or fantasized, free of charge.
Studenten-Ateliers (Architekt: Gil Mualem Doron): Eine Gruppe von Studierenden bietet den lokalen Anwohner_innen einen Design-Service an. Der kostenlose Service hilft bei der Umsetzung von Ideen und schlägt praktische Lösungen beim Erstellen von realen oder fiktiven Entwürfen vor.

The Israeli Center for Digital Art

The Jessy Cohen
Project / Das Jessy
Cohen Projekt

Text by / von
Eyal Danon

Background

Back in 2009, the city of Holon invited the *Center for Digital Art* to operate in the Jessy Cohen neighborhood. The immediate context for this invitation was the entrance of around 120 families of Ethiopian origin to the neighborhood; a process that had begun two years earlier and over which the city had no control. This process reflects the problematic policies of Israel regarding the issue of Jewish immigration, ("aliya" in Hebrew means "coming up" to Israel). We saw this invitation as an opportunity to explore and test some ideas and theories that we had regarding the roles and responsibilities of art vis-à-vis its local context—be it a neighborhood, the city, or the general society.

We decided to dedicate the first months to research that included talks with various residents and people working in the neighborhood. These talks were focused on the history of the neighborhood, its past problems, its tradition of social activism, the influences of waves of immigration, and the connection of all these factors to its current condition. From the very beginning we understood that we face a huge gap regarding the expectations of the various partners and participants in this project. When the city invited us it was clear that we were expected to create a change. The definition of this change remained unclear, and so did the criteria for its future evaluation. The city made it clear that it was worried that the large numbers of new immigrants from

Hintergrund

Im Jahr 2009 lud die Stadt Holon das *Center for Digital Arts* ein, im Jessy Cohen-Viertel zu arbeiten. Diese Einladung stand in unmittelbarem Zusammenhang mit der Ankunft von ungefähr 120 Familien äthiopischen Ursprungs in dieser Nachbarschaft. Damit setzte sich ein (Immigrations-) Prozess fort, der bereits zwei Jahre zuvor begonnen hatte und den die Stadt außerstande war zu kontrollieren. Dieser Prozess spiegelt (zugleich) die problematischen Strategien Israels in Bezug auf die jüdische Immigration wider („aliya" im Hebräischen meint „hochziehen" nach Israel). Wir sahen diese Einladung als Möglichkeit, einige Ideen und Theorien zu untersuchen und auszuprobieren, die wir bezüglich der verschiedenen Rollen und Verantwortlichkeiten von Kunst vis-à-vis lokaler Kontexte hatten – sei es ein Viertel, die Stadt oder die Gesellschaft allgemein.

Wir entschieden uns, die ersten Monate der Recherche zu widmen; darin miteinbezogen waren Gespräche mit verschiedenen Anwohner_innen und Leuten, die in dem Viertel arbeiteten. Die Gespräche konzentrierten sich auf die Geschichte des Viertels, die Probleme der Vergangenheit, seine Tradition sozialen Engagements, den Einfluss der Einwanderungswellen und die Verbindung all dieser Faktoren zur gegenwärtigen Situation. Von Anfang an waren wir deutlich mit einer riesigen Diskrepanz hinsichtlich der Erwartungen der verschiedenen Partner und Teilnehmer_innen an dieses Projekt konfrontiert. Als die Stadt uns einlud, war klar, dass von uns erwartet wurde, eine Veränderung herbei zu führen. Die Definition dieses Veränderung blieb im Unklaren, ebenso wie die Kriterien für seine künftige Evaluierung. Die Stadt machte deutlich, dass sie besorgt sei über die große Anzahl an neuen Einwanderern aus Äthiopien, die, aufgrund einer ganzen Reihe von sozioökonomischen Schwierigkeiten, in Zukunft ein Problem darstellen könnten. Zu befürchten sei die

Ethiopia can become a future problem, as this population suffers from a range of socioeconomic problems. It fears that this immigration can create a ghetto and bring back the "old" problems of the past in Jessy Cohen. So we were invited to be part of an effort that also included the welfare department, the community center, the schools in the neighborhood, and other activists. So we were expected to provide solutions, as the other stakeholders. However, what are our tools? And again, what are the criteria for evaluation?

We also learned from the different meetings we had with residents and others, that there were very clear expectations from us and quite a clear understanding of what we should do as artists in the neighborhood: we were expected to change the image of Jessy Cohen—to bring aesthetic first aid and to beautify it.

Through this process of learning we also started to establish our alliances and partnerships within the neighborhood. Although it was clear from the beginning that we will not be able to work alone in Jessy Cohen, it was not clear, until these meetings, who would be our partners. The local community center—a very active and important institution in the neighborhood—became our main partner and link of communication with other individuals and residents involved. From the welfare department we learned about the specific needs and difficulties of the population in Jessy Cohen, and specifically of the new immigrants from Ethiopia. We met with the directors of the schools in the neighborhood and with different activists and teachers. We also visited the city archive and learned that the neighborhood has a long history of social struggles and activism. These people became our partners not only for a collection of knowledge and information but also for processes of decision-making. The coalition we formed with them allowed us to create a unique structure for the project: a combination of artists and non-artists that shared the processes of research and the planning and implementation of various activities. In order to work in Jessy Cohen we gave up our role as sole curators.

Bildung eines Ghettos, dass die „alten" Probleme der Vergangenheit nach Jessy Cohen zurück brächte. Über die Einladung wurden wir Teil eines Versuchs, der auch das Sozialamt, das Gemeindezentrum, die Schulen der Nachbarschaft und andere Akteure mit einschloss. Man erwartete also Lösungen von unserer Seite, ebenso wie von den anderen Teilnehmer_innen. Was jedoch war unser Instrumentarium? Und abermals, wie gestalteten sich die Kriterien der Evaluierung?

Im Laufe der verschiedenen Treffen, die wir mit den Anwohner_innen und anderen Leuten hatten, begriffen wir, dass es bereits sehr klare Vorstellungen von dem gab, was wir als Künstler_innen im Viertel zu tun hätten: Wir sollten das Image von Jessy Cohen aufbessern – ästhetische Erste Hilfe leisten und zur Verschönerung beitragen.

Während des Lernprozesses begannen wir, unsere Verbündeten aufzuspüren und Partnerschaften innerhalb des Viertels aufzubauen. Obwohl von Anfang an klar war, dass wir nicht allein auf uns gestellt in Jessy Cohen arbeiten könnten, war bis zu diesen Treffen nicht klar, wer unsere Partner sein würden. Das örtliche Gemeindezentrum – eine sehr aktive und wichtige Institution des Viertels – wurde unser Hauptverbündeter und wichtigstes Bindeglied in der Kommunikation mit den anderen teilnehmenden Personen und Anwohner_innen. Vom Sozialamt erfuhren wir Genaueres über die speziellen Bedürfnisse und Schwierigkeiten der Bevölkerung in Jessy Cohen, gerade auch im Hinblick auf die der äthiopischen Einwanderer_innen. Wir trafen uns mit den Direktor_innen der ansässigen Schulen und mit verschiedenen Akteuren und Lehrer_innen. Wir besuchten auch das Stadtarchiv und erfuhren, dass die Geschichte dieses Viertels seit langem von sozialen Querelen wie auch von aktiver Bürgerbeteiligung geprägt wurde. All diese Leute wurden unsere Partner, nicht nur in der Akquise von Wissen und Informationen, sondern auch im Hinblick auf Entscheidungsfindungen. Unsere gemeinsame Koalition erlaubte uns, für unser Projekt eine einzigartige Struktur zu entwerfen: Eine Kombination aus Künstler_innen

Following these stages of research, a working model was established based on the assumption that the successful intervention in the neighborhood depended mainly on these factors:

1. Working with many entities already operating in the neighborhood, (community center, municipal welfare, schools, volunteers and community activists, youth instructors, etc.).
2. Long-term projects focussing on creating change and expansion processes.
3. Projects in which knowledge is gained and exchanged.
4. Projects that provide support to each other, through their implementation.
5. Projects that prioritize the use of technology.

This resulting plan—although grounded in several starting assumptions—was structured so that we could develop in response to ongoing feedback provided by a forum of local residents, activists, municipality officials and curators, who convened twice a month to coordinate all activities and to advise the artists on the specific needs articulated by the stakeholders involved. We also made it clear that the target audiences were not only the residents of the neighborhood, but the art and culture community as well. We hoped to become a learning point for new modes of actions of art within the community—through processes of implementation, learning, exchange and research.
The project is implemented through various artistic endeavors, a continued presence and the grassroots activities of artists in the neighborhood; also through workshops and enrichment activities that take place within the neighborhood's private and public spaces. We hope that the different activities will create ever-growing circles of involved individuals, residents and artists, who will become "agents" for the project.

The project also represents an invitation to the artistic community to act within a specific social context and to produce models and tools for neighborhood-based art practice. These models should explore and implement art projects that involve as many artists and local residents as possible, privilege group (as opposed to individ-

und Nicht-Künstler_innen, die die Arbeitsabläufe der Recherche, der Planung und der Umsetzung verschiedener Aktivitäten miteinander gestalteten. Um in Jessy Cohen zu arbeiten, gaben wir un-sere Rolle als alleinige Kurator_innen auf.

Angelehnt an diese Stadien der Recherche wurde ein Arbeitsmodell entwickelt, das als Grundvoraussetzung für die erfolgreichen Interventionen im Viertel folgende Faktoren voraussetzte:

1. Zusammenarbeit mit sämtlichen, im Bezirk bereits Aktiven (Gemeindezentrum, kommunale Wohlfahrt, Schulen, Freiwillige und aktive Gemeindemitglieder, Jugendarbeiter_innen, etc.).
2. Langfristige Projekte mit Fokus auf die Gestaltung des Wandels und dessen Ausweitung.
3. Projekte, in denen Wissen erarbeitet und ausgetauscht wird.
4. Projekte, die sich in ihrer Durchführung wechselseitig unterstützen.
5. Projekte, die als Priorität den Gebrauch von Technologie setzen.

Das daraus resultierende Vorgehen wurde – obwohl er auf einer Reihe von Anfangsannahmen basierte – so strukturiert, dass wir den Entwicklungsprozess über ein stetes Feedback seitens des Anwohnerforums steuern konnten. Dieses bestand aus den Einwohner_innen, aktiven Gemeindemitgliedern sowie den Beamt_innen und Kurator_innen der Stadt, die zweimal im Monat zusammentraten, um die Aktionen zu koordinieren und die Künstler_innen über die jeweiligen Bedürfnisse zu informieren, die von den Interessenvertreter_innen an sie heran getragen wurden. Wir stellten außerdem klar, dass das Zielpublikum nicht nur aus den Einwohner_innen des Viertels bestünde, sondern die Kunst- und Kulturgemeinde ebenso mit einbezog. Über die Prozesse des Lernens, der Umsetzung, des Austauschs und der Erkundung hofften wir, zu einer Referenz in einem neuen Umgang mit Kunstaktionen innerhalb der Gemeinschaft zu werden. Das Projekt wurde umgesetzt mittels unterschiedlicher künstlerischer Beiträge, durch unsere kontinuierliche Anwesenheit und die Basisaktivitäten der Künstler_innen im Viertel; dazu kamen Workshops und weitere vertiefende

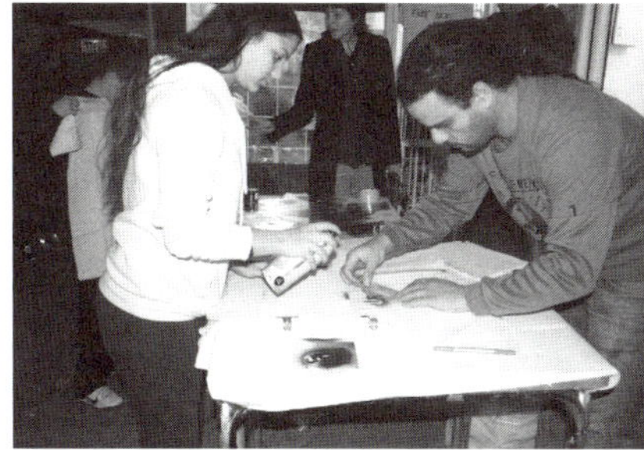

Youth Art activities: As a part of the municipality youth activity (called Passport), we operate a youth art club in the project space in the neighborhood. In the first session the teenagers made T-shirts using templates and spray.
Kunst-Events der Jugend: Als Teil der kommunalen Jugendaktivitäten (Passport-Projekt), wurde ein Kunst-Klub der Jugend im Nachbarschafts-Projektraum eingerichtet. Bei der ersten Veranstaltung besprühten die Jugendlichen T-Shirts mit Hilfe von Schablonen und Spraydosen.

ual) activity, and lay the groundwork for long-term and continuous change. At the same time, the project serves as a test case for collaboration among various municipal systems responsible for the neighborhood, and for the integration of an art center in a framework of solutions Holon can offer the neighborhood's residents.

This strategy is designed to create an equal partnership among the local residents, artists and the municipality as the best way of producing long-term and ongoing projects. We hope that this sense of ownership by neighborhood residents and other municipal stakeholders might serve as the needed antidote to the sense of alienation often produced in residents by external initiatives.

Implementation

Our next step was to publish an open call for artists, designers and architects to propose—according to our principles listed above—projects and actions to be implemented in Jessy Cohen. This resulted in around thirty proposals, among them proposals submitted by teachers from the local elementary school and from a group of social workers in the welfare department. We selected seven projects for implementation and these are currently in process.

The Jessy Cohen population may be roughly divided into Israeli natives, immigrants from Ethiopia and the former Soviet Union, and the more recent Falash Mura immigrants, (Ethiopian Jews who have been forced to convert to Christianity, and then, in order to be able to immigrate to Israel, have been forced to re-convert to Judaism). Although this categorization does not do complete justice to the neighborhood's cultural variety, it will be used here as a common basis for reference as it is has been adopted by our partners.

Our selected projects and activities try to offer frameworks in which these groups can meet and work together. However, in some cases we also provide activities directly aimed at the needs of a specific group. Based on our principles and assumptions, we decide to operate through three main interactive and mutually supportive channels:

Aktionen, die innerhalb der privaten und öffentlichen Räume der Nachbarschaft stattfanden. Wir hofften, dass all diese Aktivitäten eine wachsende Anhängerschaft unter den beteiligten Individuen, Anwohner_innen und Künstler_innen gewinnen können und sie somit zu „Agent_innen" des Projekts machen.

Zugleich ist das Projekt eine Aufforderung an die Künstlergemeinschaft, innerhalb eines spezifischen, sozialen Kontextes zu agieren und der lokalen Kunstpraxis sowohl Arbeitsmodelle als auch Instrumentarien zur Verfügung zu stellen. Zweck dieser Modelle ist es, vor allem solche künstlerische Vorhaben zu erkunden und umzusetzen, die möglichst viele Künstler_innen und Einwohner_innen mit einbinden, die die Gruppenarbeiten fördern (im Gegensatz zu Einzelpersonen) und die eine Basis für nachhaltigen und kontinuierlichen Wandel schaffen. Dabei dient das Projekt auch als Testlauf für die Zusammenarbeit der verschiedenen, für das Viertel verantwortlichen Stadtteilverwaltungen sowie als Musterbeispiel für ein Kunstzentrum, dessen Integration Teil des von der Stadt Holon angebotenen Lösungsspektrums an die Einwohnerschaft ist.

Durch diese Strategien wird eine gleichwertige Partnerschaft zwischen örtlichen Anwohner_innen, Künstler_innen und der Stadtverwaltung angestrebt – die beste Voraussetzung für eine Umsetzung nachhaltiger und fortlaufender Projekte. Wir hoffen, dass mit dieser Form der Teilhabe von Stadt und Viertelbewohner_innen das Gegenmittel gefunden ist, um Entfremdungsgefühle zu neutralisieren, die sonst oft durch externer Initiativen ausgelöst werden.

Umsetzung

Unser nächster Schritt war ein Open Call, der sich an Künstler_innen, Designer_innen und Architekt_innen wandte, mit der Bitte – entsprechend unserer oben genannten Prämissen – Projekte und Aktionen für Jessy Cohen vorzuschlagen. Es gingen etwa dreißig Vorschläge ein, auch von Lehrer_innen der dortigen Grundschule und von Mitarbeiter_innen der Sozialverwaltung. Für die Umsetzung wählten wir sieben aus; sie werden zur Zeit realisiert.

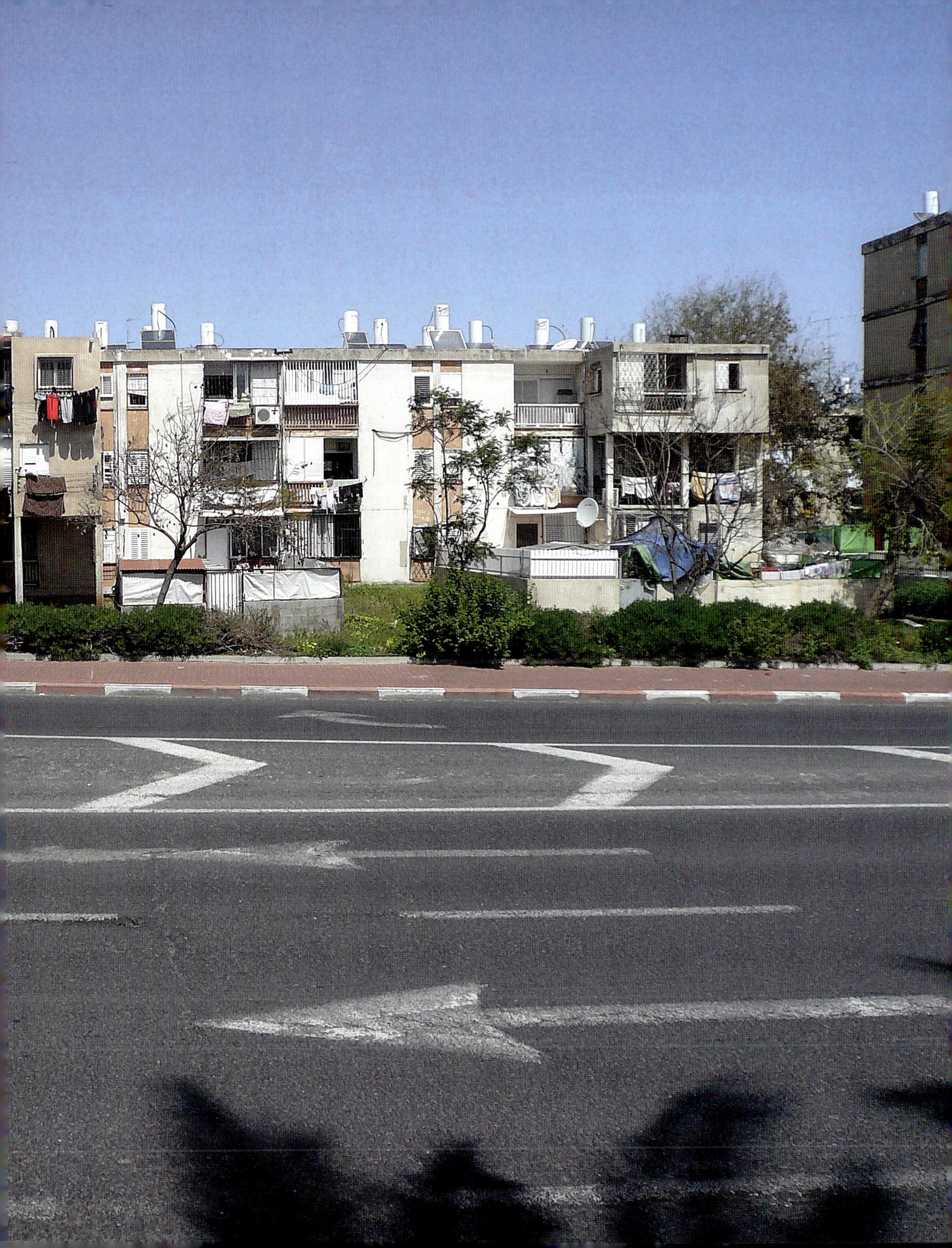

1. *An office/art space in the neighborhood* offering an art and culture program that includes master classes, screenings of movies and video art, and workshops and music performances. This venue is the project's core—facilitating the transfer of cultural knowledge from the artists to the local residents and back.
2. *Technology and art workshops* are designed to introduce locals to the world of technology by providing them with various programming, web-surfing, photography, editing and electronic tools in a social context.
3. *Artwork in the neighborhood* is a series of projects by Israeli and international artists that take place in the neighborhood's private and public spaces—either in response to public requests for proposals or through direct commissions. The idea is that the artists will stay in the neighborhood for extended periods—throughout their projects' planning and execution stages.

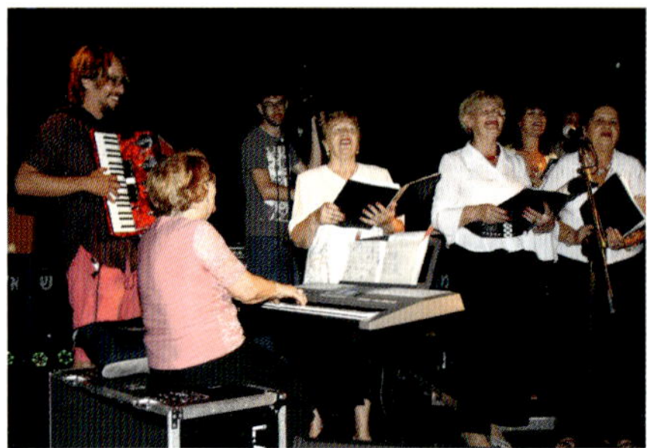

Opening Events: Last summer we launched the Jessy Cohen project with a series of live music concerts, film screenings and artist talks in the neighborhood. A cooperation between a unique Yiddish klezmer band (Oy Division) and the immigrant pensioners choir of Lazaros Community Center.
Eröffnungveranstaltungen: Das Jessy Cohen-Project wurde letzten Sommer mit einer Reihe von musikalischen Veranstaltungen, Filmvorführungen und Künstler_innen-Gesprächen eröffnet. Eine Kooperation zwischen der Yiddish Klezmer Band Oy Division und dem Immigranten-Pensionisten Chor des Lazaros Community Center.

Die Bevölkerung von Jessy Cohen kann grob in folgende Gruppen unterteilt werden: native Israelis, Immigrant_innen aus Äthiopien und der früheren Sowjetunion sowie die Falash Mura, Einwanderer_innen neueren Datums (äthiopische Juden, die man zur Konvertierung zum Christentum gezwungen hatte und die dann, um nach Israel einwandern zu können, wiederum zur Rekonvertierung zum Judentum gezwungen wurden). Auch wenn diese Kategorisierung der Realität nicht unbedingt standhält, soll sie hier doch als allgemeine Referenzbasis dienen, da sie von unseren Partnern so eingeführt wurde.

Die von uns ausgewählten Projekte und Aktionen schlagen Rahmensituationen vor, innerhalb derer die Gruppierungen sich treffen und miteinander arbeiten können. In anderen Fällen bieten wir auch auf die Bedürfnisse einer Gruppe zugeschnittene Aktivitäten an. Durch unsere Annahmen und Voraussetzungen entschieden wir, über drei miteinander verbundene und sich gegenseitig unterstützende Kanäle zu kommunizieren:

1. *Ein Kunstbüro/Kunstraum in der Nachbarschaft.* Angeboten wird ein Kunst- und Kulturprogramm inklusive Meisterkurse, Film- und Videovorführungen sowie Workshops und Musikdarbietungen. Der Treffpunkt ist der Kern des Projektes, er ermöglicht den kulturellen Wissenstransfer – von den Künstler_innen zu den Bewohner_innen und zurück.
2. *Technologien und Kunstworkshops.* Beides dient dazu, die Einwohner_innen an die Welt der Technologie heran zu führen. Innerhalb eines sozialen Kontexts werden die verschiedenen elektronischen Werkzeuge vermittelt, darunter Programmieren, Web-Surfen, Fotografie und Schnitttechniken.
3. *Kunst im Viertel.* Hier handelt es sich um eine Projektserie von israelischen und internationalen Künstler_innen, die in den privaten und öffentlichen Räumen des Viertels stattfindet, sei es als Ergebnis öffentlicher Nachfrage oder als Direktaufträge. Die Idee dahinter ist, dass die Künstler_innen eine längere Zeit im Viertel leben – während der gesamten Planungs- und Umsetzungsphasen ihrer Arbeiten.

After almost a year of work in the neighborhood, which included six months of research and preparations, and the beginning of implementation of the various artists' projects, we can begin to evaluate and understand our work. We learned that no matter how integrated we wanted to be, through our collaborations with the different partners, we are still considered outsiders and we need to spend an extremely large portion of our time in talks with residents just trying to get them to leave their houses and join the activities. In this respect the best PR was our own activities and the "friend tells a friend" approach.

We knew that we couldn't replace the other partners and do the work of a teacher, a community worker or a social worker. We must however work in coalition with them. It is not clear whether it is just because we are in the beginning stages of a process of defining the tools and working models of art and artists within a social and communal contexts, or because art is simply incapable of working alone in these circumstances, but while all the other professionals involved could continue doing their jobs and duties without us, we probably couldn't do a meaningful job without them. It is true though, that all of us benefit from this collaboration.

Finally, the objective of all this is not to encourage people to move into the neighborhood, but it is rather to empower its current residents and turn their living environment into a source of sociocultural support.

Nach fast einem Jahr im Viertel Jessy Cohen, einschließlich der sechs Monate Recherche und Vorbereitung und dem Beginn der Umsetzung der verschiedenen Kunstprojekte, können wir unsere Arbeit langsam einschätzen und verstehen. Wir stellten fest, dass wir immer noch als Außenseiter betrachtet werden, egal wie sehr wir auch integriert sein wollten über unser Zusammenwirken mit den verschiedenen Partnern. Wir müssen einen extrem großen Teil unserer Zeit in Gespräche mit den Anwohner-_innen investieren, um sie überhaupt dazu zu überreden, aus ihren Häusern heraus zu kommen und an den Aktivitäten teilzunehmen. In dieser Hinsicht waren unsere eigenen Aktionen die beste PR, ebenso wie die Methode der Mund-zu-Mund-Propaganda.

Wir wussten, dass wir nicht den Platz der anderen Partner einnehmen und als Lehrer_in, Sozialarbeiter_in oder Gemeindemitglied arbeiten konnten. Doch wir mussten mit ihnen zusam-men arbeiten. Ob es nun daran liegt, dass wir noch in den Anfängen eines Prozesses der Definition unseres Instrumentariums und der künstlerischen Arbeitstechniken innerhalb eines sozialen und kommunalen Kontextes sind oder ob es sich so verhält, dass die Kunst an sich unter diesen Umständen einfach nicht unabhängig sein kann: Wir stellten fest, dass, während alle anderen Werktätigen ihre Arbeiten und Pflichten ohne uns nachkommen konnten, wir im Gegenzug ohne sie keine sinnvolle Arbeit würden leisten können. Richtig ist dennoch, dass wir alle von dieser Zusammenarbeit profitieren.

Schließlich besteht die Zielsetzung allen Geschilderten nicht darin, andere Leute zum Zuzug in das Viertel zu ermuntern, sondern die Einwohnerschaft zu bestärken, ihre lebendige Umgebung in eine Quelle der soziokulturellen Unterstützung zu verwandeln.

Oda Projesi + Nadin Reschke

TONGUE

TONGUE is a project about language. The artists imitate a language course to enable a discussion on the use of language, and to learn languages with and from each other—daily language, mixed language, Kiezlanguage or Kaudergerman. Through three weeks of the project, Oda Projesi and Nadin Reschke worked with neighbors, artists, philosophers, linguists, school children and students over twelve classes—both learning and teaching languages. Together they asked: "what results from borrowing the ordinary form of a language course in order to look at the ways language is used in daily life?" Everyone has their own personal grammar, everyone can create new languages, and every person has the right to talk a hybrid language informed by the situations of his or her daily life.

TONGUE ist ein Projekt über Sprache: Die Künstlerinnen imitieren einen Sprachkurs und schaffen so den Rahmen für eine Diskussion sowohl über den Sprachgebrauch generell als auch das Mit- und Voneinanderlernen von Sprachen – Alltagssprache, Mischsprache, Kiezsprache oder Kauderdeutsch. Drei Wochen dauerte das Projekt – drei Wochen, in denen Oda Projesi und Nadin Reschke mit Nachbar_innen, Künstler_innen, Philosoph_innen, Sprachwissenschaftler_innen, Schüler_innen und Student_innen in zwölf Kursen zusammen arbeiteten und dabei Sprachen gleichermaßen lehrten und lernten. Sie hinterfragten gemeinsam: „Was geschieht, wenn man die herkömmliche Form des Sprachunterrichts verwendet, um zu erforschen, wie Sprache im täglichen Leben benutzt wird?" Jeder hat seine eigene, ganz persönliche Grammatik, jeder darf neue Sprachen erschaffen und jede Person hat das Recht, in einer Hybridsprache zu sprechen, die sich aus ihrer jeweiligen Alltagssituation ergibt.

bitir
schön

LIGHTKULTUR

gneistig

<u>EXERCISE ONE</u>

Please add to the list the words you
use most in your daily life

I
und
mais
quando
çünkü
eee
so
tschüss
ich bin der Meinung, dass
uf
aber
neyse
ok
mesela
yani
Scheiße echt
krass
sorry
but
auf jeden Fall
hmm
wow
digga
ich muss (nach) denken
oi
was
tamam
ne

. . . .
. . . .
. . . .
. . . .
. . . .

TONGUE LADEN, Berlin
From January 8 to 29, 2009 /
Vom 8. bis zum 29. Januar 2009

Mikrop öldür...
...Uyarı Çalar Saat
= Şık giyim

... Yataklı, tatil y...
a tür. küçük

...ar şi: Düzen
...gal Gizli.

cü, içki.   jmd. dur zuviel Alkohol hatte (iç)kimy...
) boisson
Belagerung, Krieg, Araba, ev yada eşya
island in Italy, değişen yeni estetik anlayışı
amerikanische firme, tatil, frankfurt Buch messe, bordell,
sevimli, a door to the Ottoman Culture, küçük bir resim,
Un gleich gewicht, Sahte olarak kurulmuş bir dega... ve
yeni...
Yabancı bir ülkede yaşamanız

asal madde, Keşf verici, parti, şiddet, gewalt, eğlenmek
Koruma cihaz, tehlikeli an, sabah erken, Autos hupen, ...
Alışveriş, la mode, üniforma, manken, stylish human, dic...
Short stay, living in the street, sex business (JA)
küçültülmüş eşya, Orhan Pamuk "Mein Name ist rot", nakkaş, parfüm m...
Complex word for complex idea, aş-aşt ilişkisi, university, durcheina...
gerektiginde Pratik (konuşarak) mi? teorik (gramatik) mi, dil öğren...

scheisse,...
eee, so, tschüss, ...
uf, aber, na, was, ...
bin Köfte, mesela, yani, echt, krass,
sorry but, auf jeden, hmm, wow, digga
ich muss denken, ...

Teacher's...
G...

The International Academy of Art Palestine (IAAP)

Possible Worlds: The Story of an Art Academy/ Mögliche Welten: Die Geschichte einer Kunstakademie

Text by / von
Tina Sherwell

The notion of *Possible Worlds* is fitting for considering the *International Academy of Art Palestine* project in Ramallah. The story of the project began with the establishment of the *Palestinian Association of Contemporary of Art, (PACA)* in the Second Intifada, (2000). The group of artists and those concerned with forging the way for the future of the arts established the organization in Ramallah. One of its aims was the establishment of an art academy, as at that point, there was no such institution dedicated exclusively to the study of visual art in Palestine. This vision of an art academy inspired a delegation visiting from Norway, who began to lobby their Ministry of Foreign Affairs to support of this initiative, the most instrumental being Henrik Placht, who after several years of lobbying finally achieved the goal, and the Ministry of Foreign Affairs supported the establishment of the academy. In 2006 the academy project opened, taking its first intake of students in 2007.

The International Academy of Art Palestine (IAAP), is housed in the Aref al-Aref Building in Ramallah. This historic building was home to the famous historian Aref al-Aref who wrote of the Palestinian Nakba of 1948. It later was home to the first gallery in the West Bank, Gallery 79, which was established by Issam Bader. Though quickly closed down by the Israeli occupation forces, it remained a gathering place for artists in which many discussions and meetings took place during the years of occupation. After the establishment of the Palestinian National Authority it housed the visual arts department of the Ministry of Culture before becoming the prem-

Der Begriff der „möglichen Welten" eignet sich gut, um das Projekt der *International Academy of Art Palestine* in Ramallah zu beschreiben. Die Geschichte dieses Projekts beginnt mit der Gründung der *Palestinian Association of Contemporary Art (PACA)* in Ramallah während der zweiten Intifada im Jahr 2000 durch eine Gruppe von Künstler_innen und Personen, denen die Zukunft der Kunst ein Anliegen war. Eines der Ziele dieser Organisation war die Gründung einer Kunstakademie, denn zu dieser Zeit gab es keine derartige, ausschließlich der künstlerischen Ausbildung gewidmete Institution in Palästina. Die Vision einer Kunstakademie begeisterte auch eine Delegation aus Norwegen, die sich daraufhin bei ihrem Außenministerium dafür einsetzte, diese Initiative zu unterstützen; maßgeblich beteiligt war Henrik Placht, der nach mehreren Jahren der Lobbyarbeit sein Ziel schließlich erreichte. Mit Unterstützung des norwegischen Außenministeriums wurde die Akademie im Jahr 2006 eröffnet, um im darauffolgenden Jahr die ersten Student_innen aufzunehmen.

Die *International Academy of Art Palestine (IAAP)* ist im Aref al-Aref-Gebäude in Ramallah untergebracht. Dieses historische Gebäude war einst das Domizil des bekannten Historikers Aref al-Aref, der sich mit der Nakba von 1948 in Palästina beschäftigte. Später gründete Issam Bader hier die erste Galerie im Westjordanland, Gallery 79. Auch wenn diese Galerie von der israelischen Besatzungsmacht bald wieder geschlossen werden sollte, blieb das Haus ein Treffpunkt für Künstler, wo während der Jahre der Besatzung viele Diskussionen und Versammlungen stattfanden. Nach der Gründung der palästinensischen Autonomiebehörde zog die Abteilung für Kunst des Kulturministeriums in das Gebäude ein, bis die Räumlichkeiten schließlich von der *International Academy of Art Palestine* genutzt wurden. Im Zuge umfangreicher Renovierungsarbeiten wurden der Dachboden

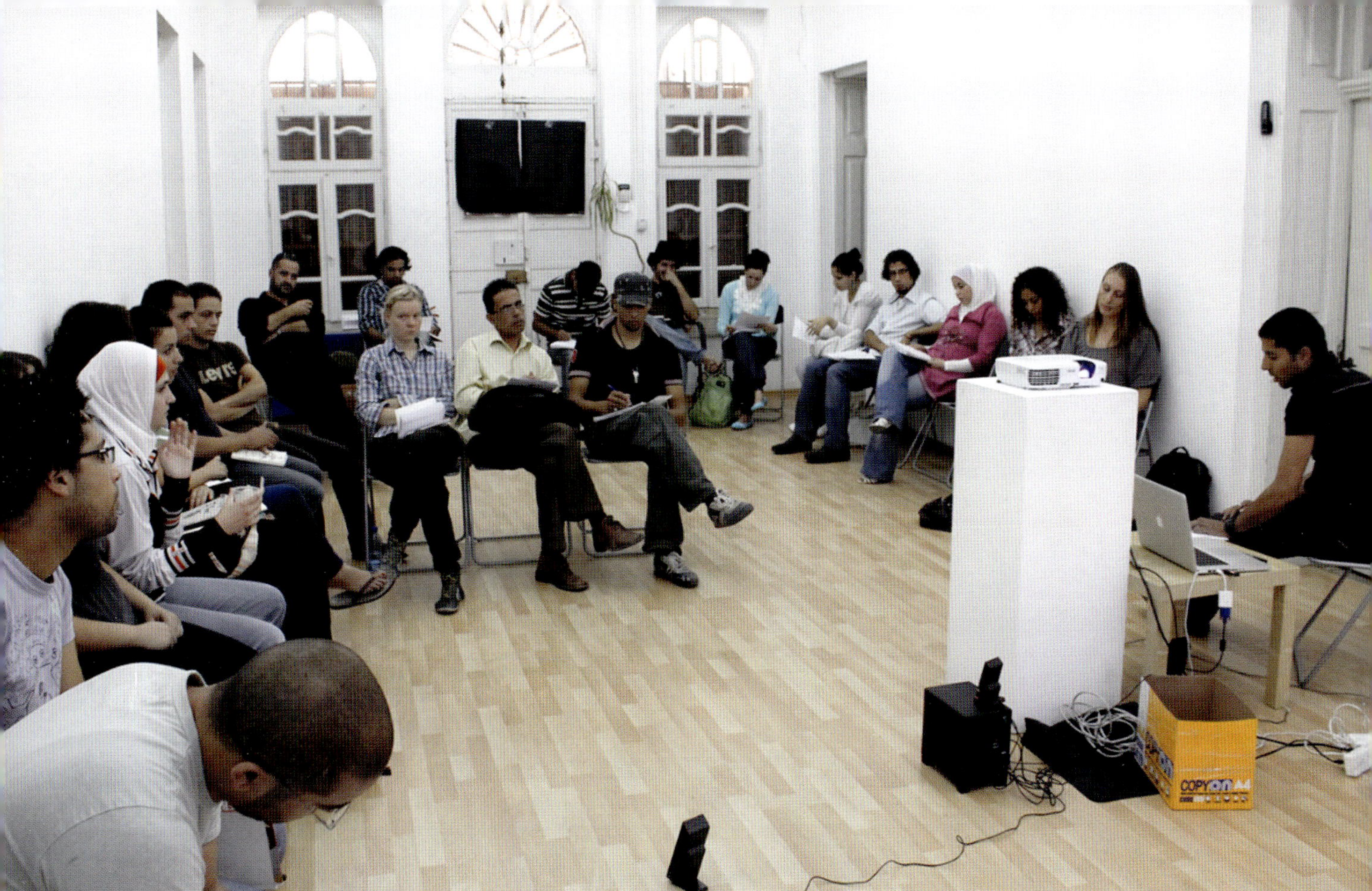

ises of *the International Academy of Art Palestine*. Significant renovation work was undertaken on the building, transforming the attic space and basement into studios, and turning the main hall into a white cube space that is now a multi purpose area used for workshops, lectures, screenings and exhibitions.

The International Academy of Art Palestine is a new institution in Palestine, which opened its doors to its first students in 2007. The academy specializes in education in the Fine Arts, providing a four-year BA program in Contemporary Visual Art. Our students are drawn from the towns and villages of the West Bank and Jerusalem and from a wide range of backgrounds. They study on scholarships for four years.

"Our vision at the academy is to develop individual creativity, and the artistic practices of our students in a learning environment in which individual teaching is a guiding principle. Our aim is for them to contribute in the future to the development of the creative industries in Palestine and

und das Kellergeschoss in Atelierräume umgewandelt und die Haupthalle zu einem White Cube umgestaltet, der heute als Mehrzweckraum für Workshops, Vorträge, Filmvorführungen und Ausstellungen genutzt wird.

Die *International Academy of Art Palestine* ist eine junge Institution, die 2007 ihre ersten Student_innen aufgenommen hat. Sie bietet eine vierjährige Ausbildung zum Bachelor in zeitgenössischer bildender Kunst. Unsere Studierenden stammen sowohl aus den Städten und Dörfern des Westjordanlands wie aus Jerusalem und kommen aus den verschiedensten Verhältnissen. Für die Dauer ihres Studiums erhalten sie ein Stipendium.

„Unsere Vision an der Akademie besteht darin, die individuelle Kreativität und die künstlerische Praxis unserer Student_innen in einem Lernumfeld zu entwickeln, dessen Leitprinzip die individuelle Lehre ist. Wir wollen sie in die Lage versetzen, einen Beitrag zur Entwicklung der Kreativwirtschaft in Palästina und der hiesigen

its cultural arena. One of central aims of the academy is having a combination of local and international students and lecturers in which there is strong diversity of experience and knowledge. At the academy we are also working as a creative hub and resource for local and international artists, curators and researchers for the development of the visual arts in Palestine." *The International Academy of Art* has taken as its starting point the aim of instituting a contemporary education program and activities informed by the modern context of art practice and art education—in order that its students will be prepared for engaging with the future development of visual culture in their own culture and on the world platform. We have successfully been able to do this through the development of our curriculum and with specialist advice from our partner institution KHiO.

Contemporary art is an important field of creativity that contributes to local society and a global culture in which it is essential for Palestinians to represent themselves individually—outside the dominant political and media discourses. Art is an important vehicle of expression where individuals critically engage with a wide range of issues in many different forms. At *IAAP* our aim is to provide our students with the opportunity to gain a solid foundation in the mediums and methods of working in the visual arts through our curriculum. At the academy you can find local and international artists and intellectuals engaging our students with contemporary debates and diverse methods of artistic practice. Owing to the histories of occupation in Palestine, the visual arts have had a difficult path of development, particularly in the absence of art schools, academies and funding. Due to these factors there is general a lack of understanding of the important role that art can play in Palestinian society. We believe that art is a powerful intervention tool that raises awareness and develops new knowledge on social and cultural issues. It creates an arena for thought via the visualization of ideas. Cultural expression is an important tool in articulating identities and the academy aims to mobilize this potential in the direction of creative and social development.

Kulturlandschaft zu leisten. Eines der zentralen Anliegen der Akademie ist die Einbeziehung von lokalen und internationalen Studierenden und Lehrenden, um vielfältige Erfahrungs- und Wissenswelten zusammenzubringen. Um darüber hinaus die Entwicklung der Kunst in Palästina zu fördern, fungiert die Akademie als Kulturzentrum und unterstützt lokale und internationale Künstler_innen, Kurator_innen und Wissenschaftler_innen." Ausgangspunkt der *International Academy of Art* war der Anspruch, ein zeitgemäßes Ausbildungsprogramm auf der Grundlage der heutigen künstlerischen Praxis und Lehre zu schaffen – um ihre Student_innen dafür zu rüsten, die Zukunft der Kunst in ihrer eigenen Kultur wie auf globaler Ebene mitzubestimmen. Durch die Entwicklung unseres Studienplans ist uns dies mithilfe des fachlichen Rats unserer Partnerorganisation KHiO gelungen.

Zeitgenössische Kunst ist ein wichtiger kreativer Bereich, der zur lokalen Gesellschaft ebenso beiträgt wie zu einer globalen Kultur, in der es gerade für Palästinenser_innen von entscheidender Bedeutung ist, sich auf individuelle Weise darzustellen – außerhalb der dominanten politischen und medialen Diskurse. Kunst ist ein wichtiges Ausdrucksmittel, um sich in vielfältigen Formen kritisch mit einer Vielzahl von Themen zu beschäftigen. Mit der Ausbildung an der *IAAP* wollen wir den Studierenden die Möglichkeit bieten, eine solide Grundlage in den Medien und Arbeitsweisen der bildenden Kunst zu erwerben. Lokale wie internationale Künstler_innen und Theoretiker_innen machen die Studierenden mit zeitgenössischen Debatten und verschiedenen künstlerischen Arbeitsweisen vertraut. Durch die Geschichte der Besatzung Palästinas sah sich auch die Kunst großen Entwicklungshemmnissen gegenüber, insbesondere wegen des Mangels an Kunstschulen, Akademien und finanziellen Mitteln. Daher fehlt im Allgemeinen auch das Verständnis für die wichtige Rolle, die Kunst in der palästinensischen Gesellschaft spielen kann. Wir sind der Überzeugung, dass Kunst ein mächtiges Werkzeug für Interventionen ist, um ein Bewusstsein zu wecken und neue Einsichten in soziale und kulturelle Fragen zu entwickeln. Durch die Visualisierung von Ideen schafft sie

IAAP's work centers upon providing a specialized education in contemporary visual art at BA level that encompasses a broad range of subjects within the field, (from painting to performance), that is underpinned by an understanding of art theory and the important relation between theory and practice. The academy is privileged and distinguished by the fact that local and international artists teach on its program, providing diversity and vitality to the institution and the local creative community. The primary focus of the curriculum is the development of a professional art practice through a multidisciplinary approach. Students study painting, drawing, photography, installation, printmaking, sculpture, video, film, sound and new media; all are part of the four-year program. The most important aspect of the curriculum is the student-centered focus, with teaching methods that include individual and group tutorials, workshops and seminars.

As a cultural space the academy plays an active role in the contemporary culture of Palestine by providing educational art activities such as workshops, seminars, art exhibitions and public lectures that are open to all the community. In addition, it also works on stimulating new art initiatives among the creative community in Palestine through a variety of collaborative projects with regional and international institutions and individuals.

The academy, as is highlighted in its name, intends to be an international institution in more ways than one. It intends for its students to be able to be conversant with international issues in the fields of the arts. It intends to have staff of an international calibre and *from* the international community teaching at its institution. It also intends to attract students from the region and internationally to study at the academy. Many of these aims are already well underway. The profile of its visiting artists is extensive, representing a broad range of expertise. Visitors who have taught at the academy over the last years include Filipa César, Susanne Bosch, Mona Hatoum, Emily Jacir, Oraib Toukan, Tirdad Zolghadr, Adrienne Goehler, Gertrud Sandquist, Judy Price, Jumana Aboud, Henrik Placht, Radea Sadeeh, Sarah

eine Bühne für die gedankliche Auseinandersetzung. Der kulturelle Ausdruck ist ein bedeutendes Instrument zur Formulierung von Ideen, und die Akademie versucht, dieses Potenzial im Hinblick auf die kreative und soziale Entwicklung zu aktivieren.

Die *IAAP* konzentriert sich in ihrer Tätigkeit darauf, eine fachkundige Ausbildung in zeitgenössischer Kunst auf Bachelor-Niveau anzubieten, die eine große Bandbreite von Bereichen umfasst (von Malerei bis Performance) und sich ebenso mit Kunsttheorie beschäftigt, wie mit dem Spannungsfeld zwischen Theorie und Praxis. Die Akademie zeichnet sich dadurch aus, dass sowohl lokale wie internationale Künstler am Lehrprogramm teilnehmen, womit sich Vielfalt und Lebendigkeit nicht nur für die Institution selbst, sondern auch für die ortsansässige Kunstszene bieten. Das Hauptaugenmerk des Studienangebots richtet sich auf die Entwicklung einer professionellen Kunstpraxis durch einen multidisziplinären Ansatz. Die Student_innen beschäftigen sich mit Malerei, Zeichnung, Fotografie, Installation, Drucktechniken, Skulptur, Video, Film, Ton und neuen Medien; dies alles ist Teil des vierjährigen Programms. Der wichtigste Aspekt ist jedoch, dass die Einzel- und Gruppentutorien, Workshops und Seminare immer direkt auf die Studierenden ausgerichtet sind.

Als kulturelle Einrichtung spielt die Akademie eine aktive Rolle in der zeitgenössischen Kultur Palästinas, indem sie Veranstaltungen der Kunstvermittlung wie Workshops, Seminare, Ausstellungen und Vorträge anbietet, die für alle offen sind. Darüber hinaus unterstützt sie neue Initiativen in der palästinensischen Kunstszene durch eine Vielzahl von gemeinschaftlichen Projekten mit regionalen und internationalen Institutionen und Künstler_innen.

Wie ihr Name bereits sagt, versteht sich die Akademie als eine internationale Institution in mehrerlei Hinsicht: Die Student_innen sollen mit den Fragestellungen der internationalen Kunstszene vertraut sein. Sie will ein internationales Kollegium versammeln, das aus der internationalen Gemeinschaft stammt. Nicht zuletzt will sie

Beddington, Adel Abidin, Michael Rakowitz, Milica Tomić, Vlatka Horvat, Raouf Haj Yahya, Köken Ergun, Sami Zubi, NaoKo TakaHashi, Paul Noble, Solmaz Shahbazi, Coco Fusco, Yazid Anani, Sandi Hilal and Alessandro Petti.

The academy has also initiated exchange initiatives with different academies across Europe, enabling students to study overseas and also to visit and study in Palestine. Having students from the regional and international community contributes to the diversity of the teaching environment at the academy, and has successfully fostered dialogues between young generations of different cultures and communities.

The video-works on show by the students—in which they contribute to the question of "possible worlds"—shows the rich diversity of practices by the academy's students, who explore issues related to their context and reality—often taking as their starting point their personal experiences and the wider questions affecting their society and their relationship to the global community. Living in such a politically charged location inevitably reflects on one's existence and often in one's work. While our students experience severe restrictions on movement to travel to both near and far locations—needing a permit or visa to go just about anywhere—we aim to bring the world of contemporary practice to them via our visiting artists and curators, and through the diverse program of study at the academy.

Studierende aus der Region wie weltweit anziehen. Ein Großteil dieser Ziele ist bereits erreicht. Verschiedenste Künstler_innen, die eine große Bandbreite an Fachkenntnissen repräsentieren, wurden im Laufe der letzten Jahre eingeladen, an der Akademie zu lehren: unter anderem Filipa César, Susanne Bosch, Mona Hatoum, Emily Jacir, Oraib Toukan, Tirdad Zolghadr, Adrienne Goehler, Gertrud Sandquist, Judy Price, Jumana Aboud, Henrik Placht, Raeda Saadeh, Sarah Beddington, Adel Abidin, Michael Rakowitz, Milica Tomić, Vlatka Horvat, Raouf Haj Yahya, Köken Ergun, Sami Zubi, NaoKo TakaHashi, Paul Noble, Solmaz Shahbazi, Coco Fusco, Yazid Anani, Sandi Hilal und Alessandro Petti.

Darüber hinaus hat die Akademie Austauschprogramme mit diversen Institutionen in Europa initiiert, in deren Rahmen sowohl hiesige Student_innen ins Ausland gehen wie umgekehrt Studierende von dort Palästina besuchen konnten. Die Mischung von regionalen wie internationalen Studierenden steigert die Vielfalt des Lernumfelds an der Akademie und erlaubt einen Dialog zwischen jungen Menschen verschiedener Kulturen und Gesellschaften.

Die ausgestellten Videoarbeiten – die zur Frage der „möglichen Welten" Stellung nehmen – demonstrieren die Vielfalt der Arbeitsweisen, die die Student_innen für die Beschäftigung mit Themen einsetzen, die mit ihrem Kontext und ihrer Realität verbunden sind – dabei gehen sie oftmals von ihren persönlichen Erfahrungen sowie den umfassenderen Fragen aus, die ihre Gesellschaft und ihr Verhältnis zur Weltgemeinschaft betreffen. Wenn man an einem politisch dermaßen aufgeladenen Ort lebt, schlägt sich dies unausweichlich in der eigenen Existenz und oft auch im Werk nieder. Während die Mobilität unserer Student_innen für Reisen zu näher oder weiter entfernten Zielen stark eingeschränkt ist – man braucht für fast alle Orte eine Genehmigung oder ein Visum –, versuchen wir umgekehrt, die Welt der zeitgenössischen Praxis in Form der uns besuchenden Künstler_innen und Kurator_innen sowie durch das vielfältige Studienprogramm an der Akademie zu ihnen zu bringen.

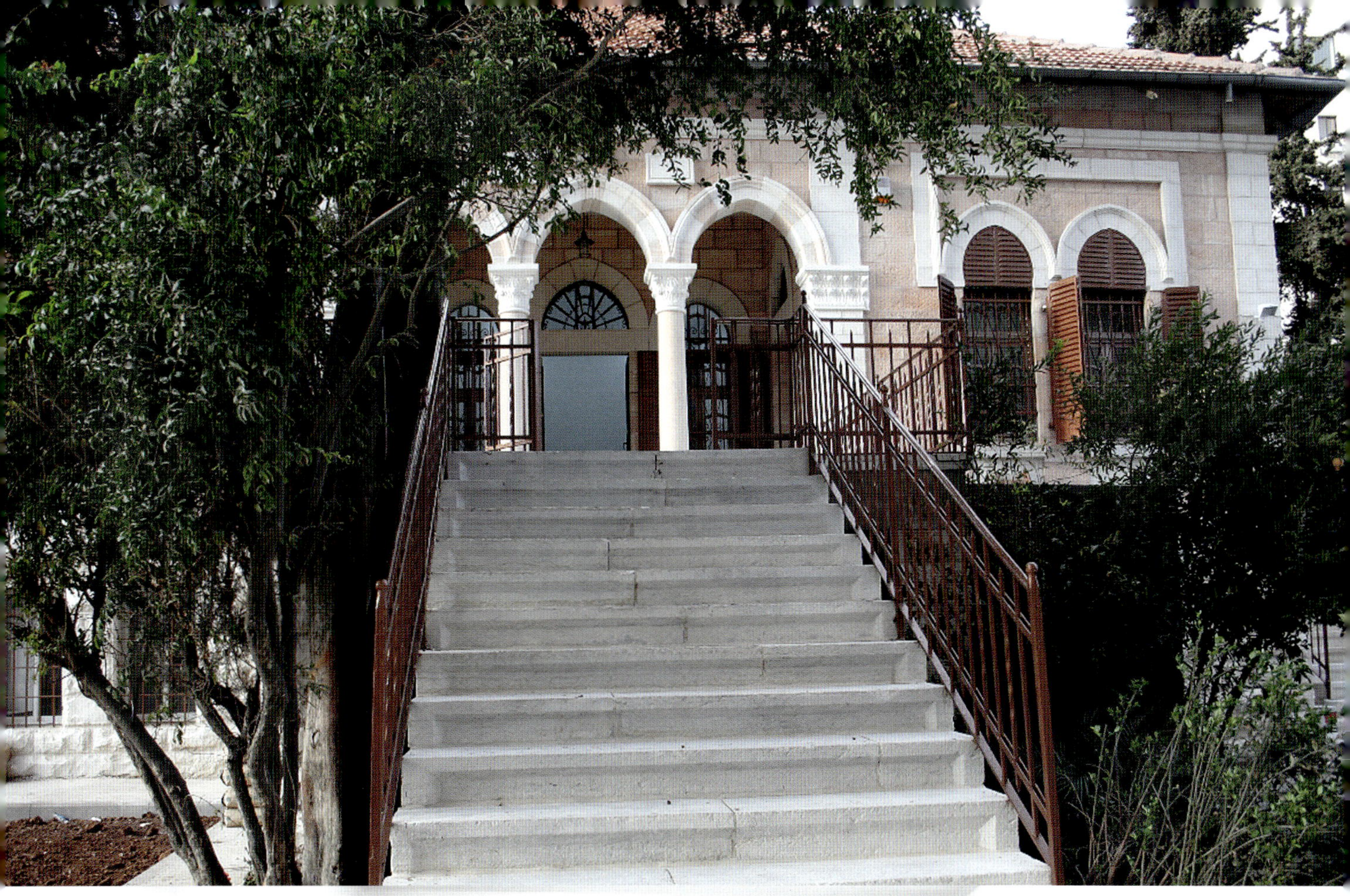

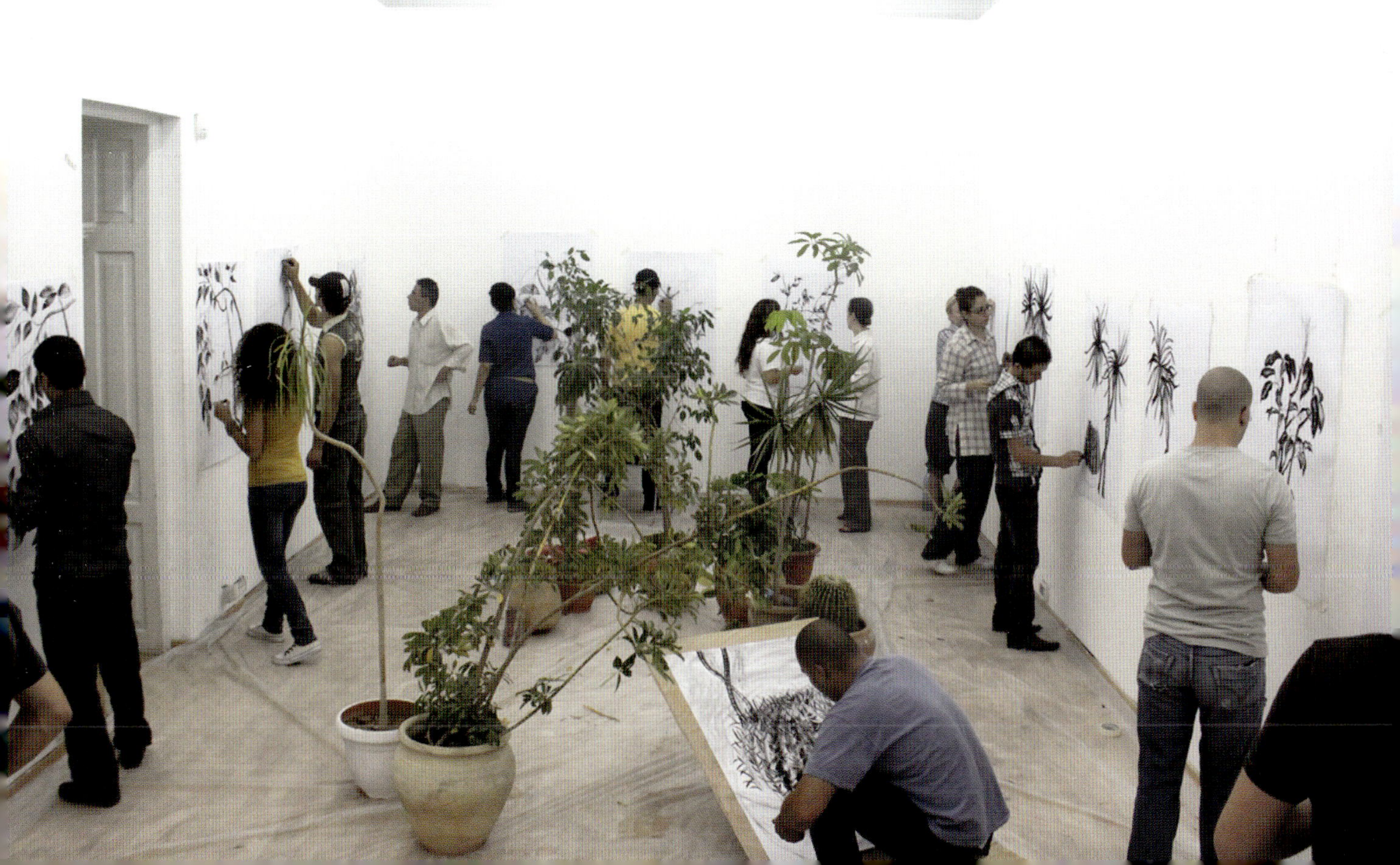

Work Space

Who are the individuals? Who are the organizations?	Wer sind die Individuen? Wer sind die Organisationen?
S/he is an artist/curator and COULD BE an art space too.	Er/sie ist ein/e Künstler_in/Kurator_in und KÖNNTE auch ein Kunstraum sein.
"Organizations are more accountable than individuals!"	„Organisationen sind verlässlicher als Individuen!"
Asia: collective value! "Not too individual please."	Asien: Kollektive Werte! „Bloß nicht zu individuell, bitte."
Not only one organization.	Nicht nur eine einzelne Organisation.
Artists quit artist-run spaces. Artist-spaces become curator-institutions?	Künstler_innen verlassen von Künstler_innen organisierte Räume. Künstler_innenräume werden zu Kurator_inneninstitutionen?
Whatever you name it: room, lab, site, space, hall, project, house, warehouse, gallery, center, museum …	Wie immer du es nennst: Zimmer, Labor, Ort, Raum, Halle, Projekt, Haus, Lager, Galerie, Zentrum, Museum …
Market	Markt
…it can be just an organization of a few individuals who decide its nature and fate.	… es kann auch nur eine, aus wenigen Individuen bestehende Organisation sein, die über ihr Wesen und ihr Schicksal bestimmt.
Being independent depends…	Unabhängig zu sein ist abhängig von…

Photos series / Fotoserie
Work Space, 2008

p. / S. 127
BizArt, Shanghai
p. / S. 128
Alternative Space Loop, Seoul
p. / S. 129
Ruang Rupa, Jakarta
p. / S. 130
Cemeti Art House, Yogyakarta

Note: *Work Space* is a project for *Asia Art Knots*
commissioned by Para/Site Art Space and Tobias
Berger in 2008.

Anmerkung: *Work Space* ist ein Projekt für *Asia Art
Knot* und wurde 2008 von Para/Site Art Space und
Tobias Berger in Auftrag gegeben.

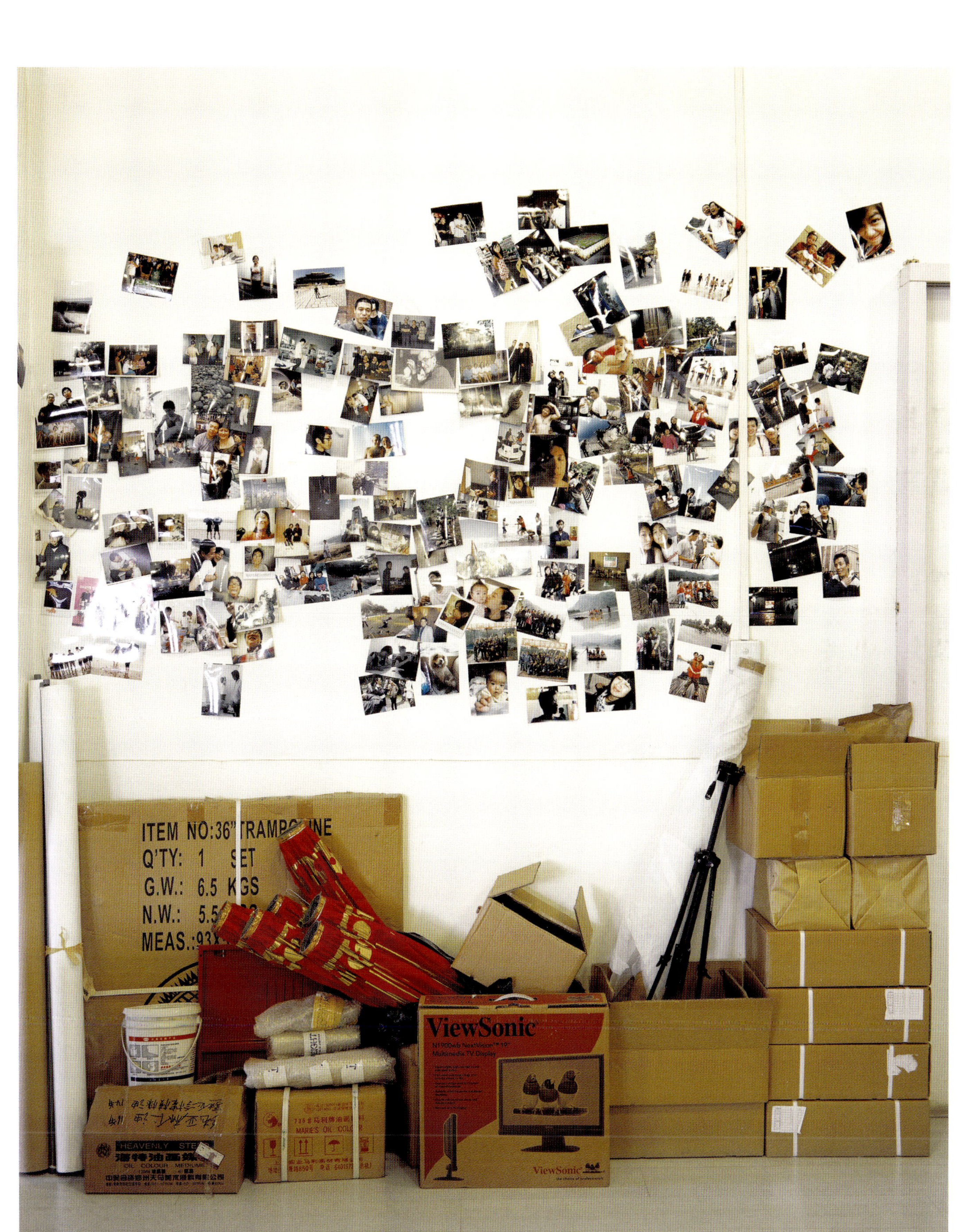

ITEM NO:36"TRAMPOLINE
Q'TY: 1 SET
G.W.: 6.5 KGS
N.W.: 5.5
MEAS.:93X
ViewSonic
N1900wb NextVision 19"
Multimedia TV Display
ViewSonic
the choice of professionals
MARIE'S OIL COLOUR
HEAVENLY STE
OIL COLOUR MEDIUM

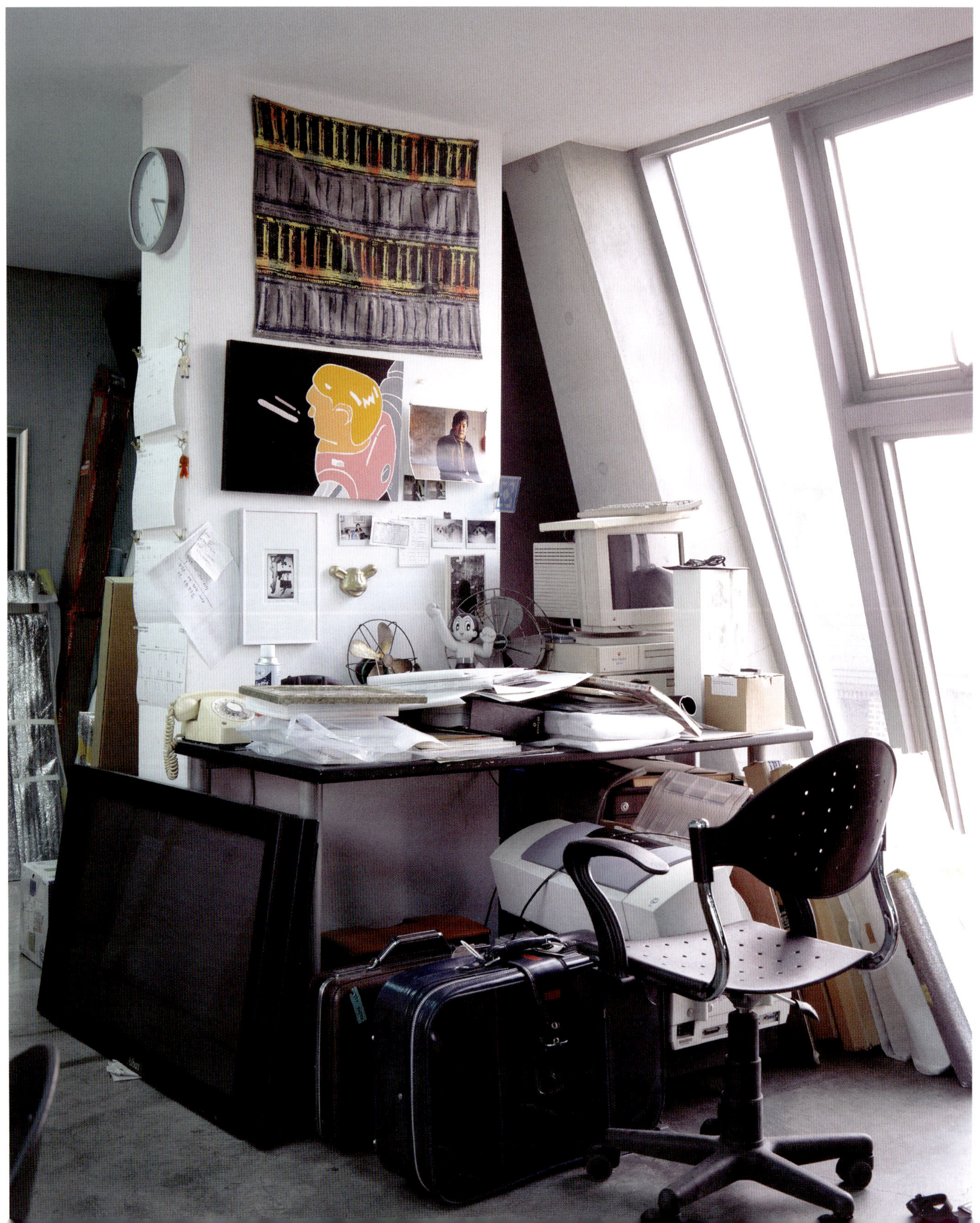

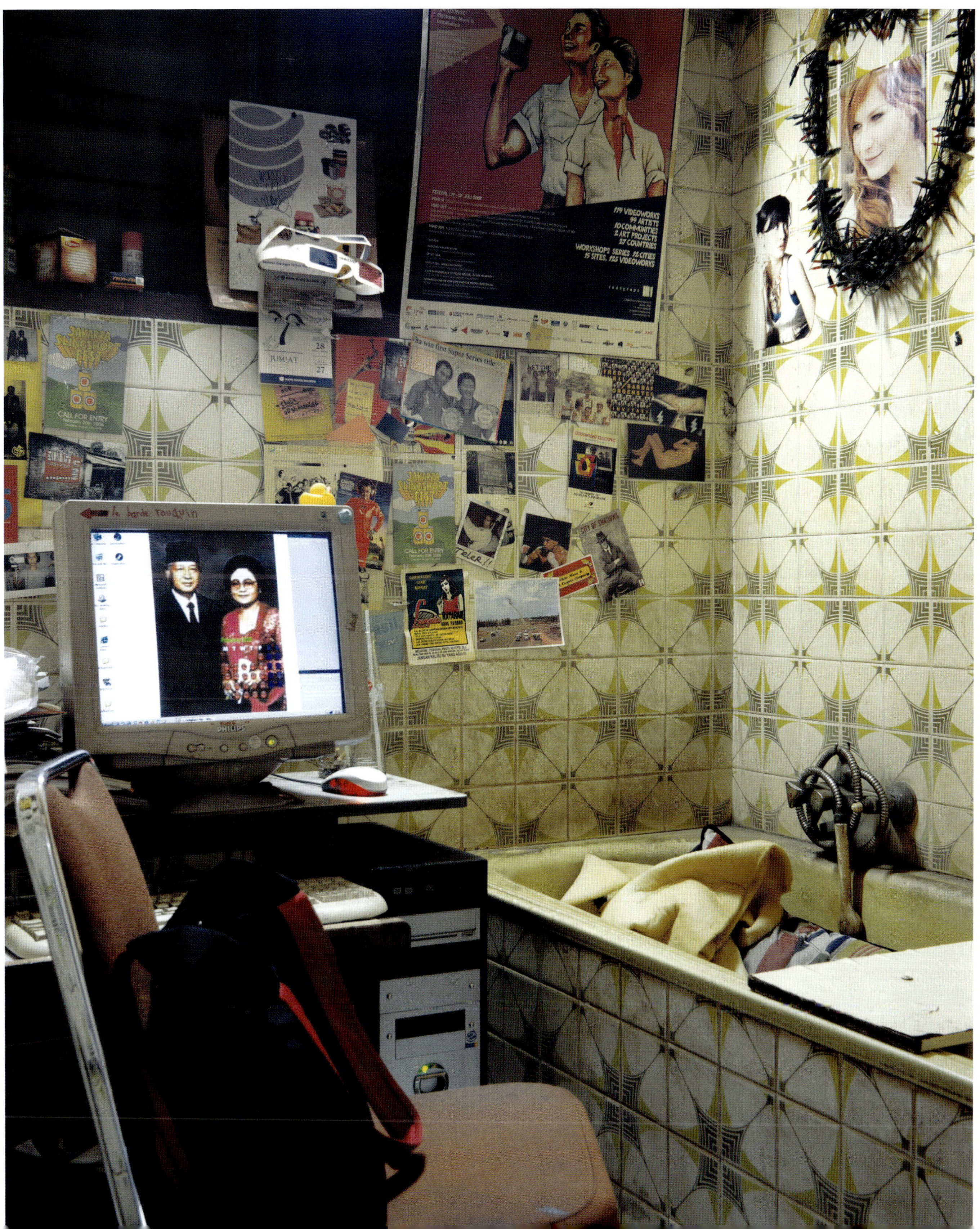

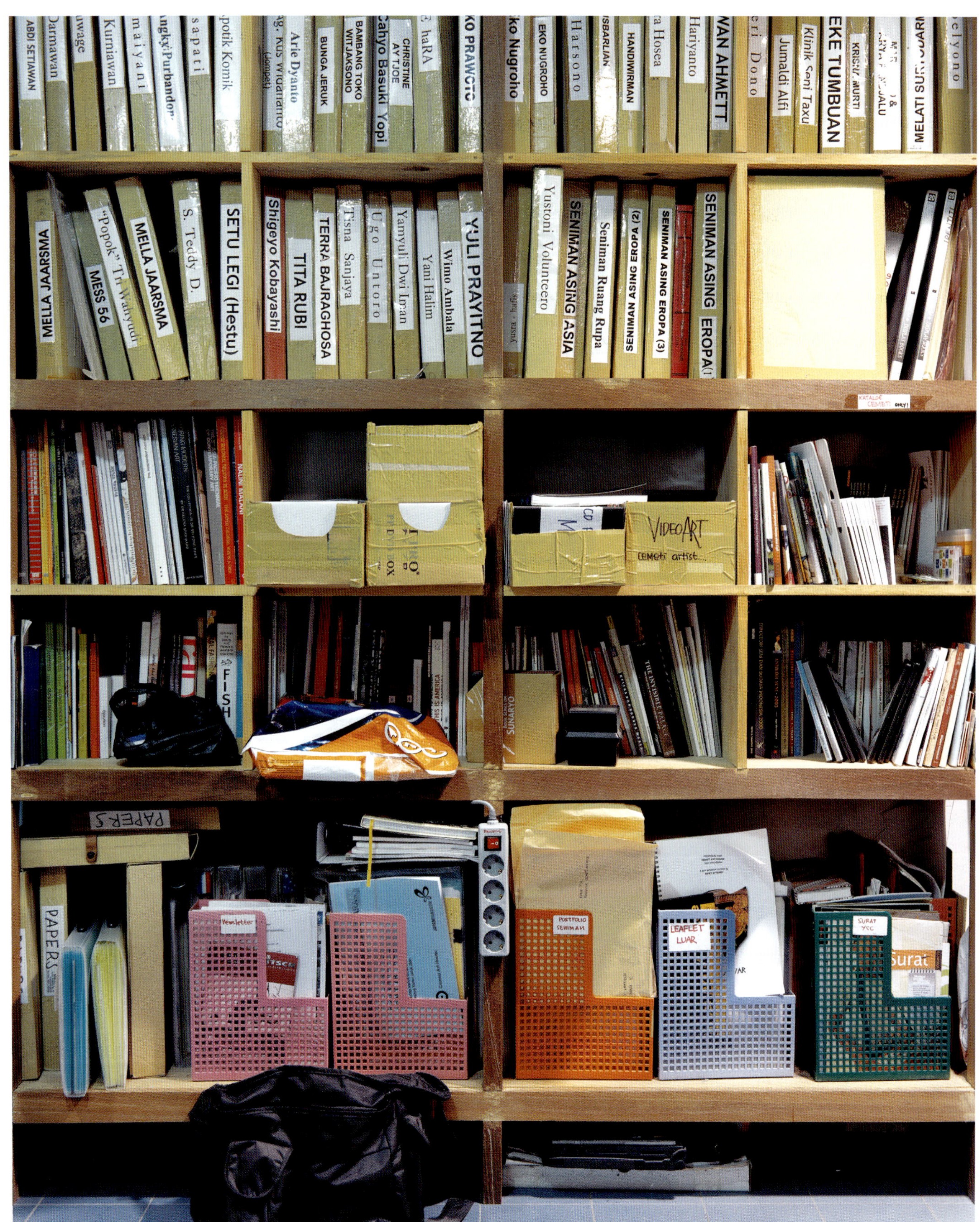

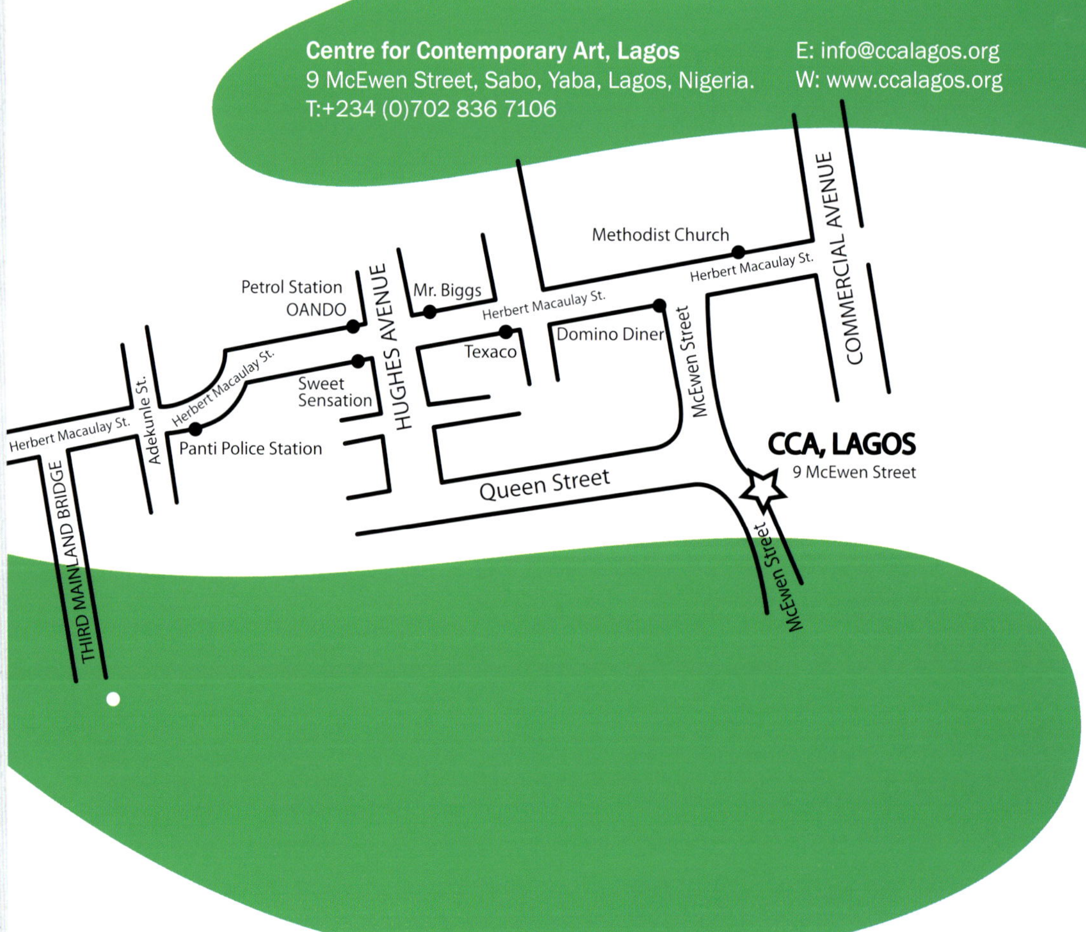

cca lagos
CENTRE FOR CONTEMPORARY ART, LAGOS

Centre for Contemporary Art, Lagos (CCA,Lagos) is an independent non-profit making visual art organisation set up in December 2007 to provide a platform for the development, presentation, and discussion of contemporary visual art and culture. It seeks to create new audiences and to prioritise media such as photography, animation, film and video, and performance art which have been under-represented in Nigeria. CCA,Lagos supports the intellectual and critical development of different art and culture practitioners through talks, seminars, workshops and exhibitions. In addition it encourages and promotes the professionalisation of production and curatorship in Nigeria and West Africa collaborating with artists, curators, writers, theorists and national and international organisations.

Centre for Contemporary Art, Lagos
9 McEwen Street, Sabo, Yaba, Lagos, Nigeria.
T:+234 (0)702 836 7106

E: info@ccalagos.org
W: www.ccalagos.org

cca lagos

CENTRE FOR CONTEMPORARY ART, LAGOS

Newsletter [N°10 September December 2010]

Become a friend !
Become a Supporter !
Become a part
of our world !

Look Inside >

> International Residencies

> Forthcoming and Past Programmes

> Artist Focus: Otobong Nkanga > Portfolio@CCA, Lagos

> Art, Fashion and Identity: Karo Akpokiere

> Contemporary African Art-Language, Dialect or Accent? by Antawan I. Byrd

> Cosmolocalism: The Audacity of Place by Ruth Simbao

> Invisible Borders 2010 > and more...

Editors: Bisi Silva & Antawan I. Byrd / **Contributing Editors:** Jude Anogwih and Oyinda Fakeye
Contributors: Ronke Adeola - Invinsible Borders 2010 - Karo Akpokiere - Jimoh Ganiyu Akinloye - Hansi Loren Momodou - Otobong Nkanga - Adewale Osoneye - Ijeoma Uche-Okeke - Ruth Simbao.

Designer: Fabrice Lecouffe - witgraphicdesign.blogspot.com / **Cover Image:** Jude Anogwih and Adewale Osoneye. 1960-Independence Map (2010) / **Edition:** 1000

CCA,Lagos is published three times a year by Centre for Contemporary Art, Lagos - 9 McEwen Street, Sabo, Yaba, Lagos, Nigeria / © Centre for Contemporary Art, Lagos
Please direct comments and inquires to info@ccalagos.org or call +234 (0)702 836 7106

We gratefully acknowledge the support
of AECID through the Spanish Embassy in Nigeria.

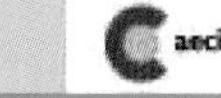

Contents

Newsletter [Nº9 May August 2010]

Welcome

Celebrating Nigeria? As this final edition for 2010 is released, activities marking 50 years of independence go into overdrive. Nigeria can be adept at making the biggest noise, the baddest parties and allocating the largest budgets – at the last minute. It seems our Federal government must have been momentarily jolted out of their politricking and reminded of the importance of the looming date - 1st October. For the day's celebration, the legislators promptly approved a whooping 10 billion-naira budget and had the audacity to break it down into its nonsensical parts.

Over the past month, I spent a great deal of time visiting a hospitalised relative. During such trips, I would often pass by a tall abandoned building that never ceased to capture my curiosity. I subsequently learnt that this building was the first high rise - consisting of 23 floors - constructed in Nigeria, and was a gift (in 1960) to the new Nigeria from Britain. It is called Independence House. During my daily drive past it, I found myself overwhelmed with a mixture of emotions and responses; a sense of anxiety over the structure's signification; admiration for the tall dreams that Nigeria once harboured; and fear of its current state of abandonment and neglect—a state that is emblematic of the current condition of the country.

All these emotions make this year's programme *On Independence and the Ambivalence of Promise* all the more urgent as a way of engaging with the past, the present and anticipating the future. We began exploring these issues earlier this year through our groundbreaking art photography residency programme, the recent NSK Passport project, as well as in our programming under the theme of Art, Fashion and Identity. All of these projects, with their supplemental talks, panel discussions, workshops and events created a fulfilling, vibrant and dynamic year. As the year comes to a close, our programme will take on a more fluid character ranging from 1 and 2 days events to 2-week projects providing for an eclectic programme of presentations, workshops, interactions, talks and exhibitions culminating (funding permitting) in an exciting and ambitious presentation of work by the incomparable Senegalese fashion designer Oumou Sy. For the Art, Fashion and Identity section of this issue, we give the emerging artist Karo Akpokiere the platform to create and document a series of textile designs based on his distinct graphic illustrations.

We start by raiding the archive an[d cel]ebrating the diversity of the work of [mas]ter photographer J.D. Okhai Ojeiker[e], presenting a modest selection of wo[rk fo]cusing on traditional and western [dress]ing from the 50s to the 70s. Profess[ional] development as well as intercultur[al in]teraction continues to be a priority [of our] activities. We have two residencies [in the] works, Uchay Chima Joel goes to An[ster]dam, whilst Albert Portrony from th[ere] comes to Lagos. We will also collab[orate] with Triangle Arts Trust to organise [our] first workshop in Lagos featuring Nig[erian] artists as well as artists from acros[s the] continent and further abroad.

Our library has benefitted imme[nsely] from the generous of some organisa[tions] and individuals. This quarter we a[re ex]pecting over several boxes of publica[tions] just from my recent visit to America[. A] major achievement has been digita[lising] all the books in the library thanks t[o the] efficient assistance of Britta Husker[t and] Mojibade Oladunjoye. We hope to e[xtend] this digitalising to our collection of [maga]zines, journals and ephemera mate[rial]. Our 'boast' of being the largest inde[pen]dent art library in Africa should s[oon] come to fruition soon. Thank you so [much] to all of you. The amount of people [who] have engaged with us this year has [been] nothing short of staggering and w[e are] pleased by the interaction of so ma[ny lo]cal and international artists and cura[tors]. I continue to extend my gratitude t[o the] Prince Claus Fund and the Mond[riaan] Foundation whose initial generous [sup]port in 2009 encouraged us to bui[ld] our programmes confidently. We [are] deeply appreciative for the support [of the] Spanish International Development [Pro]gramme (AECID), whose substantial

...as enabled us to adopt a new format ...s year's three quarterly newsletters. ...support has also enabled us to be-...ork on the forthcoming Democrazy ...ation. Arts Collaboratory has been ...ous in supporting our exhibition pro-...me as well as a pilot project in artist ...encies, a workshop and curatorial ...opment initiatives. Prêt-à-Partager ...such an ambitious programme and ...artnership we formed with IFA and ...e Institute has been invaluable. ...agos and Johannesburg branches ...e Goethe Institute have shown that ...rt is part of a continuum that must ...veloped and cultivated. An excellent ...ple of this is the Advanced Training ...amme started in 2008 which

finished recently with the NSK Passport project curated by Hansi Momodu.

None of these activities would be possible without the confidence, support and dedication of the CCA, Lagos' board of trustees. Their journey with us makes the work that we do all the more rewarding and fun. To my colleagues – the backbone that keeps the dream alive – Jude, Oyinda, Kemi, Mama Niyi, Antawan and Hansi my appreciation remains limitless. Their continuous manifestation of commitment, dedication and passion remains unwavering for the idea of CCA, Lagos. That we can work together yet, (in) dependent of each other, speaks of the dynamism of each member of the CCA, Lagos family.

This is borne out by our 2009/10 Fulbright fellow Antawan I. Byrd whose immense contribution during a one-year sojourn sees him re-integrated as an adjunct curatorial assistant working on several projects with us from his base in the US.

Whilst we acknowledge the Ambivalence of Independence and the tensions inherent in the postcolony, we nonetheless look ahead to the promise of the next 50 years. A collective promise to work towards creating the places and spaces for dialogue, discourse, interaction and exchange. A promise that will allow us to celebrate in 100 years—the true meaning of Independence. The promise begins now. In the spirit of Owambe, Happy 2011!

Welcome to our World.

Bisi Silva / Director

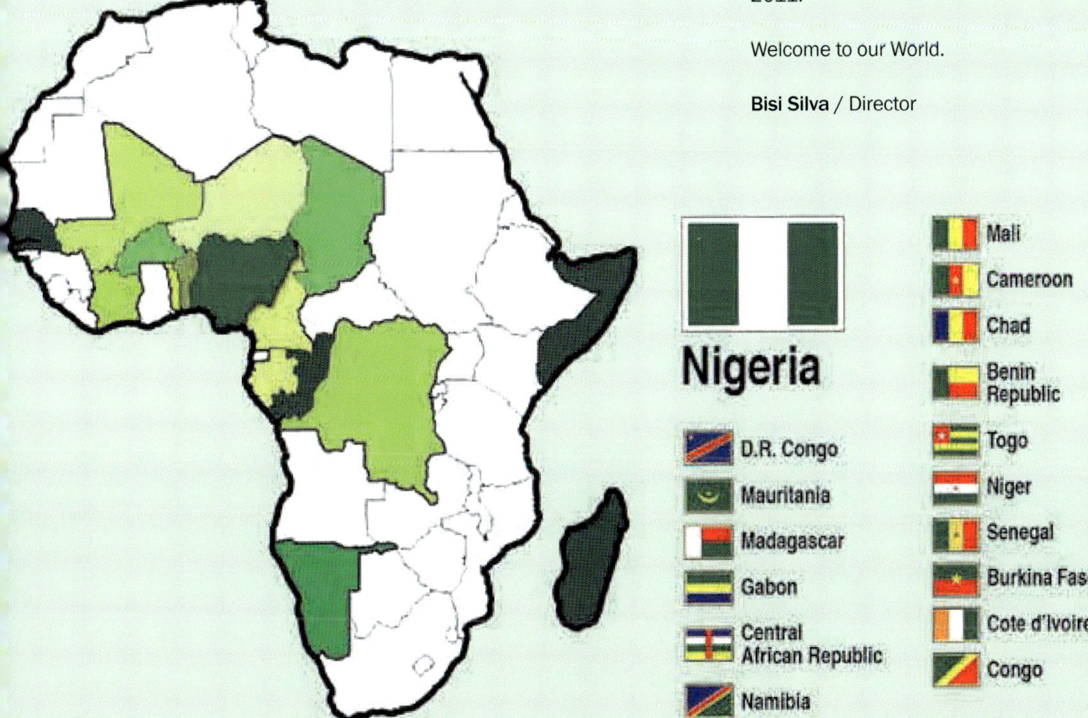

O-Independence Map. 2010. Jude Anogwih and Adewale Osoneve.

Cosmolocalism: The Audacity

Ruth Simbao

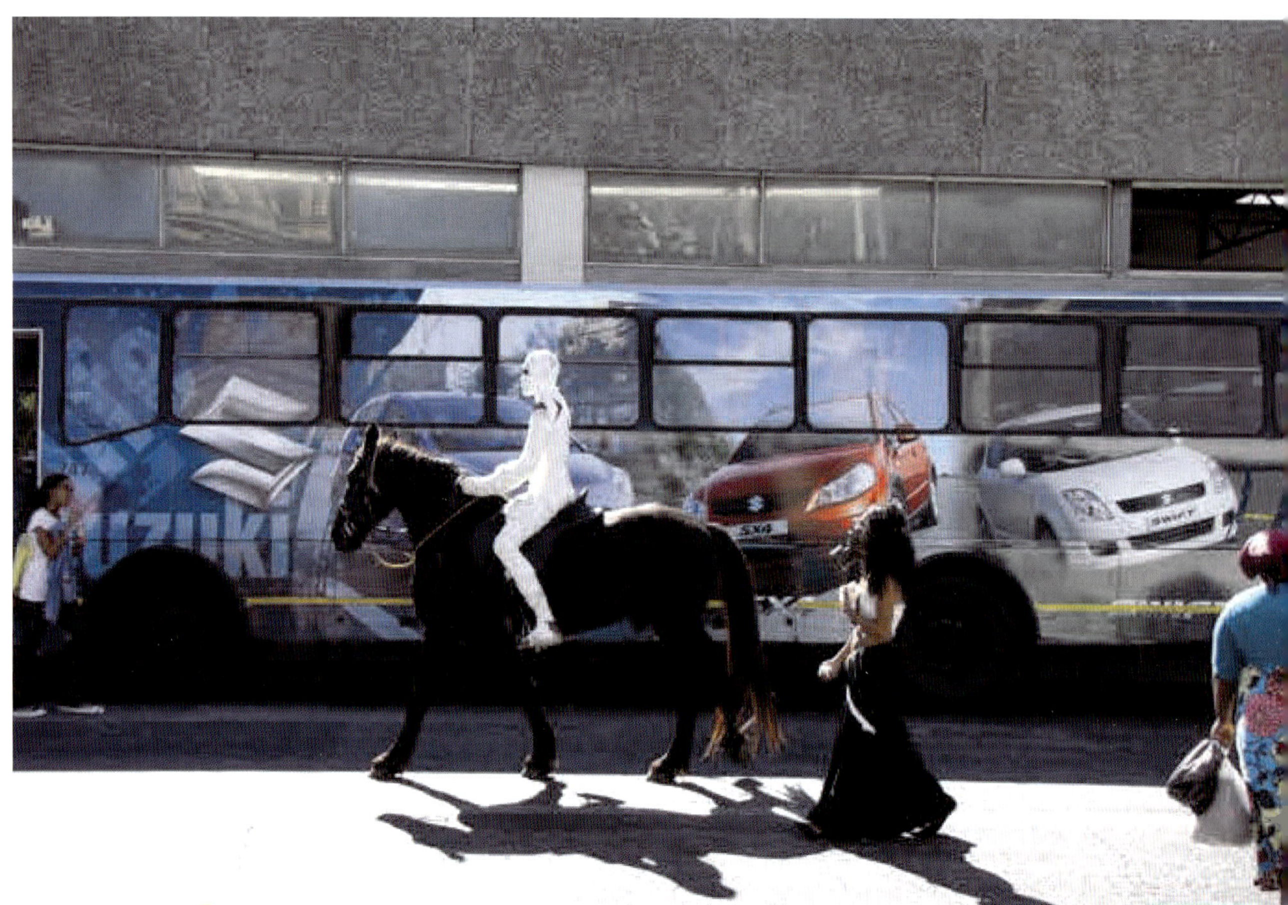

Art that is gathered together under the 'international' rubric of 'Contemporary African Art' is generally art that nods towards the continent, but simultaneously registers a certain distance from the *place* of Africa. Due to the fact that the discourse is still largely driven by the cosmopolitan art centres of the world (which persist in the West), any link that aligns itself too closely with the continent of Africa (the *actual* continent), runs the risk of being stigmatised as parochial or as a regressive attempt to reterritorialise culture in a transnational age. In the discourse of contemporary art, it is audacious, these days, to suggest that Africa is an *actual* place!

A characteristic of a cosmopolitan is to maintain a certain amount of distance from, for example the natal or the national. A 'true' cosmopolitan preserves a dismissive edge when it comes to the concept of 'national culture' or culture of a specific African region. A certain amount of detachment is required. To be cosmopolitan or to be transnational (at times there is an overlap) means that one must not affiliate too strongly with any particular place.

Even if, theoretically, an affiliation with place might be viewed, in today's world, as regressive, *politically* place does matter, for there is an incompatibility between

Western-driven theories and day-to-day engagements with the *vulnerable* place of national borders, refugee camps, in migration offices and certain spaces of living. While 'the local' was once the small place (the 'little here' as opposed to the grand everywhere else), it now becomes the everywhere else passing through, touching upon, effecting and transforming the 'here' until its 'hereness' almost disappears, and it becomes a cosmological space. It is not just the diaspora to the West that engenders transnational and transcultural attitudes, but it is also the new diasporas *within* Africa, as well as the diasporas to and from *other* places, such as China and spaces within

# of Place

the Global South. These movements to smaller places (for example Chinese people moving to Lesotho) mean that cosmopolitanism is no longer simply the domain of the large city, for in a globalising world the potential of cosmopolitanism in 'small' places forever increases. I say 'potential', for there is always the tension between positively engaging with newness and resisting it in the form of xenophobia. (As we know from the example of Johannesburg, the small mindedness of xenophobia or Afrophobia exists in cosmopolitan cities too).

This is the political edge of the new cosmolocal spaces in Africa. While it is a struggle, it is also a positive time of redefining 'the local' for it is (theoretically and practically) no longer tenable to suggest that 'the local' (the 'small place' with a supposedly strong 'hereness') is necessarily parochial, for its 'hereness' is constantly being touched. Conversely, it is no longer tenable to suggest that cities monopolise cosmopolitanism.

Whilst rejecting the static, parochial notions of place, cosmolocalism, in a context in which grassroots political affiliation cannot be ignored, also rejects the aloofness espoused by elite forms of cosmopolitanism in which distance is valourised. Art hubs of the world with an interest in quote-unquote-Africa can no longer justify an aloof attitude towards real places in Africa—even the 'small' places. Transnational and transcultural art events that are based in these cosmolocal African spaces are critically important, for such is an audacious approach to place.

Ruth Simbao is Associate Professor of African Art History and Visual Culture at Rhodes University.

Maurice Mbikayi's performance "Voices" at the Spier Contemporary in Cape Town (2010) speaks of vulnerability in the face of xenophobia as well as excitement and possibility in a new, potentially cosmolocal space. Photo: Ruth Simbao.

Hubert
Lobnig

House Tours /
Hausführungen

since / seit 1997

Helene und Dieter
Model house in the forest / Modellhaus im Wald,
Tautendorf, 2007. Photo: Iris Andraschek

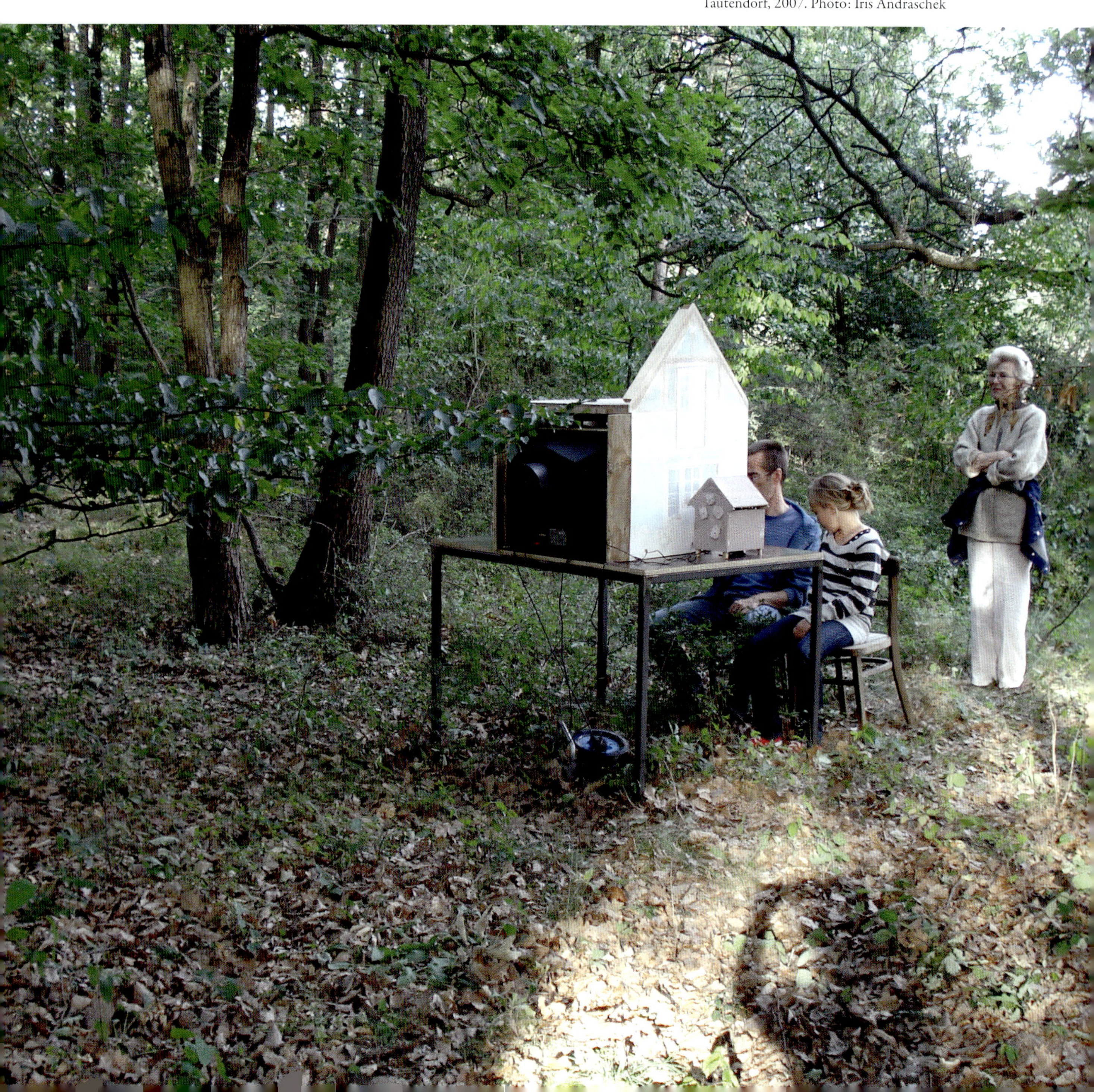

Das Linder Haus, 2005
*Christian Schmutz erzählt
über sein Haus*, 2003
Paul Scott's house, 2002
Normans Mill, 2002
Peter von Zezschwitz's Liliput, 2002
*Pietr und Gabriela Dostalek
sprechen über ihr Haus*, 2001
*Jenny führt durch ihre Wohnung
am Friedrichshof*, 1998

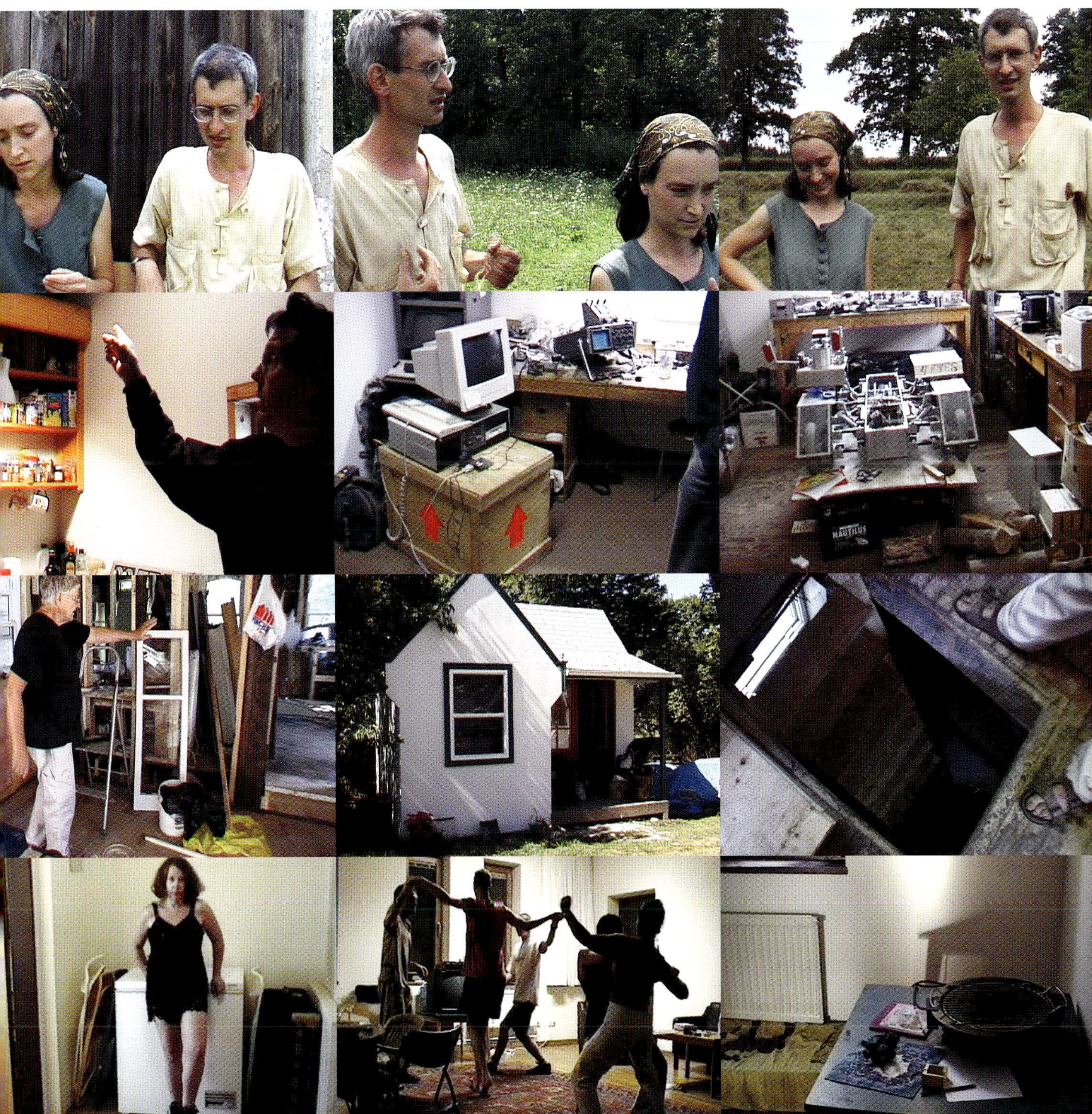

p. / S. 141
Helene and / und Dieter Graf in front of
their house / vor ihrem Haus in Tautendorf
Photo: Iris Andraschek

Straw House / Strohhaus in Tautendorf
Photo: Hubert Lobnig

Buses / Busse, Tautendorf
Photo: Hubert Lobnig

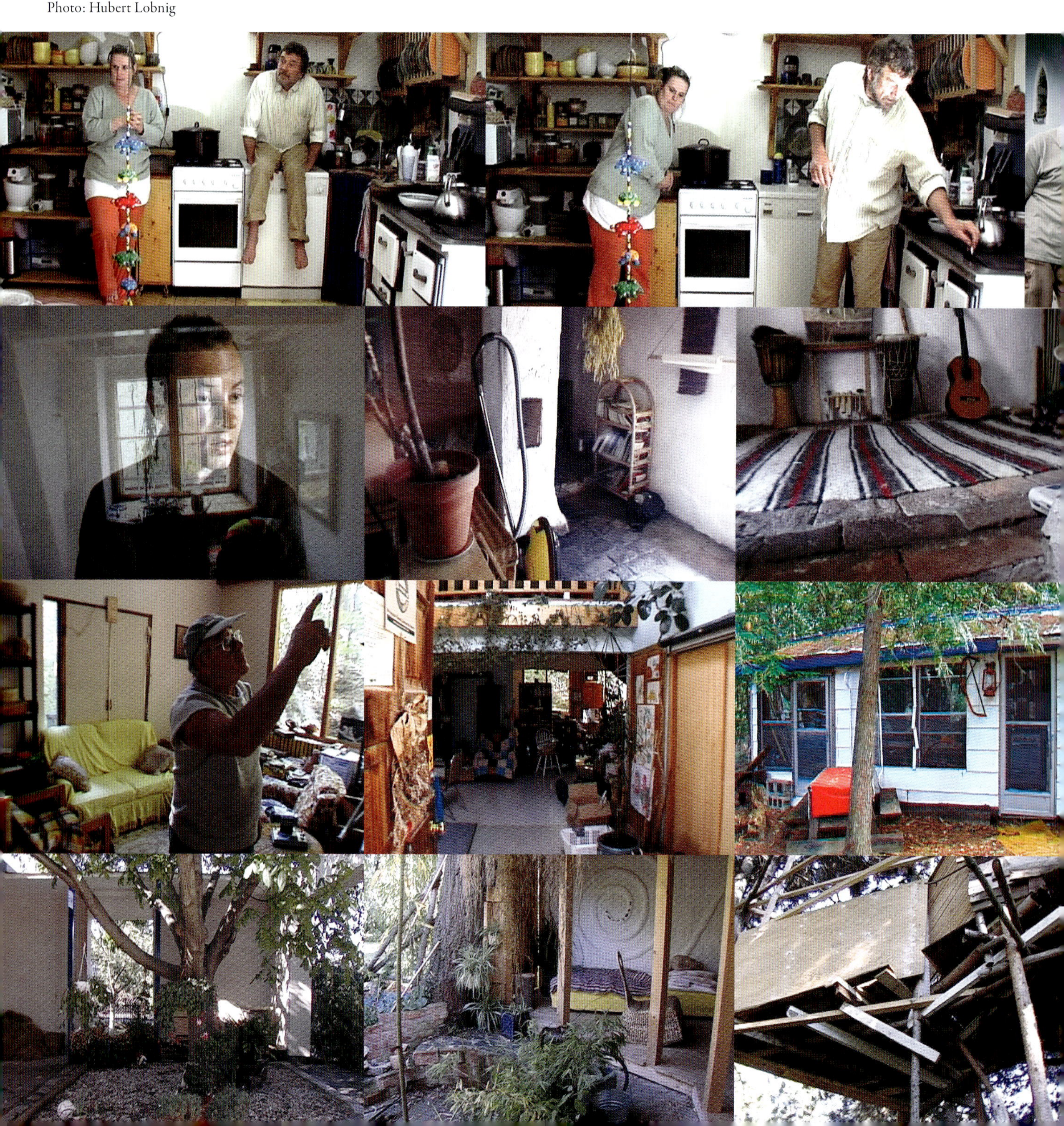

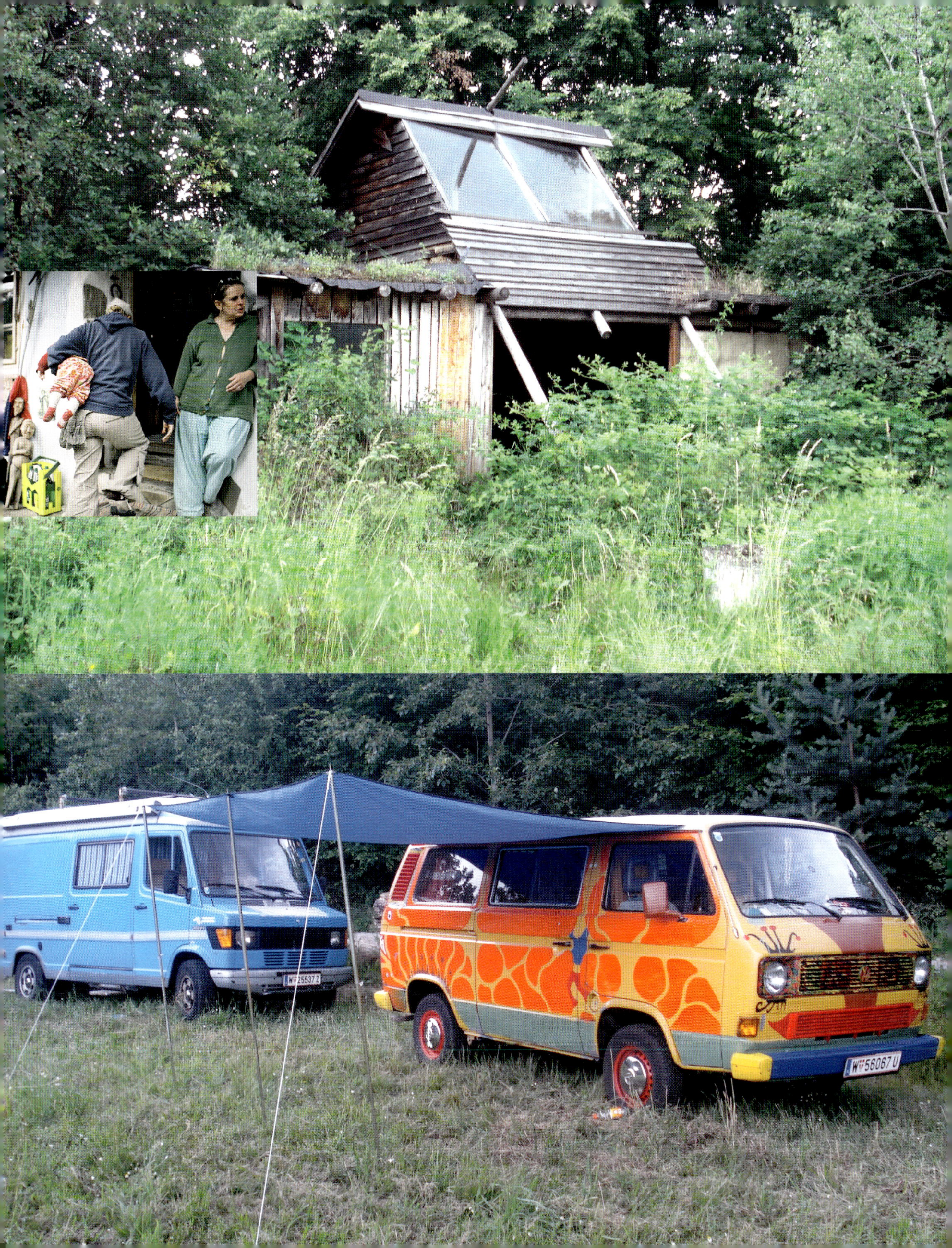

Cyber-
mohalla

Welcome to
Cybermohalla /
Willkommen in
Cybermohalla

A book of writings by twenty *Cybermohalla* practitioners, *Trickster City: Writings from the Belly of the Metropolis*, was published by Penguin Books India in 2010.
Ein Buch mit Veröffentlichungen von 20 Mitarbeitern von *Cybermohalla* ist *Trickster City: Writings from the Belly of the Metropolis* erschienen bei Penguin Books India im Jahr 2010.

Cybermohalla is a collaborative project by *Sarai-CSDS*, (Delhi), and *Ankur: Society for Alternatives in Education*, (Delhi).
Cybermohalla ist ein gemeinsames Projekt von *Sarai-CSDS*, (Delhi) und der *Ankur: Society for Alternatives in Education* (Delhi).

www.sarai.net/practices/cybermohalla

"Mohalla" in Hindi and Urdu means neighborhood. Sarai and Ankur's *Cybermohalla* project takes on the meaning of the word "mohalla"—with its sense of alleys and corners, relatedness and concreteness—as a means for talking about one's "place" in the city and in cyberspace.

Cybermohalla is a network of young researcher-practitioners from different urban neighborhoods in Delhi, who work out of self-administered media labs and studios in their own neighbourhoods. In the last ten years, close to 450 young people have constituted the *Cybermohalla* network. Innovating a diverse range of minor practices between them—through which they create, gather, share and transform materials—they have immanently built conceptual resources and vocabularies by which to think the contemporary urban. An infrastructure made possible by digital technologies forms the backbone of *Cybermohalla*—as a site of experimentation, a linkage to others in the network, and a space that keeps the archive of the environment alive. *Cybermohalla* practitioners have produced a body of works—books, broadsheets, installations, radio programmes, blogs about the city, etc.—which have found circulation in different locations and diverse circuits, both local and international. During this period they have conversed and worked with coders, architects, writers, scholars, new media practitioners, designers, legal researchers, urban researchers, translators and sound artists from various contexts across the world.

In den Sprachen Hindi und Urdu bedeutet „Mohalla" soviel wie Nachbarschaft. Das Projekt *Cybermohalla* von Sarai und Ankur greift diese Bedeutung auf – einschließlich der engen Gassen und Hausecken, der Zusammengehörigkeit und des Unmittelbaren, als Möglichkeit um über unseren Platz in der Gesellschaft und im Cyberspace zu sprechen.

Cybermohalla ist ein Netzwerk junger Forscher_innen und Praktiker_innen, die von selbstverwalteten Medienlabs und Studios aus in den verschiedenen Nachbarschaften Delhis arbeiten. In den letzten zehn Jahren haben fast 450 junge Menschen an *Cybermohalla* mitgewirkt und unterschiedliche einfachere Methoden entwickelt, mit denen sie Ideen und Materialien erschaffen, verteilt, geteilt und bearbeitet haben. Dadurch haben sie zugleich neue Konzepte und Sprechweisen entwickelt, mit denen sich moderne Städte begreifen lassen. Eine Infrastruktur, die durch die digitale Technologie erst möglich wurde, ist das Rückgrat von *Cybermohalla* – als einem Ort voller Experimente, einer Verbindung zu anderen im Netzwerk und einem Raum, der das „Archiv" der Umgebung lebendig hält. Die Mitglieder von *Cybermohalla* haben Bücher, Flugblätter, Installationen, Radiosendungen und Blogs über die Stadt und vieles mehr produziert und veröffentlicht. Diese sind lokal und international im Umlauf. Gleichzeitig haben sie mit Programmierer_innen, Architekt_innen, Autor_innen, Wissenschaftler_innen, Medienkünstler_innen und -aktivist_innen, Designer_innen, Rechtsforscher_innen, Stadtplaner_innen und Sound-Künstler_innen aus der ganzen Welt zusammengearbeitet.

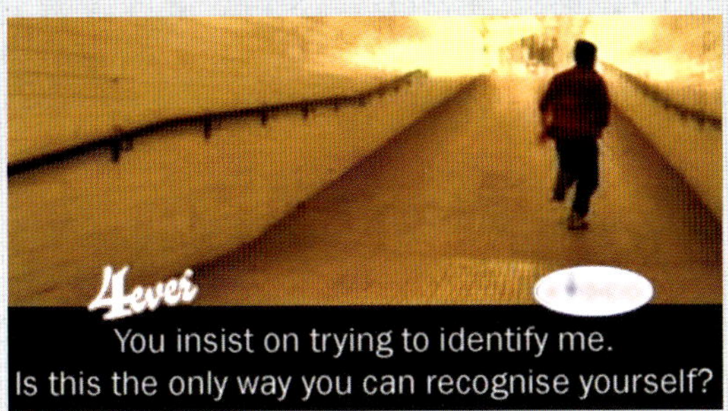

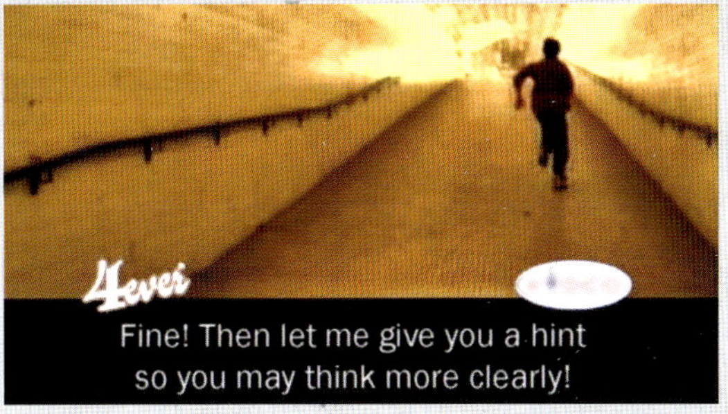

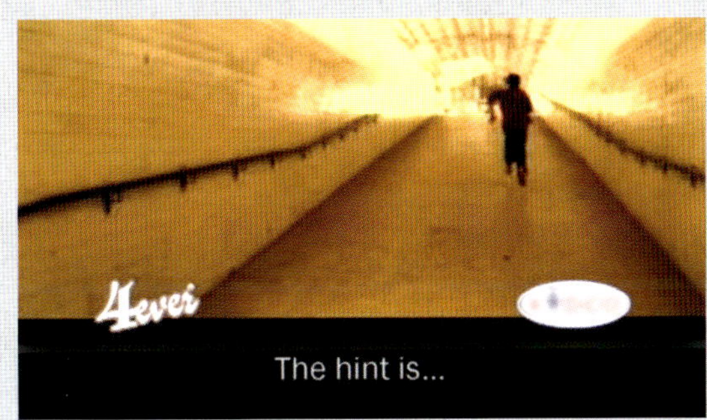

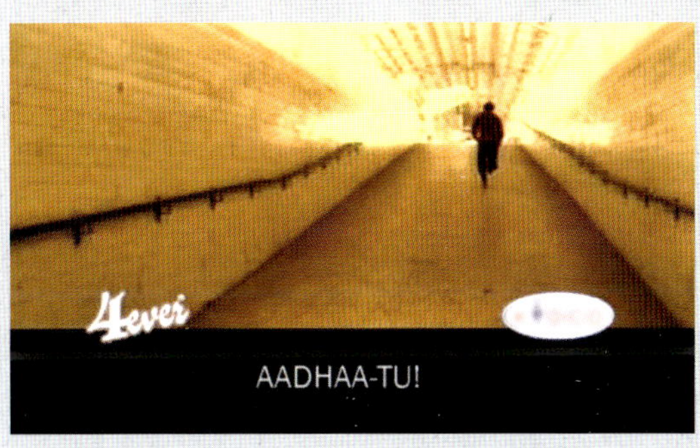

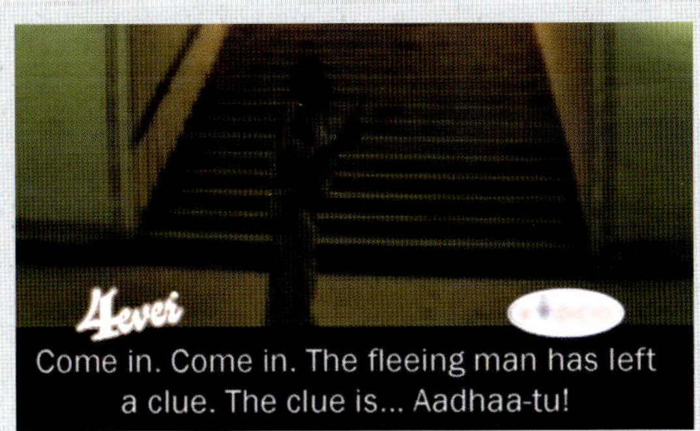

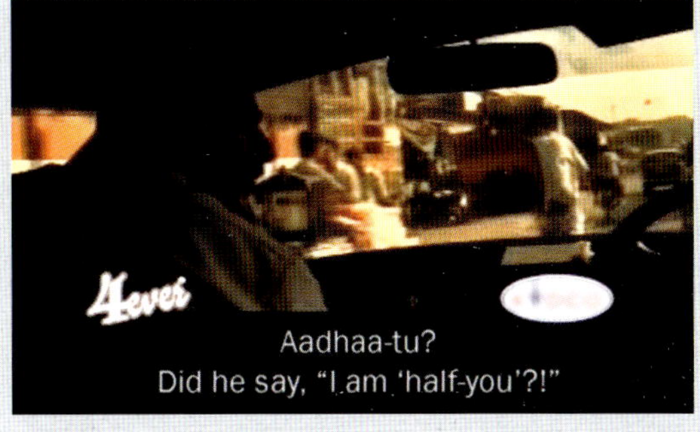

No Apologies for the Interruption
Cybermohalla Ensemble, Delhi

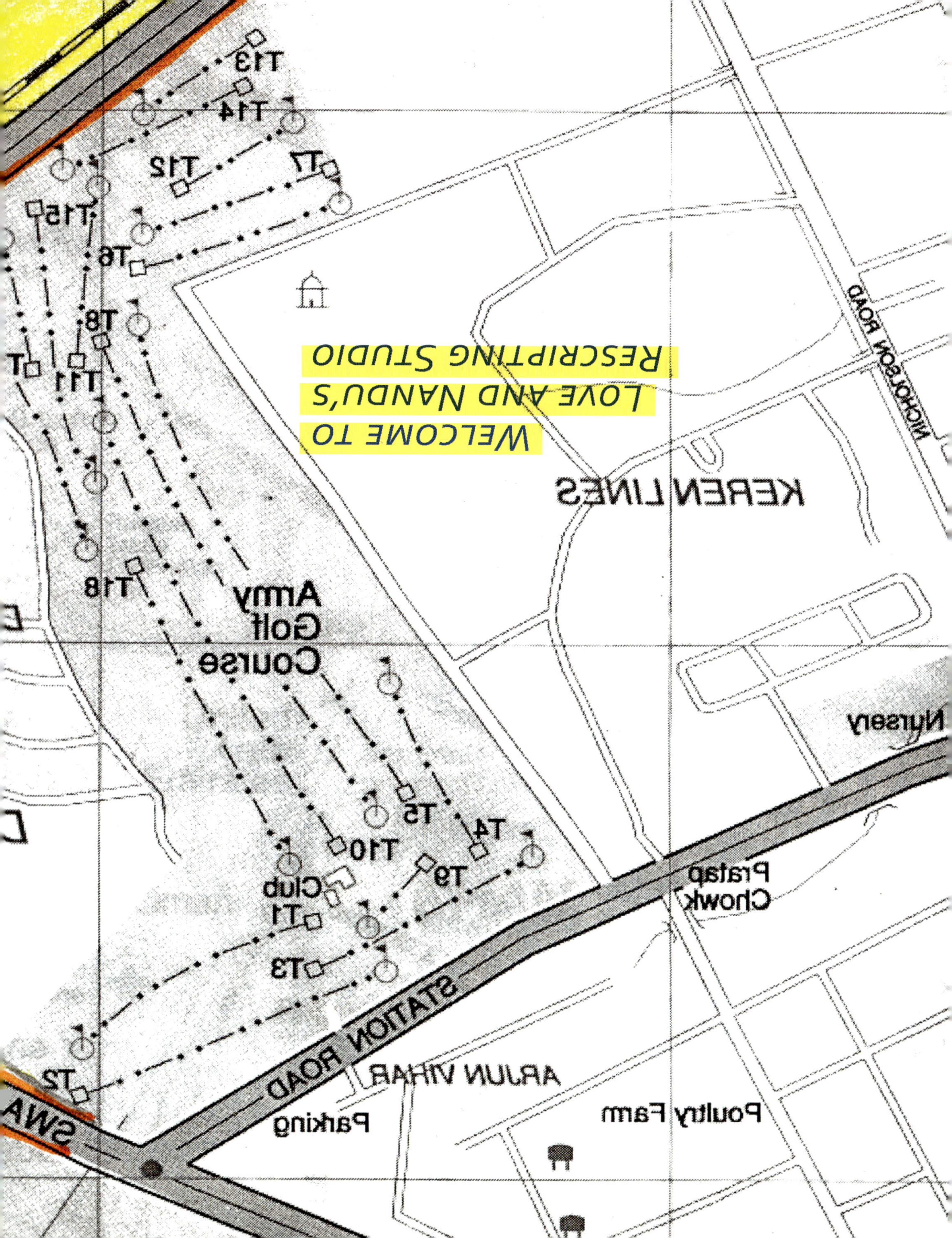

Welcome to
Love and Nandu's
Rescripting Studio
KEREN LINES
Amy Golf Course
Club
STATION ROAD
NICHOLSON ROAD
ARJUN VIHAR
Parking
Poultry Farm
Pratap Chowk
Nursery
SWA
T1
T2
T3
T4
T5
T6
T7
T8
T9
T10
T11
T12
T13
T14
T15
T16
T17
T18

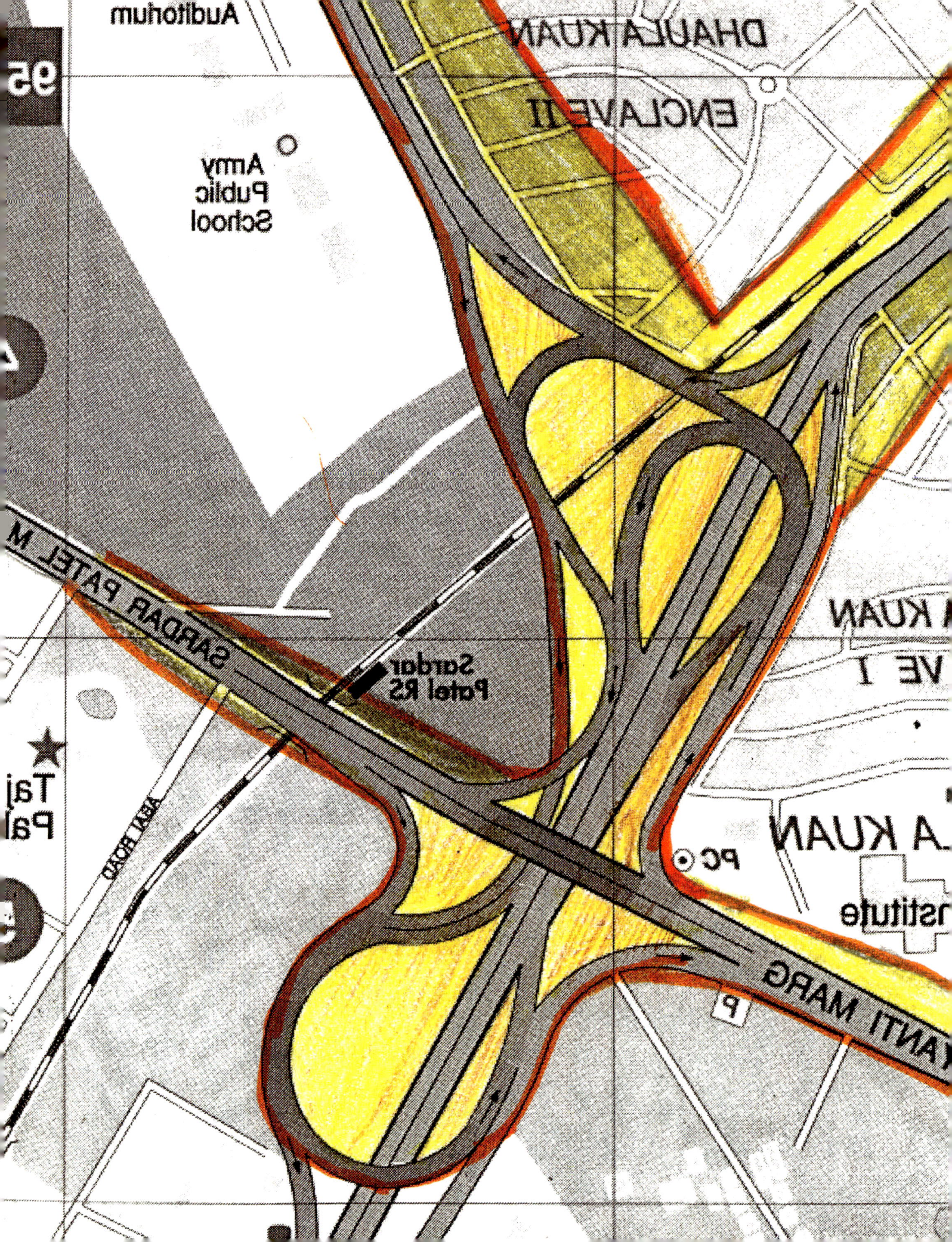

Auditorium
DHAULA KUAN
ENCLAVE II
Amy
Public
School
SARDAR PATEL M
Sardar
Patel RS
AREA ROAD
Taj
Pal
KUAN
VE I
LA KUAN
PC
nstitute
YANTI MARG

Anti-
museum

María María Acha
Tomás Ruiz-Rivas

Antimuseum's proposal, as its name suggests, focuses on institutional critique. That is, we are interested especially in the "art institution" and its rules; in its internal and external dynamics; in its contradictions; and in the possibility of playing with them all. While conventional art criticism or curatorial work is interested in works of art as objects carrying meaning, and the artworld's attention is directed to single figures with high visibility, for us the main question is to understand how the institution produces meaning and value. What interests us is not the statement of the artwork, but the conditions in which this statement is enunciated, and further, the structure of the enunciation. Our projects therefore seek to locate the limits of the institution—in order to lead to situations where the legitimating structure of the art is revealed, to expose the exercise of power implicit in these processes, and with it, resulting forms of social and cultural exclusion.

But before entering into a description of *Antimuseum's* more significant projects, we would like to make a clarification: usually it is inferred that an alternative space works "for" the artist; that is, it offers an alternative space of production and dissemination for the artist whose work exists outside the expositive framework of the gallery and the museum. The alternative space, in this sense, provides a context for the creator—both physical and discursive—in which to develop their work beyond the limits of the market and the museum. But we think that today the question is how to set up a space that can be alternative "for" the public. That is, a space that offers this complex social entity that we call the public,

Wie schon der Name nahelegt, konzentriert sich das Projekt von *Antimuseum* auf die Institutionskritik, d. h. wir interessieren uns speziell für die „Kunstinstitution" und ihre Regeln, für ihre interne und externe Dynamik, für ihre Widersprüche und für die Möglichkeit, mit alledem zu spielen. Während sich die konventionelle Kunstkritik oder kuratorische Arbeit für Kunstwerke als bedeutungstragende Objekte interessiert und die Aufmerksamkeit der Kunstwelt auf einzelne Gestalten mit einem hohen Grad von Sichtbarkeit gerichtet ist, besteht die Hauptfrage für uns darin, wie die Institution Bedeutung und Wert produziert. Uns interessiert nicht die Aussage des Kunstwerks, sondern die Bedingungen, unter denen diese Aussage formuliert wird, und darüber hinaus die Struktur dieser Formulierung. Unsere Projekte versuchen daher, die Grenzen der Institution zu lokalisieren, um Situationen herbeizuführen, in denen die legitimierende Struktur der Kunst sich offenbart, um den diesen Prozessen innewohnenden Machtgebrauch aufzuzeigen und damit auch die daraus resultierenden Formen sozialer und kultureller Ausschließung.

Doch bevor wir auf die bedeutenderen Projekte von *Antimuseum* eingehen, möchten wir etwas klarstellen. Normalerweise geht man davon aus, dass ein alternativer Raum „für" die Künstler_in wirkt, d. h. er bietet einen alternativen Raum der Produktion und Verbreitung für die Künstler_innen, deren Werk außerhalb des erklärenden Rahmens der Galerie und des Museums existiert. In diesem Sinne bietet der alternative Raum den Schöpfer_innen einen, sowohl physischen als auch diskursiven Kontext, indem sie ihre Werke jenseits der Grenzen des Marktes und des Museums entwickeln können. Wir meinen jedoch, dass die Frage heute lautet, wie man einen Raum schafft, der eine Alternative „für" die Öffentlichkeit sein kann, d. h. einen Raum, der dieser komplexen sozialen Größe, die wir als die Öffentlichkeit bezeichnen, einen physischen, politischen und diskursiven Kontext bietet. Der Raum ist der Ort, wo wir Zugang zur kulturellen Erfahrung haben, und zwar auf andere Weise als zu der hegemonialen, und wo die Herausbildung der Öffentlichkeit als einer sozialen Form auf antagonistischen Diskursen basiert.

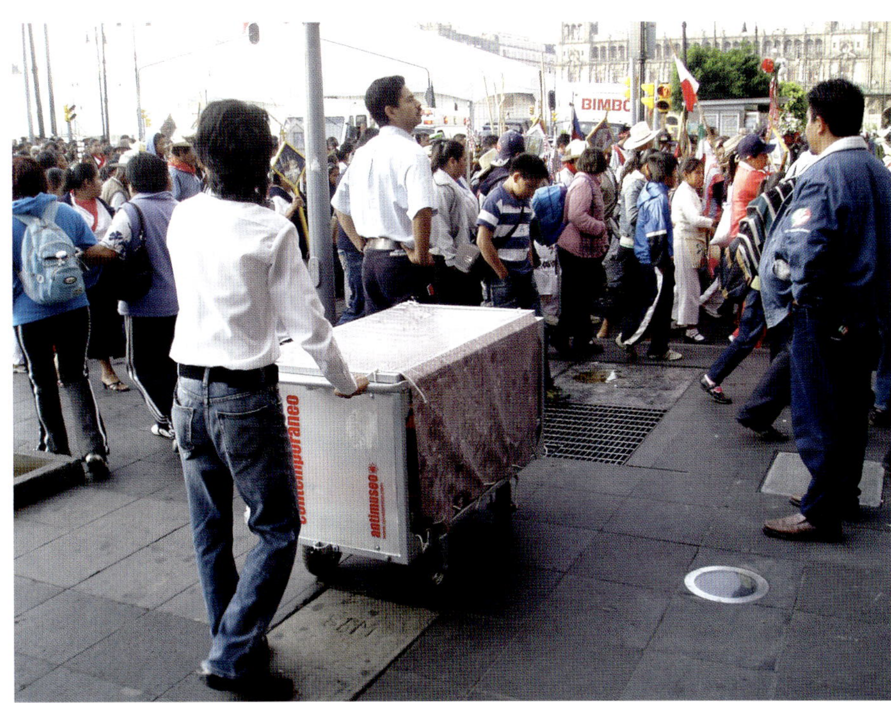

Portable Contemporary Art Center,
2009, Eder Castillo, Mexico

a physical, political and discursive context. It is space where we have access to the cultural experience, in a different way to the hegemonic one, and where the constitution of the public—as a social form—is based on antagonistic discourses.

When the *Atomic Eye* was founded in 1993, it fit to the first model and the creative needs of artists took precedence over other considerations. The context was particularly difficult, however, with the market crash of early nineties and an institutional paralysis that set in across Spain after the Olympics Games and Expo 1992. The Spanish artistic system has been dominated by the Art Fair ARCO in Madrid since it was established in 1982, since it has excluded everything that does not conform to the interests and the format of an art fair.

Atomic Eye's program focused on site-specific interventions in a large industrial building in which artists could experiment with languages and formats previously unrealized in Spain. The program

Als *Atomic Eye* 1993 gegründet wurde, passte es zu dem ersten Modell, und die kreativen Bedürfnisse der Künstler_innen hatten Vorrang vor anderen Erwägungen. Doch der Kontext war infolge des Zusammenbruchs des Marktes in den frühen 1990ern und einer Lähmung der Institutionen, die nach den Olympischen Spielen und der Expo 1992 in ganz Spanien einsetzte, besonders schwierig. Das spanische Kunstsystem wurde seit ihrer Gründung 1982 von der Kunstmesse ARCO in Madrid beherrscht, da diese alles ausschloss, was nicht den Interessen und dem Format einer Kunstmesse entspricht.

Das Programm von *Atomic Eye* konzentriert sich auf ortsspezifische Interventionen in einem großen Industriegebäude, in dem Künstler_innen mit Sprachen und Formaten experimentieren konnten, die in Spanien bis dahin nicht realisiert worden waren. Das Programm hat auch ein örtliches und generationenspezifisches Profil. Die innerhalb des Projekts artikulierte Idee war die der „Schattenzone", also eines sozialen und kulturellen Gebiets, das halbunabhängig von und halbverborgen vor dem örtlichen Kunstsystem ist und optimale Arbeitsbedingungen bieten konnte. Obwohl dieses

has also a local and generational profile. The idea articulated within the project was that of the "shadow zone"—a social and cultural area that is semi-independent and semi-hidden from the local art system, and which could generate optimal working conditions. Although this concept caused difficulties with some artists—who sought above all to achieve visibility—my argument was precisely that achieving visibility within a distorted system necessarily affected work in a negative way. Since the construction of meaning is necessarily a social process, it was necessary to create a parallel subsystem that was perhaps interdependent, but that had its own rules.

It was during my stay in Mexico between 1997 and 2000—in the years before the international boom of Mexican art—that my attention began to shift from production towards the formation of the public. In 1998 I worked very closely with *La Panadería*, and its influence was noticeable right away because it was a place where high and low culture, with their publics, are crossed in an amazing way. This year I worked on a big project—the exhibition *Domestica*, which involved nine flats in the Condesa neighborhood. Artworks invaded and changed particular homes, questioning limits between public and private, and showing the relation between the exhibition context and meaning production.

Consequently, when María María Acha and I reopened *Atomic Eye* in 2003, our assumptions were very different from the first stage. The project was still local however, because an alternative art space must be rooted firmly in its social and historical reality. At this level it responds to two specific issues: the centrality of ARCO in the Spanish art system, and the surge in contemporary art museums in Spain—with more than twenty five museums being built in five years since the successful Guggenheim franchise was established here. At this point we chose the name "Antimuseo" as an opposition to this type of institution in which the container is the main element and the programs or collections are devoid of meaning. Returning to our premise, at this stage the *Antimuseo* exhibition program was international, and the issues we were working with

Konzept zu Schwierigkeiten mit einigen Künstler_innen führte, denen es vor allem darum ging, Sichtbarkeit zu erlangen, war mein Argument gerade, dass das Erlangen von Sichtbarkeit in einem verzerrten System die Arbeit zwangsläufig negativ beeinflusst. Da die Konstruktion von Bedeutung notwendigerweise ein sozialer Prozess ist, war es erforderlich, ein paralleles Subsystem zu schaffen, das durch wechselseitige Abhängigkeit gekennzeichnet sein mochte, aber seine eigenen Regeln hatte.

Während meines Mexikoaufenthalts zwischen 1997 und 2000, in den Jahren vor dem internationalen Boom der mexikanischen Kunst, begann sich meine Aufmerksamkeit von der Produktion auf die Bildung von Öffentlichkeit zu verschieben. 1998 arbeitet ich sehr eng mit *La Panadería* zusammen, und dieser Einfluss machte sich sofort bemerkbar, da es sich um einen Ort handelte, an dem Hoch- und Trivialkultur mit ihrer jeweiligen Öffentlichkeit sich auf verblüffende Weise überkreuzten. In diesem Jahr arbeitete ich an einem großen Projekt, der Ausstellung *Domestica*, in die neun Wohnungen im Viertel Condesa einbezogen waren. Dadurch, dass Kunstwerke in bestimmte Haushalte einzogen und zwischen ihnen wechselten, wurde die Grenze zwischen Öffentlichem und Privaten hinterfragt und die Beziehung zwischen Ausstellungskontext und Bedeutungsproduktion veranschaulicht.

Als María María Acha und ich *Atomic Eye* 2003 wiedereröffneten, unterschieden sich unsere Vorannahmen daher sehr deutlich von denen im ersten Stadium. Dennoch war das Projekt nach wie vor lokal, da ein alternativer Kunstraum fest in seiner sozialen und historischen Wirklichkeit verwurzelt sein muss. Auf diesem Niveau reagiert es auf zwei spezifische Faktoren: die zentrale Bedeutung von ARCO im spanischen Kunstsystem und die starke Zunahme von Museen zeitgenössischer Kunst in Spanien: In den fünf Jahren seit der erfolgreichen Lizenzvereinbarung mit der Guggenheim Foundation wurden hier mehr als 25 Museen errichtet. Zu diesem Zeitpunkt wählten wir die Bezeichnung „Antimuseo" im Widerspruch zu dieser Art von Institution, bei der das Behältnis die Hauptsache ist und die Programme oder Sammlungen

were therefore inserted into a large framework of critical thought about the museum institution, the crisis of the public sphere, the loss of autonomy within creative work, and the new role of culture in a post-Fordist economy. In this scenario—where the public sphere is more an arena for advertising than a place in which to stage rational and critical debate—as Craig Calhoun argues, the museum institution that was once so important in defining a new political bourgeois subject, faces an irreversible degradation and is assimilated into the entertainment industry. The public's creative energy and ability to conduct rational and critical debate is led towards sophisticated forms of consumption, and it therefore loses what had been specific to its culture throughout the modern age: antagonism.

Antimuseo's experience in recent years has been fruitful in this sense. There are several projects that exemplify particularly well the theories we are exposing. The first was *How do you imagine your plaza?*, in which we collaborated with neighborhood associations and networks of the Prosperidad—the district in which *Antimuseum* was based—mobilizing the preservation the Prosperidad square as a social space. With the *Museum of the Defense of Madrid*, which was presented as an artwork by Tom Lavin, a deliberate ambiguity around the roles of curator and artist was implemented within a portable museum that, in some contexts, acted as a real museum and provoked conflicts about historical memory, and in other contexts, operated as a sculpture-performance, inducing its audience to think about the museum institution.

In *Sleeping Beauties*, a work in progress that was launched in 2006, María María drives a process of collective creation that examines male violence against women. A simple sticker designed by the artist was the only tool in this process that involved more than 400 people and gathered a collection of more than 1000 photographs.

Finally, in Mexico between 2008 and 2009, we initiated the project *Portable Contemporary Art Center* (PCAC), which was financed by the

ohne Bedeutung sind. Entsprechend unserer Prämisse war das Ausstellungsprogramm von *Antimuseo* in dieser Phase international, und die Themen, mit denen wir arbeiteten, waren daher Teil eines größeren Rahmen kritischen Nachdenkens über die Institution des Museums, die Krise der Öffentlichkeit, den Verlust an Autonomie innerhalb der kreativen Arbeit und die neue Rolle der Kultur in einer postfordistischen Ökonomie. In diesem Szenario, in dem der öffentliche Raum eher ein Schauplatz für Werbung ist als ein Ort der rationalen und kritischen Auseinandersetzung, so Craig Calhoun, sieht sich die Institution des Museums, die früher so wichtig für die Definition eines neuen bürgerlichen Subjekts war, mit einer unumkehrbaren Abwertung konfrontiert und wird der Unterhaltungsindustrie angepasst. Die kreative Energie der Öffentlichkeit und ihre Fähigkeit, eine rationale und kritische Auseinandersetzung zu führen, wird in anspruchsvolle Formen des Konsums überführt und verliert daher das, was für ihre Kultur die gesamte Moderne hindurch spezifisch war, den Antagonismus.

Die Erfahrung von *Antimuseo* war in diesem Sinne fruchtbar. Es gibt mehrere Projekte, die die von uns herausgestellten Theorien besonders gut veranschaulichen. Das erste war *Wie stellst du dir deine Plaza vor?*, bei dem wir mit Nachbarschaftsverbänden und Netzwerken von Prosperidad, dem Bezirk, in dem sich *Antimuseum* befindet, kooperierten und uns für die Bewahrung des Prosperidad-Platzes als eines sozialen Raums einsetzten. Mit dem als Kunstwerk von Tom Lavin präsentierten *Museum of the Defense of Madrid* wurde innerhalb eines tragbaren Museums, das in manchen Kontexten als reales Museum fungierte und Konflikte hinsichtlich der historischen Erinnerung provozierte und in anderen als eine Skulptur-Performance operierte, die ihr Publikum veranlasste, über die Institution des Museums nachzudenken, eine bewusste Mehrdeutigkeit bezüglich der jeweiligen Rollen der Kurator_in und der Künstler_in geschaffen.

In *Sleeping Beauties*, einer fortlaufenden künstlerischen Arbeit, die 2006 ins Leben gerufen wurde, treibt María María einen Prozess des kollektiven Schaffens an, der männliche Gewalt gegen

AECID (Agencia Española de Cooperación International para el Desarrollo). The *PCAC* is a low cost device for art exhibitions and brief interventions, and can be moved and set up by one person. Its functions are both to support cultural activities—performances, lectures, and shows, for example—and also to mark the urban space. The *PCAC* creates a connection between the strategies of re-appropriation of the city by marginalized groups—racial minorities, street vendors, prostitutes, immigrants, homosexuals in repressive contexts, and some female groups—and artistic practices that directly affect the urban tissue.

The *PCAC* is not an artwork. It is a museum, and it therefore does not project itself from conflict areas into the regulated spaces of the artworld, as normally happens with similar projects undertaken by artists. Its place is the street and it is directly inserted as an accomplice within the struggles for appropriation and resignification that take place throughout public space.

In 2009, an intervention program was conducted in peripheral areas of Mexico City with collaboration from groups of artists and activists. Faced with regressive experiences in which collaboration with communities is often enfolded by a hierarchical perspective, the groups involved here did not operate as the object of the project—reified for consumption in circuits of high culture—but they took a central place precisely as a public, or more precisely as a counter-public. A new social space was produced; an opposite of that shaped by hegemonic cultural practices.

p. / S. 151
Museum of the Defense of Madrid,
2006, Tom Lavin, Fuente de Cibeles,
Madrid

Frauen untersucht. Ein einfacher, von der Künstlerin entworfener Aufkleber war das einzige Instrument in diesem Prozess, an dem mehr als 400 Leute beteiligt waren und bei dem mehr als 1000 Fotografien zusammenkamen.

Schließlich initiieren wir in Mexiko zwischen 2008 und 2009 das Projekt *Portable Contemporary Art Center* (PCAC), das von der AECID (Agencia Española de Cooperación International para el Desarrollo) finanziert wurde. Das *PCAC* ist eine kostengünstige Einrichtung für Kunstausstellungen und kurze Interventionen, die von einer Person bewegt und aufgebaut werden kann. Ihre Funktion besteht darin, kulturelle Aktivitäten wie etwa Performances, Vorträge und Shows zu unterstützen, aber auch darin, den urbanen Raum zu markieren. Das *PCAC* schafft eine Verbindung zwischen den Strategien der Wieder-Aneignung der Stadt durch marginalisierte Gruppen – ethnische Minderheiten, Straßenverkäufer_innen, Prostituierte, Immigrant_innen, Homosexuelle in repressiven Kontexten und einige Frauengruppen – und Kunstpraktiken, die das Stadtgewebe direkt beeinflussen.

Das *PCAC* ist kein Kunstwerk. Es ist ein Museum und daher projiziert es sich nicht aus Konfliktgebieten in die regulierten Räume der Kunstwelt, wie dies normalerweise bei ähnlichen von Künstler_innen in Angriff genommenen Projekten geschieht. Sein Ort ist die Straße und es ist ein direkter Bestandteil der Auseinandersetzungen um Aneignung und Resignifikation, die überall im öffentlichen Raum stattfinden.

2009 wurde in Randgebieten von Mexiko-Stadt in Kooperation mit Künstler_innen- und Aktivist_innengruppen ein Interventionsprogramm durchgeführt. Die daran beteiligten Gruppen, die mit regressiven Erfahrungen konfrontiert waren, bei denen die Zusammenarbeit mit Gemeinden häufig von einer hierarchischen Perspektive geprägt ist, operierten hier nicht als das für den Konsum in den Kreisen der Hochkultur verdinglichte Objekt des Projekts, sondern sie nahmen gerade als eine Öffentlichkeit oder genauer gesagt als eine Gegen-Öffentlichkeit eine zentrale Stelle ein. So entstand ein neuer sozialer Raum: das Gegenteil des durch hegemoniale kulturelle Praktiken geprägten.

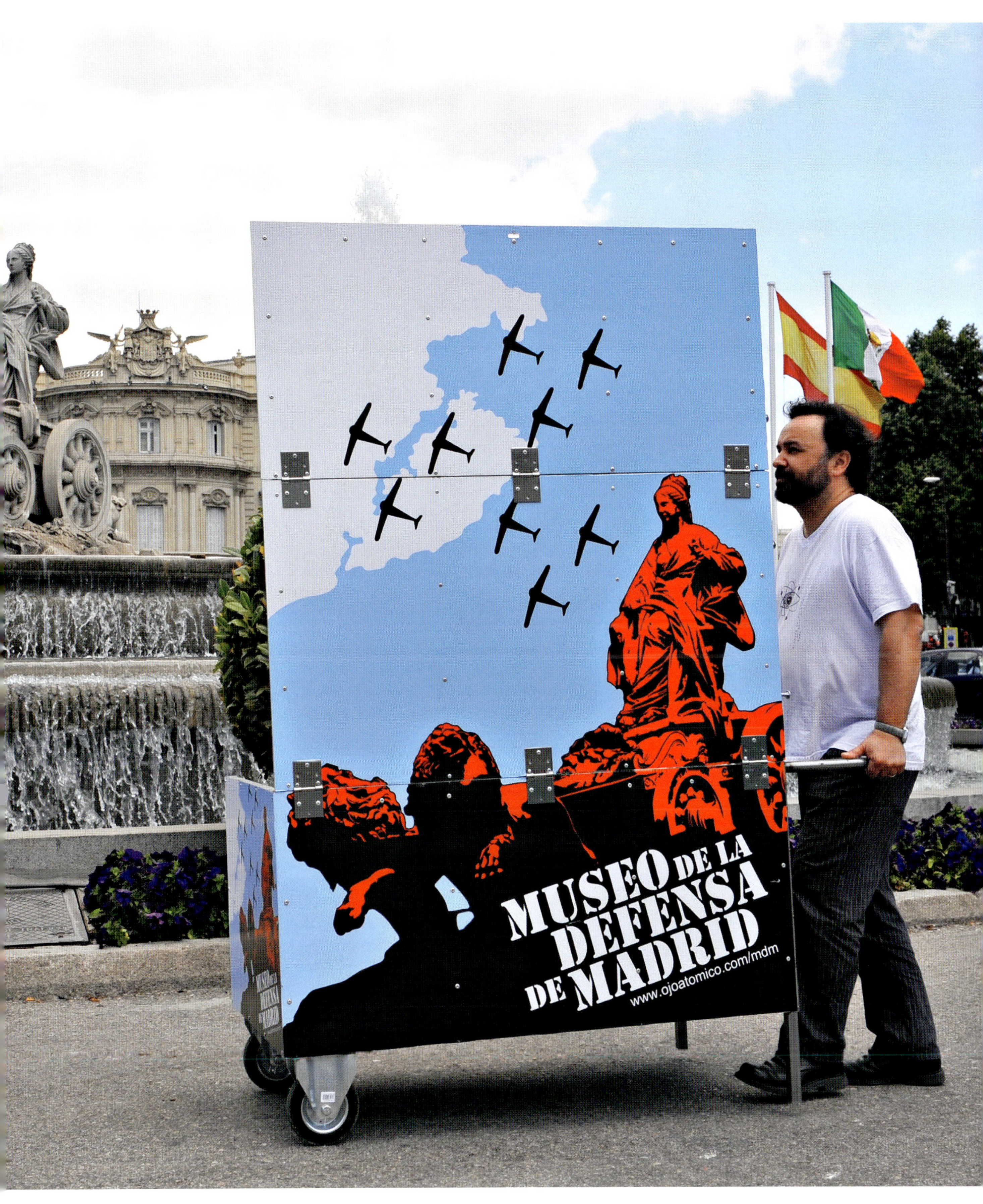

MUSEO DE LA DEFENSA DE MADRID
www.ojoatomico.com/mdm

Periferry

An incomplete balance sheet of Periferry by Desire Machine Collective / Unvollständiger Bilanz-Bogen von Periferry von Desire Machine Collective

heterotopia

geography

spaces

deterritorialization

local – **global**

Hybrid

cross-disciplinary

cinema

research

design

art

ecology

technology

science

laboratory

interdisciplinary

project

doctrines of vibration, perceptions, forest, location, story, magic realism, nature, narrative, forms of memory, memory plays out, interface between nature and technology, locations, magic and myths, water, sound of water, data

rhizome...

a network without centers

knowledge and culture as engine

city and river as site

expeditions as mode

participants as authors

experiments as beginning

public as form

workplace as flux

exhibition as archive

laboratory
workspace
studio **what is a project?**
practitioners
abandoned spaces

pedagogy as practice or

practice as pedagogy

post-binary
praxis media laboratory
discourse
holistic
context

technology images
flows of people capital symbols
information sounds

a nomadic of intensities

a rhizome   **multiple doors**

a burrow   **a laboratory**

a couch   **multiple doors**

a school   **multiple doors**

2,900 kilometers or time lapse of two hours (from New Delhi)

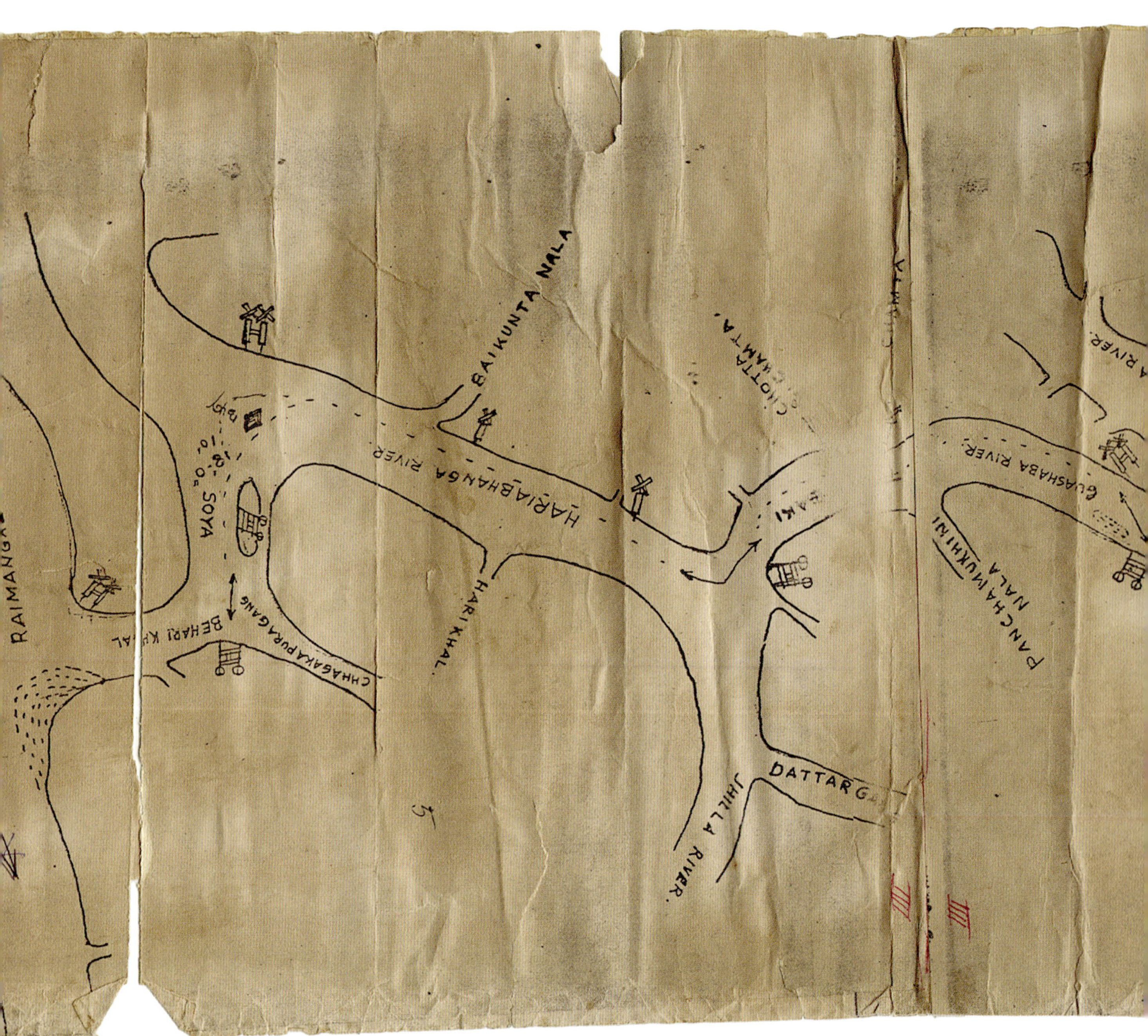

p. / S. 154–157
Untitled, (River Map)
year unknown, Hand-drawn map in ink,
112 cm x 20.5 cm

Ohne Titel, (Flusskarte)
Jahr unbekannt, Hand gezeichnete Karte in
Tusche, 112 cm x 20,5 cm

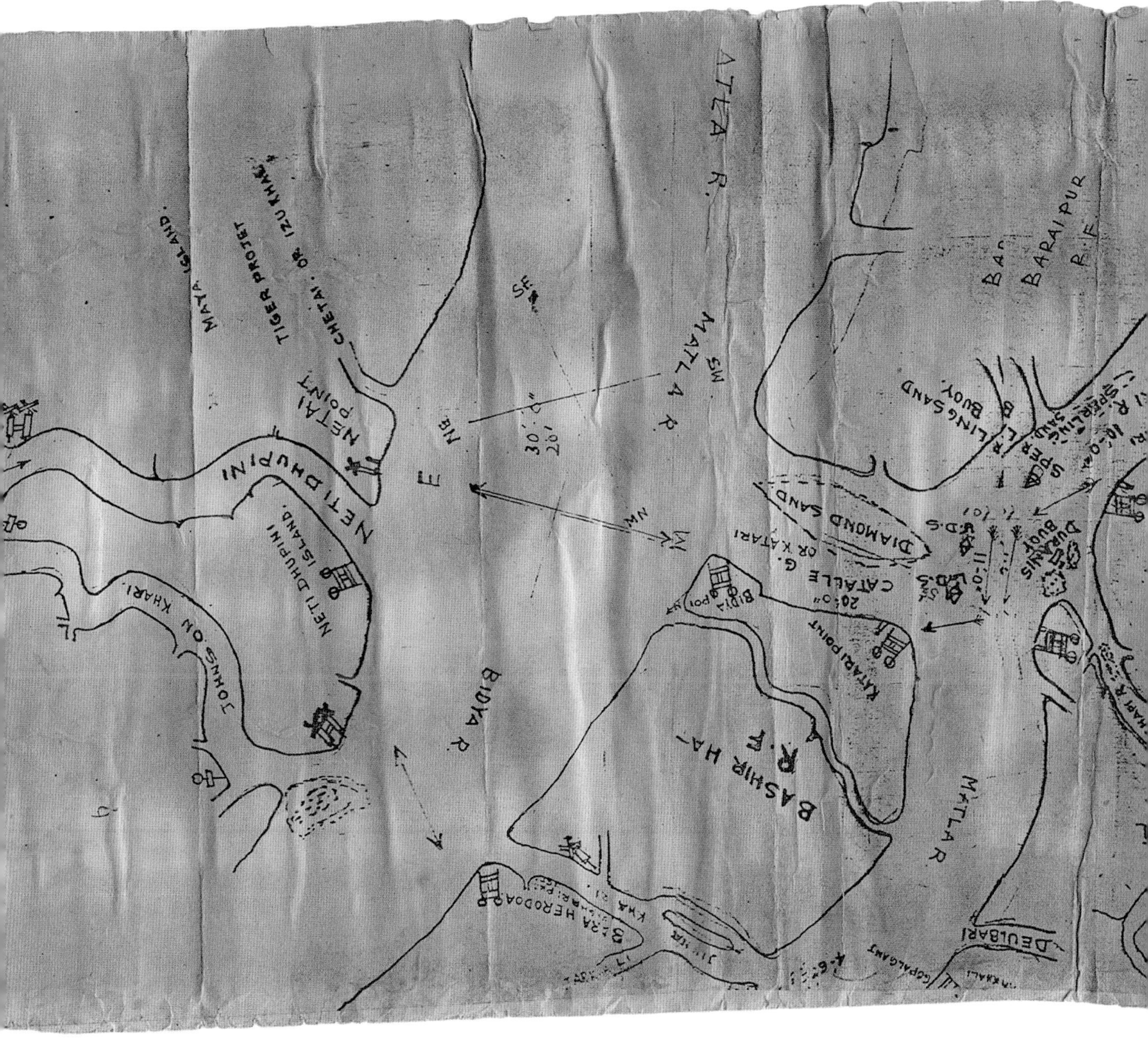

A found hand drawn map of the section of the river route across many channels from India to Bangladesh.
This was collected from one of the cabin masters of the M.V. Chandardinga, the vessel on which *Periferry* has been housed since its inception in 2007. M.V. Chandardinga has sailed several times along this route to ferry people and goods to Bangladesh.

Eine gefundene handgezeichnete Karte des Flussabschnitts, der über viele Kanäle von Indien nach Bangladesch führt,
Diese Karte stammt von einem der „Cabin Master" des Fährschiffs M.V. Chandardinga, der Fähre, auf dem *Periferry* seit seiner Gründung 2007 untergebracht ist. M.V. Chandardinga befuhr diese Strecke um Menschen und Güter nach zu Bangladesch zu befördern.

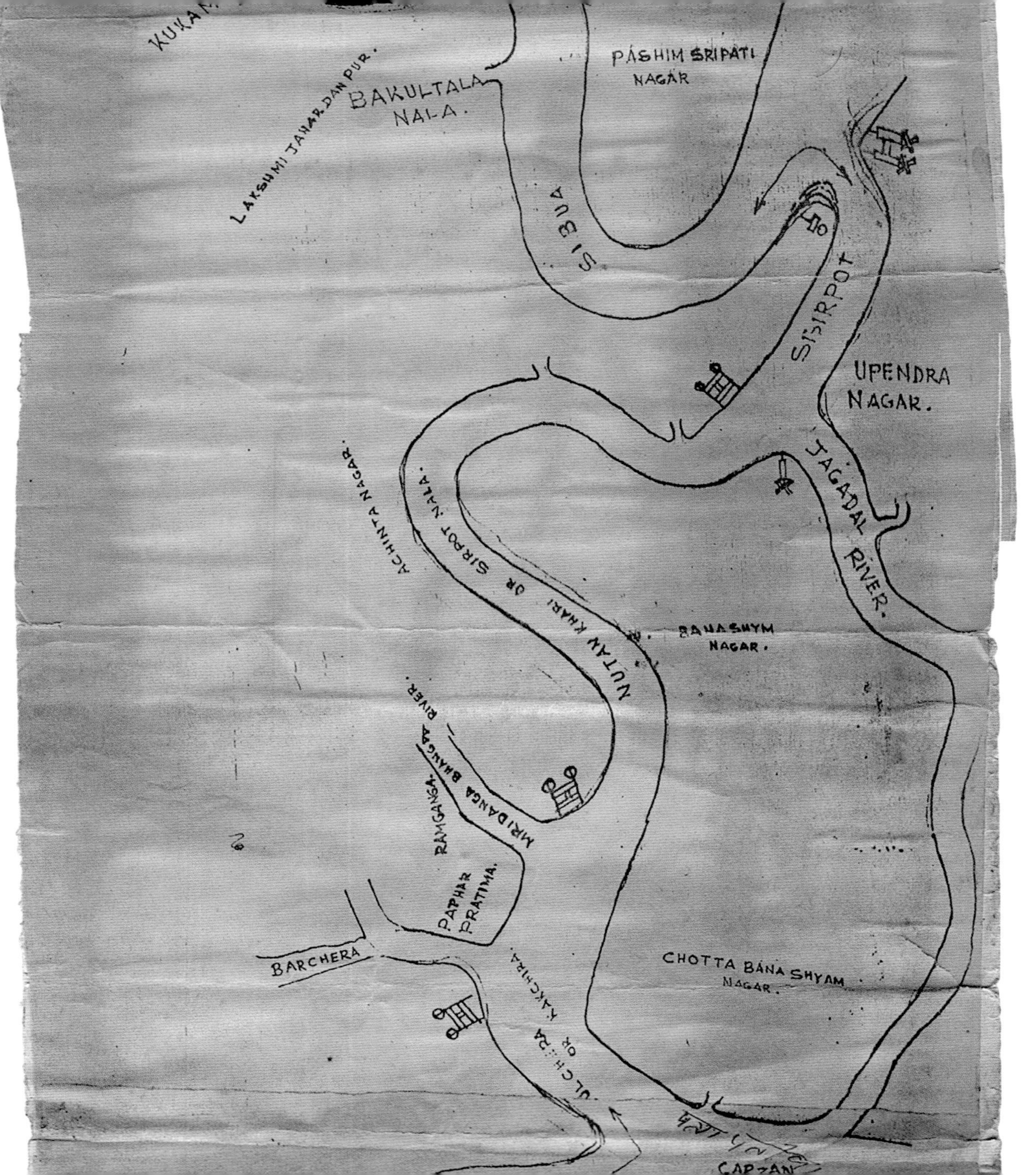
KUKAM
PASHIM SRIPATI NAGAR
LAKSHMI JAHARDANPUR.
BAKULTALA NALA.
SIBUA
SIRIPOT
UPENDRA NAGAR.
JAGADAL RIVER.
ACHINTA NAGAR
NUTAN KHARI OR SIRPOT NALA.
BANA SHYM NAGAR.
MRIDANGA BHANGA RIVER.
RAMGANGA
PAPHAR PRATIMA.
BARCHERA
ULCHIRA OR KAKCHIRA
CHOTTA BANA SHYAM NAGAR.
CAPZANI

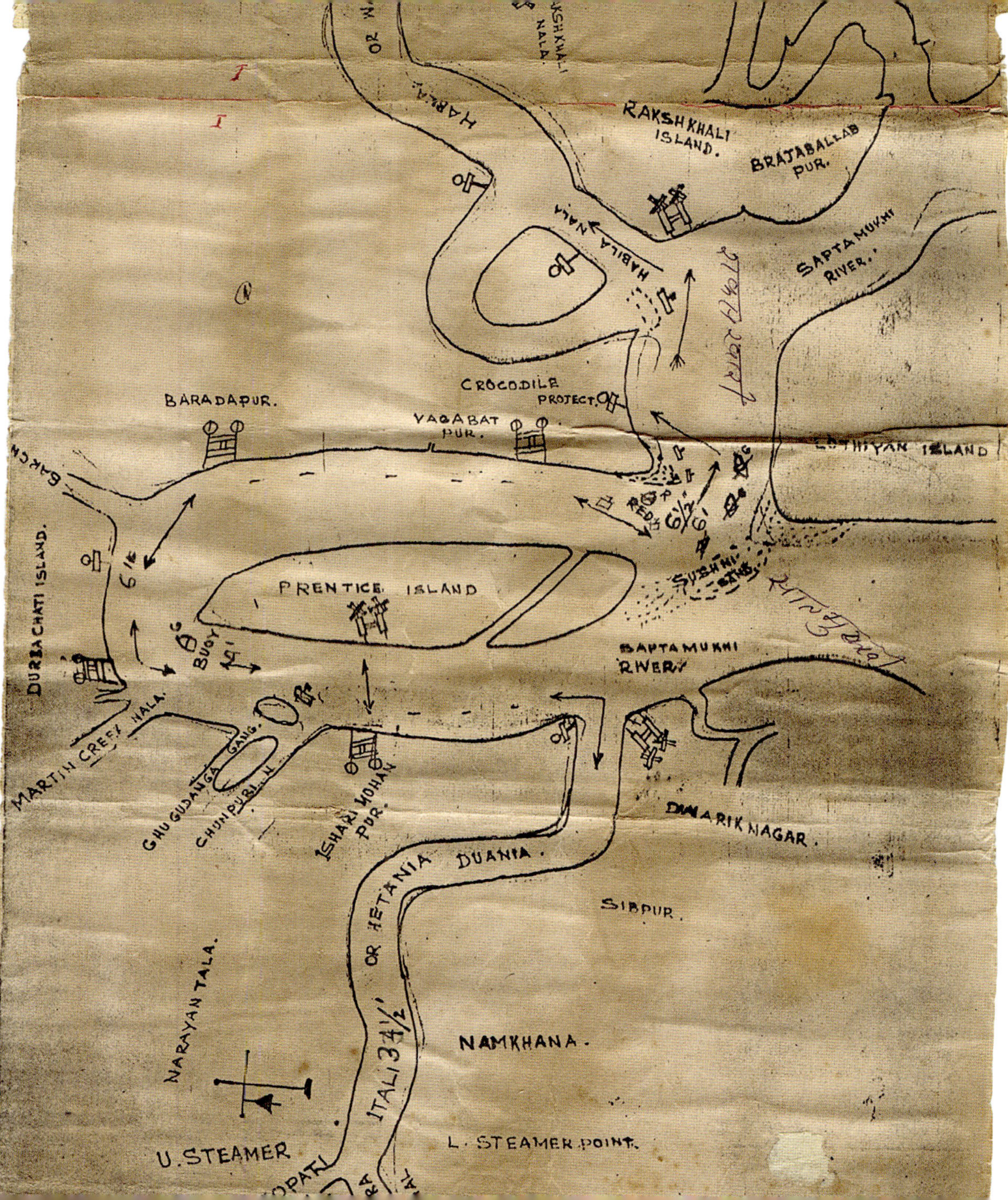

RAKSHKHALI NALA.
HABILA.
RAKSHKHALI ISLAND.
BRATABALLAB PUR.
HABILA NALA.
SAPTAMUKHI RIVER.
शक्त खारी
CROCODILE PROJECT.
LUTHIYAN ISLAND
BARADAPUR.
VAGABAT PUR.
REDS
SUSHNI GANG.
राध नगर
GARCH.
PRENTICE ISLAND
SAPTAMUKHI RIVER.
DURBACHATI ISLAND.
BUOY.
MARTIN CREEK NALA.
GHUGUDANGA GANG.
CHUNPURI. N.
ISHARI MOHAN PUR.
DWARIK NAGAR
OR HETANIA DUANIA.
SIBPUR.
NARAYAN TALA.
ITALI 34½'
NAMKHANA.
U. STEAMER
L. STEAMER POINT.

Ralo
Mayer

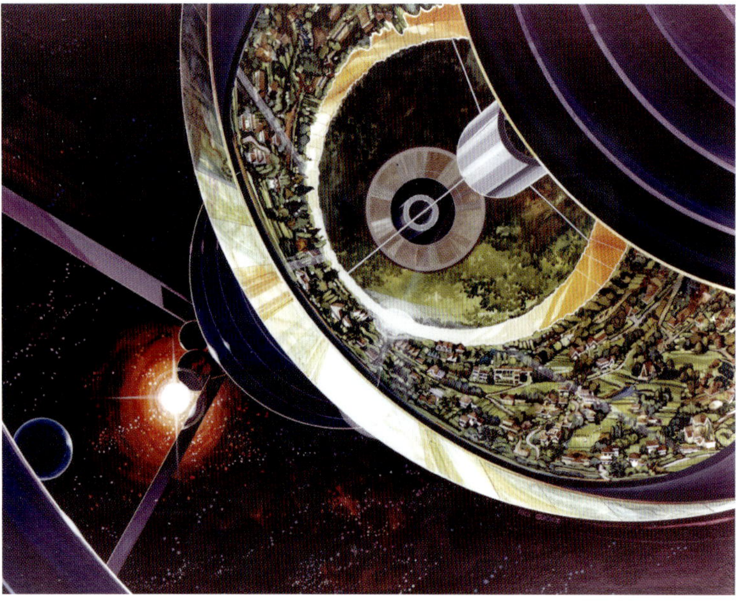

The Tsiolkovsky Axis /
Die Ziolkowski-Achse

*"Objects from a fragmentary history of space
colonization" / Another World is Possible /
Just in Time*
"Tsiolkovsky was an asshole"—the graffiti glitters in
harsh sunlight, etched on a low positioned glass
panel, perfectly readable for the passersby. This effective statement of resistance aptly combines ancient traditions of political graphics with today's reality of a Type 2 Bernal Sphere, according to
differing interpretations the third or fourth generation of self-sufficient space colonies.
Is it space colony or habitat? Are we referring to an-
tiquity's original concept, or the term's use in the
modern era? Proponents of "colony" are right, in
that at least there does not appear to be any sign of
any subjects to be colonized out here.
Konstantin Eduardovich Tsiolkovsky has come under
heavy fire anyway. This Russian village school teacher
had been the first, early in the twentieth century, to
calculate the required escape velocities for space
flight, and to conceive glazed space accommodation
and space elevators. The Soviet space program was
not the only one based on many of his ideas.

*„Objekte einer fragmentarischen Geschichte
von Weltraumkolonien" / Another World is
Possible / Just in Time*
„Ziolkowski war ein Arschloch." Das Graffiti, für
Vorübergehende gut lesbar in eines der niedrigeren
Glaspanele geritzt, glitzert im harten Licht der
Sonne. Als so einfache wie wirkungsvolle Manifestation eines Widerspruchs verbindet es Jahrtausende
alte grafische Traditionen des Politischen mit der
heutigen Realität einer Bernal-Sphere Typ 2, je nach
Lesart dritte oder vierte Generation von selbsterhaltenden Weltraumkolonien.
Speaking of, heisst es nun Weltraumkolonie, oder
doch -habitat? Bezieht man sich auf den ursprüng-
lichen antiken Begriff oder auf seine neuzeitliche bis
moderne Bedeutung? Immerhin, da haben die Ver-
fechter der „Kolonie" zweifellos recht, gibt es hier
draussen weiterhin keinerlei Anzeichen von zu ko-
lonisierenden Subjekten.
Konstantin Eduardowitsch Ziolkowski ist jedenfalls
schwer ins Schussfeld geraten. Der russische Land-
lehrer war der erste, der zu Beginn des 20. Jahrhunderts Fluchtgeschwindigkeiten berechnete sowie gi-
gantische Glashäuser im Weltall und „Space
Elevators" beschrieb. Das sowjetische Raumfahrt-
programm, und nicht nur das, basierte im großen
und ganzen auf seinen Ideen.
Das Problem mit Ziolkowski ergibt sich aus seinem
Umfeld, dem Biokosmismus: Die Avantgarde der
russischen Revolution von 1917 hatte bald die Un-
gerechtigkeit der kommunistischen Idee entdeckt.
Das Ziel, eine gerechte Welt, war rein räumlich ge-

The problem with Tsiolkovsky arises out of the context of bio-cosmism that surrounded him. The vanguard of the 1917 Russian Revolution soon caught up on the enduring injustices of the communist idea. The aim of a just world had been a spatial concept; to be achieved at some stage, but what good was the plan of establishing worldwide Soviets to millions who had already died in the struggle against the class enemy? According to the bio-cosmists communism had to be temporal as well, and benefit the resurrected dead. In turn this would obviously create a shortage of space on Earth, and hence, hey presto, the idea of space colonies; eternal communism in endless space.

The renowned misanthropist Tsiolkovsky and his bio-cosmic comrades had further ideas for improvement, which would have appealed to the German rocket pioneers at Peenemünde:
"All our laws must be based on the premise of the elimination of any imperfect forms of life…. It is like a gardener weeding out useless plants from his fields and leaving only the best vegetables standing!"

That is how they imagined their interplanetary green houses. It is against this background that we are demanding the Tsiolkovsky Axis, around which our space colony is revolving, to be renamed, and this is why the recent graffiti near it assumes such relevance. F**k Tsiolkovsky; this colony must no longer be allowed to contribute to the historical belittlement of totalitarian utopias.

Fig. right

This is a reproduction of a letters page, taken from the newsletters of the L-5 Society, ca. 1979.
It has come a long way from bio-cosmism. Americans had landed on the moon in 1969, not the Soviet cosmonauts. The image of our planet, a tiny blue marble surrounded by emptiness, briefly united the military-industrial complex with the alternative movement. The Club of Rome published *The Limits to Growth* in 1972 with a dim scenario: excessive industrialization, scarce resources and overpopulation. In 1976 Gerard O'Neill proposed his solution: space colonies with gigantic solar power generators, endless space in answer to earthly overpopulation, and boundless solar energy against the oil crisis. *The High Frontier*, with its detailed technical descriptions, became a bestseller.

dacht; zwar sollte diese schlussendlich etabliert *werden*, aber was bringt das zukünftige Ideal von weltweiten Sowjets den toten Aber-Millionen an Aufständischen, die in der menschlichen Geschichte gegen den Klassenfeind gekämpft hatten? Der wahrhaftig gerechte Kommunismus, so die Biokosmisten, musste auch zeitlich gerecht sein. Er muss den Tod überwinden und die Verstorbenen ins Leben wiedererwecken. Was natürlich zu Platzmangel auf der Erde führt. Daher: Weltraumkolonien. Unendlicher Kommunismus in den endlosen Weiten des Weltraums.
Der ausgewiesene Misanthrop Ziolkowski und seine biokosmistischen Mitstreiter_innen hatten jedoch noch andere Verbesserungsvorschläge, die sich ohne weiteres in die Fundamente der Raketenpioniere von Peenemünde integrieren lassen hätten:
„Die Grundlage unserer Gesetze muss die Vervollkommnung des Menschen und die Liquidierung aller unvollkommenen Formen des Lebens sein. [...] Das ist so, wie wenn ein Gärtner auf seinem Land alle nutzlosen Gewächse vertilgt und nur das beste Gemüse stehen lässt!"

So haben sie sich ihre interplanetaren Gewächshäuser vorgestellt. Und vor diesem Hintergrund ist die Forderung nach einer Umbenennung der Ziolkowski-Achse, um die sich unsere Kolonie heute dreht, und damit auch das weithin sichtbare Graffiti unweit dieser Achse, nicht nur eine legitime Meinungsäußerung. Ziolkowski war ein Arschloch; und diese Kolonie darf nicht länger der historischen Verniedlichung totalitärer Utopien zuarbeiten.

Abb. rechts

Auf diesem Bild sehen wir eine Leserbriefseite aus den Newslettern der L-5 Society, ca. 1979.
Das ist sehr weit weg vom Biokosmismus. 1969 waren Amerikaner auf dem Mond gelandet, und nicht sowjetische Kosmonaut_innen. Das Bild unseres Planeten, die kleine blauen Murmel im Nichts, schloss für kurze Zeit den militärisch-industriellen Komplex mit der alternativen Bewegung kurz. 1972 veröffentlicht der Club of Rome die *Limits to Growth* und malt ein düsteres Zukunftsszenario: ausufernde Industrialisierung, Rohstoffknappheit, Überbevölkerung. 1976 publiziert Gerard K. O'Neill einen Lösungsvorschlag für die Grenzen des Wachstums: Weltraumkolonien mit gigantischen Solar-

The L-5 Society needs to become much more vocal in Washington, D.C. because of Carter's recent announcement rejecting ''spectacular'' space missions. Let's group together and support a presidential candidate in 1980 who will at least attempt to support the colonization and industrialization of space. Also, with the current interest in space so prevalent among the younger people in this nation, it becomes imperative to keep that interest kindled so that the majority of voters in 10 years will support the L-5 Society's goals. I hopefully intend to continue my membership until space colonization is achieved.

Barbara A. Mackinder
Denver, Colo.

I've been a member of the L-5 Society for two years. In that time I've seen it go from a group that was actively trying to change the future course of technology to one that has become a cheering section for a couple of big corporations. The goal is still important, but the means have changed. I wish you people good luck, but I don't want to help support Boeing and Grumman, etc.

Steven Lubar
Chicago, IL

A problem with colony architecture that has occurred to me is that in a sharply curved space, you could hear all of your neighbor's stereos. Robert Heinlein might not appreciate me playing Jimi Hendrix and Led Zeppelin at the level at which I like hearing them. Sound insulation is a problem that can be solved, but it should have some attention paid to it. In the 21st Century, large colony sizes will hopefully reduce this problem.

Michael C. Emmert
San Antonio, TX

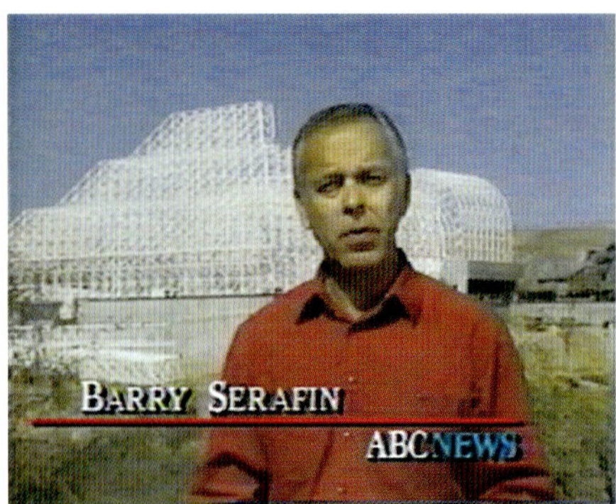

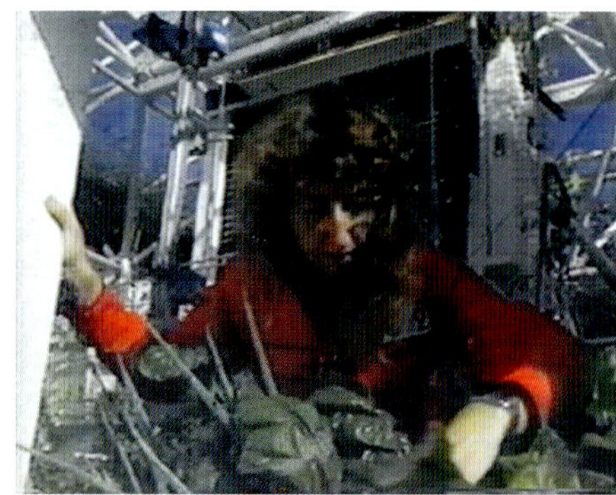

Supporters of his idea set up the *L-5 Society* in the United States. It united grass roots activists with technocrats, hippies, and advocates of American liberty. As lobbyists they supported pro-space presidential candidates and managed to stop the Senate from approving an amendment to the UN *Outer Space Treaty*, which would have prohibited private ownership claims in outer space and the commercial exploitation of celestial bodies, and thus ban the establishment of space colonies.

Gazing down today through the huge windows of our small world onto the Earth beneath us, we feel tempted to agree. And coming back to our disputed "colonial" terminology we are reminded of Foucault's description of the floating heterotopia of the ship as it bears both utopian ideals and concrete economic interests along its trip to the New World.

Fig. top

On November 9, 1989, ABC aired the first ever *prime-time* news item on *Biosphere 2*. It was a five-minute report on an experimental glass construction in the Arizona Desert, an enclosed and self-sufficient ecological system, "a small man-made world, including a rainforest, an ocean, savannah, etc." Built between 1991 and 1993, it was inhabited by eight people, living off self-grown food and recycled air and water. It was an experiment to explore interconnected global ecological factors, as well as the possibility of establishing self-sufficient space colonies. The comment called it a utopian project, a "Noah's Ark", and an artificial Garden of Eden, and it goes on to emphasize the unpredictable nature of a hith-

kraftwerken, unendlicher Raum als Antwort auf irdische Überbevölkerung, unendliche Sonnenenergie statt Ölkrise. *The High Frontier* mit seinen auch technisch detaillierten Überlegungen wird zum Bestseller.

In den USA bilden Unterstützer_innen seiner Ideen die *L5-Society*, eine Grassroots-Bewegung, die Technokrat_innen, Hippies und Verfechter_innen amerikanischer Freiheitsideale versammelt. Als Lobbying-Organisation unterstützt man weltraumaffine Präsidentschaftskandidaten und verhindert die Unterzeichnung des UN-Mondvertrags durch den US-Senat. Diese Erweiterung des *Outer Space Treaty* verbietet private Eigentumsansprüche im Weltraum und die kommerzielle Nutzung von Himmelskörpern, und hätte aus Sicht der L5-Enthusiast_innen somit auch die angestrebten *Space Colonies* verhindert.

Wenn wir heute aus den gigantischen Fenstern unserer kleinen Welt auf die Erde blicken, sind wir versucht, ihnen Recht zu geben; auch mit neuerlichem Verweis auf die langjährige Diskussion zum Begriff der „Kolonie" werden wir unweigerlich an Foucaults Beschreibung der schwimmenden Heterotopie des neuzeitlichen Schiffs erinnert, das auf seiner Fahrt in die Neue Welt sowohl utopische Ideale als auch handfeste ökonomische Kolonialinteressen mit sich führte.

Abb. oben

Am 9.11.1989 lief auf ABC der erste *Prime-Time*-Nachrichtenbeitrag über *Biosphere 2*. Die fünfminütige Reportage berichtet über das Experiment eines

erto unprecedented experiment. Would the system self-organize itself perfectly in a kind of miniature version of Earth, or would everything turn into green slime?

Our sequence cuts straight into the report on Biosphere 2, immediately following the initial signature tune of the program. The ensuing gap would have been filled with the day's other epoch-making news: the fall of the Berlin Wall.

While the familiar bipolar world order was collapsing in its wake, giving rise to a new dimension in economic, cultural and technological "globalization," eight people prepared for life in space. They, as much as their ideas, had been influenced by the counter culture of the nineteen sixties and seventies. Now, however, the rebellious concepts of 1968 had become obsolete, the United States proclaimed "victory" in the Cold War and the "End of History." Biosphere 2 was wedged in between two epochs; a modest adjuster hinge, which broke during the tumult of historic change and got lost.

Elsewhere, erstwhile sociologist of science Bruno Latour was devising his philosophy of a new ecology, a radical extension of the biological concept of relational networks. He declared obsolete the modernist concept of the dichotomy of society and nature and called for a more holistic approach that includes animate as well as inanimate objects as "actants" in networks.

One of the nicest definitions of the kind of infinity surrounding us here was once given by a close follower of Latour's, Graham Harman, an advocate of Speculative Realism: "In short, space is the name for the fact that things fail to be in direct contact without being outside all contact entirely." Harman created the fundamentals for an object-oriented ontology along a path of "mythologies," an assemblage of experimental thought combining mundane everyday experience, a history of philosophy, and narrative speculation. I should like to propose a similar conceptual experiment here. Let us imagine the readers of these lines were not positioned on board our space colony, not even at any location in our current present.

Let's assume instead they lived in another time, somewhere in the past, the early twenty first century, as contemporaries of Harman's. Space colonies would not be part of their reality, but they would belong to the realm of science fiction instead—

riesigen Glashauses in der Wüste Arizonas: ein geschlossenes ökologisches System, „a small man-made world, including a rainforest, an ocean, savannah, etc." Von 1991 bis 1993 werden hier acht Menschen autark leben – ihre Nahrung bauen sie selbst an, Sauerstoff und Luft werden recycled. Ziel des Projekts ist die Erforschung globaler ökologischer Zusammenhänge wie auch der Möglichkeit von selbsterhaltenden Weltraumkolonien. Der Kommentator spricht von einem utopischen Projekt, einer neuen Arche Noah, einem künstlichen Garten Eden, aber auch von der Ungewissheit des Ausgangs des bisher beispiellosen Experiments: Wird sich das System selbst organisieren, eine kleine neue Erde, oder wird alles zu grünem Schleim?

Die uns vorliegende Archiv-Aufnahme schneidet nach der Anfangs-Signation direkt zum Beitrag über Biosphere 2. In der Leerstelle dieses Schnitts wurde mit Sicherheit eine epochale Nachricht gesendet: der Fall der Berliner Mauer.

Während sich in der Folge die bipolare Machtordnung der Welt auflöste und ein neues Level von „Globalisierung" in ökonomischer, kultureller und technologischer Hinsicht anbrach, erprobten acht Leute das Leben im Weltraum. Sie selbst wie auch ihre Ideen waren geprägt von den Alternativbewegungen der 1960er und 1970er Jahre. Die Aufbruchstimmung und Utopien des Jahres 1968 waren jedoch endgültig passé, die USA verkündeten als „Sieger" des Kalten Kriegs kurzerhand das „Ende der Geschichte". Biosphere 2 fand exakt zwischen diesen Epochen statt, ein kleines Scharnier des Wandels, das im Tumult der Zeitgeschichte zerbrach und abhanden kam.

Andernorts begann der ursprüngliche Wissenschaftssoziologe Bruno Latour zur gleichen Zeit mit dem Entwurf seiner Philosophie einer Neuen Ökologie, einer radikalen Ausweitung des biologischen Konzepts relationaler Netzwerke. Er erklärte die moderne Dichotomie von Natur und Gesellschaft für obsolet und forderte statt dessen eine gesamtheitliche Sicht, ein Einbeziehen belebter wie unbelebter Objekte als „Aktanten" von Handlungszusammenhängen. Eine der schönsten Definitionen der uns hier umgebenden Unendlichkeit lieferte im Gefolge von Latour einst Graham Harman, Vertreter des Spekulativen Realismus: „In short, space is the name for the fact that things fail to be in direct contact without being outside all contact entirely."

somewhere in the distant future. Our own reality and daily life would be of their future. *A possible future*, one might add. Wrong. None of the scenarios imaginable by them could even begin to grapple with the complex reality of our real present. From the point of view of such an imaginary readership we would simply be inexplicable. With that tragic conclusion we feel *hardly able* to continue writing about our current existence. What we can and have done is write about the past—to the extent to which it is shared by our readership. Objects from that past unite us, even if theirs and our perception of them differs. Even if our readers had no knowledge of them at all, such objects could be evoked.

Yet every blind rivet of the central axis of our space colony would defy description. We are able to deal with the Third Position-ideology between Soviet and Nazi space pioneers, deliver an analysis of the social background of members of the L5-Society, or expound on weather conditions during the collapse of the Berlin Wall; but any object from our current situation—be it the tiniest screw right through to rumors of political change—are impossible to describe.

So we are capable of writing on Tsiolkovsky. Though strictly speaking we've already gone too far by describing the dubious central axis. What axis? A graffiti? Did it get reported to the police as an act of vandalism? What sort of government would have passed the relevant laws and where? Based on which tradition, what sort of political theory? And ruling over what kinds of subjects? Perhaps even things?

Whilst space colonies had been sketched out fairly accurately in the nineteen twenties and seventies, by the beginning of the twenty first century, they had faded from people's imagination. The full implications and emergent phenomena outside the realm of conventional earthly forces of gravity are unimaginable to our readership, whose enthusiasm for the latter is at best dubious. Would they be able to speculate on any ensuing social change, political activism, or independence movements? Could space colonies be analogous to nation states? Could we still evolve? Could it mark a biological benchmark? Or even of a resurgence of eugenics?

What role would religion have if we all lived in heaven? Will old colonies be vacated at some stage? Could there be a market for empty property? Would there be squatting? And what sort of utopian vision

Harman entwarf die Grundpfeiler seiner Objektorientierten Ontologie entlang von „Mythen", Gedankenexperimenten, in denen er alltägliche Erlebnisse, Philosophiegeschichte und märchenhafte Spekulation verflocht. Ich möchte hier ein ähnliches Gedankenexperiment vorschlagen:

Stellen wir uns vor, die Leser_innen dieser Zeilen befänden sich nicht an Bord unserer Weltraumkolonie, ja noch nicht einmal an irgendeinem anderen Ort unserer Gegenwart, sondern in einer anderen Zeit, einer vergangenen Epoche: dem beginnenden 21. Jahrhundert. Sie wären also Zeitgenoss_innen Harmans. Weltraumkolonien wären ihnen nicht Realität, sondern Science Fiction, ferne Zukunft. Unsere Gegenwart, unser Alltag wären ihnen somit ebenso Zukunft; *eine mögliche Zukunft*, könnte man sogleich hinzufügen. Falsch. Keines der unzähligen Szenarien, die diese Leser_innen entwerfen könnten, wie auch immer einfallsreich, würde der realen Komplexität unserer tatsächlichen Gegenwart auch nur nahe kommen. Aus der Sicht der vorgeschlagenen Leser_innenschaft wären wir schlicht: unfassbar. Einer solch tragischen Einsicht folgend, können wir in diesem Text *nichts* über unsere Gegenwart schreiben; was wir können, und auch getan haben, ist über die Vergangenheit schreiben – insofern sie auch die der Leser_innen ist. Die Objekte dieser Vergangenheit verbinden uns, mögen sich unsere Wahrnehmung und Bewertungen jener Objekte auch unterscheiden. Selbst wenn unsere Leser_innen – im Gegensatz zu uns – keinerlei Wissen von ihnen hätten, so wären diese Objekte doch ansprechbar.

Doch jede Blindniet der Zentralachse unserer Kolonie wäre ausserhalb jeder Beschreibbarkeit. Wir können über die ideologische Querfront zwischen sowjetischen und nazi-deutschen Weltraumpionier_innen schreiben, eine Analyse der sozialen Herkunft von Mitgliedern der L5-Society anstellen, oder über die nächtlichen Witterungsverhältnisse beim Fall der Berliner Mauer Balladen dichten, aber jegliches Objekt unserer Gegenwart, von der kleinsten Schraube zum Gerücht eines politischen Umsturzes, ist unmöglich darzustellen.

Wir können über Ziolkowski schreiben, ja. Aber streng genommen haben wir uns schon mit der Schilderung des Disputs um die Bezeichnung unserer Zentralachse zu weit aus dem Fenster gelehnt. Welche Achse, nochmal? Ein Graffiti? Hat es eine Anzeige wegen Sachbeschädigung gegeben? Welche

could the squatters entertain? Could there be new dispositifs in addition to the categories of gender, ethnicity and class to be discussed in new academic institutions? What media would it take to disseminate these ideas and texts? Unforeseen distribution channels evolving out of what kind of new technology? What sort of language could express all this, and in which language anyway?

We have definitely overextended our brief. The cracks in the construct of our thoughts appeared as soon as we mentioned the anti-Tsiolkovsky graffiti. A glittering explosion, illustrated by the news images popping up this very moment: "Tragic Accident: Leak kills two workers. Glass pane bursts during graffiti removal."

"Tragic accident." Tsiolkovsky, you asshole!

neue Regierungsform würde das zugrundeliegende Gesetz beschlossen haben, und wo? In welcher Tradition, auf welchen politischen Theorien beruhend? Welche Subjekte regierend? Etwa auch Objekte, Dinge?

Wenn Weltraumkolonien in den 1920ern und 1970ern auch mehr oder weniger realistisch skizziert wurden, zu Beginn des 21. Jahrhunderts waren sie wieder in die weite Ferne der Imagination gerückt. Für unsere Leser_innen – sollten sie sich überhaupt dafür begeistern lassen – sind die Implikationen und Emergenzphänomene eines Lebens ausserhalb der irdischen Schwerkraft undenkbar. Würden sie über die resultierenden gesellschaftlichen Veränderungen spekulieren? Über neue politische Bewegungen, womöglich Unabhängigkeitsbewegungen? Wären Kolonien Analogien von Nationalstaaten? Gäbe es evolutionäre Anpassungen, einen biologischen Scheideweg? Oder gar eine Renaissance eugenischer Selektionsideen?

Welche Rolle würden Religionen spielen, wenn man schon im Himmel ist? Werden alte Kolonien von ihren Bewohner_innen irgendwann auch verlassen, und gibt es einen Immobilienmarkt für leerstehende Strukturen, und kommt es dann zu Besetzungen? Welche Utopien diskutieren die Besetzer_innen? Gesellen sich neue Dispositive zu den Kategorien von Geschlecht, Ethnie und Klasse, die wiederum in neu-entstehenden akademischen Schulen diskutiert werden? Auf welchen Medien würden die diesbezüglichen Texte rezipiert und vertrieben werden? Distributionskanäle, die sich wiederum unvorhergesehenerweise aus der Nutzung welcher neuer Technologien ergeben hätten? Welche Sprache könnte dies alles beschreiben, ja, welche Sprachen denn nun überhaupt?

Wir haben uns definitiv zu weit aus dem Fenster gelehnt. Das Gedankengebäude unseres narrativen Konstrukts zersplitterte bereits mit der ersten Erwähnung des Anti-Ziolkowski Graffitis. Eine funkelnde Explosion, die von den Bildern der soeben eintrudelnden Nachrichten illustriert wird: „Tragischer Unfall: Explosionsleck tötet zwei Arbeiter. Glaspanel bei Graffiti-Entfernung zerborsten"

„Tragischer Unfall." Ziolkowski, du Arschloch!

Kerstin Meyer

L'Auditeur /
The Auditor

L'Auditeur (The Auditor) is a collaborative work by Achim Lengerer and myself. It is a structured approach to the World Social Forum at Dakar, Senegal. The World Social Forum is a platform of social activism against global capitalism. It takes place on a bi-annual basis. We perceived of the Forum as an entity, a political formation, in which we'd participate and where we'd be able to get involved with our own chosen structural means.

Personally, I became interested in the Forum because it is organized at non-governmental level, especially in Senegal, where I had been working as an economist. Achim concerns himself with the material nature of language and speech as well as editing the magazine *Scriptings*. Mohamadou Diol and Seydou Ndiaye were our invited audience. Both are active in their resident Yaraax neighborhood of Dakar in emancipatory theater in the vein of Augusto Boal, which galvanizes the audience into action.

For the project we chose to implement a listening pattern as follows:
Our two Senegalese playwrights would listen in

Die Arbeit *L'Auditeur (Der Zuhörer)* von Achim Lengerer und mir ist eine strukturelle Herangehensweise an das Weltsozialforum in Dakar. Das Weltsozialforum ist eine Plattform der sozialen Bewegungen gegen den globalen Kapitalismus. Es findet alle zwei Jahre in einem anderen Land statt. Wir verstanden das Forum als eine Form, ein politisches Gebilde, an der wir teilnehmen oder auf die wir uns einlassen mithilfe einer eigenen mitgebrachten Form.

Mich interessierte das Forum, weil es von der Zivilgesellschaft organisiert wird, zumal im Senegal, wo ich lange als Ökonomin tätig war. Achim arbeitet zur Materialität von Sprache und Sprechen und gibt die Zeitschrift *Scriptings* heraus. Mohamadou Diol und Seydou Ndiaye waren die von uns eingeladenen Zuhörer. Beide machen in ihrem Viertel in Dakar, Yaraax, emanzipatorisches Theater nach der Methode von Augusto Boal, bei der die Zuschauer_innen zu Akteur_innen werden.

Wir haben für das Projekt folgende Hörstruktur als Arbeitsweise gewählt:
Die senegalesischen Theaterautoren hörten dem Weltsozialforum zu, schrieben daraus täglich ein

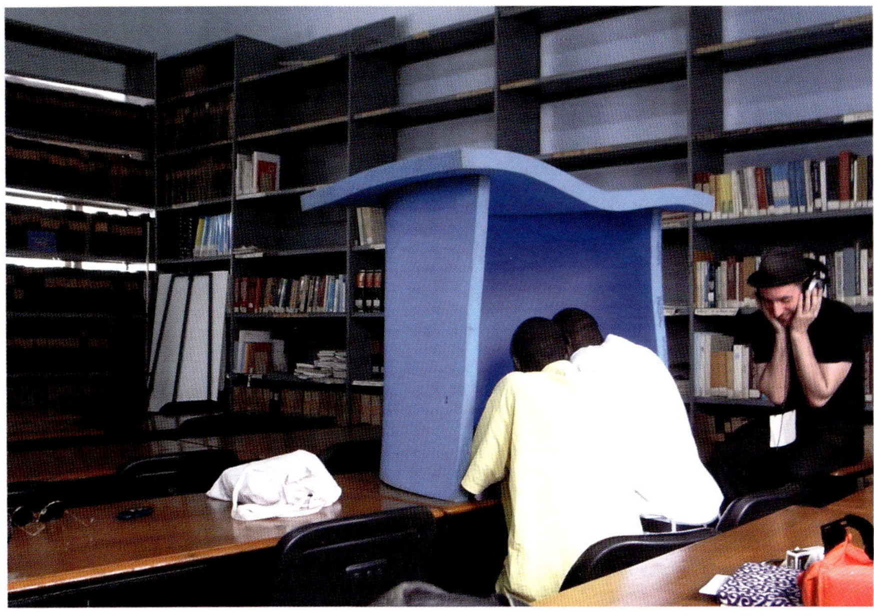

L'Auditeur, 2011,
Photo: Kerstin Meyer

to contributions from the World Social Forum, daily turn this into a script for immediate radio-play production in our mobile on-site studios. Finally both Mohamadou and Seydou as well as Achim and myself would make respective use of the material at Dakar and Berlin. In practise Mohamadou and Seydou wandered around the Forum site each day for several hours, listening in to the talks as they happened, taking notes all the time, immediately turning them into radio plays that were subsequently rehearsed and recorded in our mobile sound studios. The studio booth consisted of two blue foam mats which could be transported and set up easily anywhere on the extensive Forum site.

Coming from Berlin and participating in a World Social Forum in Africa requires you to engage in significant processes of perception and communication in order to be able to appraise conditions and conduct yourself accordingly. Our project reconfigures certain of these aspects of adjustment. You could define them as "perceiving the Forum in Senegal from a Senegalese perspective," "listening in to a huge situation," and "reporting from within an enclosed, non-public situation."

Skript und setzten es sofort in unserem mobilen Tonstudio vor Ort als Hörstück um. Schliesslich arbeiten Mohamadou und Seydou in Dakar sowie Achim und ich in Berlin jeweils auf eigene Art und Weise mit den Materialien weiter. In der Praxis wanderten Mohamadou und Seydou täglich einige Stunden auf dem Forumsgelände herum oder saßen in einer Veranstaltung und hörten zu. Während dieser Arbeit entstanden Notizen, die sie dann schriftlich zu einem Hörstückskript ausarbeiteten, gleich probten und mit uns in unserem mobilen Tonstudio aufnahmen. Das Studio bestand aus zwei blauen Schaumstoffteilen, die sich gut über das große Gelände tragen und überall aufbauen ließen.

Wenn man aus Berlin an einem Weltsozialforum in Westafrika teilnimmt, sind intensive Prozesse der Wahrnehmung und Verständigung gefordert, um Verhältnisse einordnen und darin agieren zu können. In unserem Projekt werden einzelne Momente davon neu organisiert und konstruiert. Man könnte sie nennen: „das Forum im Senegal aus senegalesischer Sicht wahrnehmen", „einer sehr großen Situation zuhören", und „aus einer geschützten nichtöffentlichen Situation berichten".

The Scripts will be published as
Scriptings#17: L'Auditeur / The Auditor
Our partner in Dakar is Keur Thiossane,
Villa pour les Arts et Médias.
With friendly support from the Institute
for Foreign Cultural Relations (ifa).

Die Skripte werden publiziert als
Scriptings#17: L'Auditeur / The Auditor
Partner in Dakar ist Keur Thiossane,
Villa pour les Arts et Médias.
Mit freundlicher Unterstützung vom
Institut für Auslandsbeziehungen (ifa).

S'Exercer à la Prise de la Parole

For this work executed in June 2010 in Dakar we again juxtaposed a sheltered studio space with a public aural sphere. Using a sound studio a workplace we created this audio drama for five voices in collaboration with Mohamed Seck, Aziz Cissé and Arfang Sarr Crao. For the public part *Débat pour l'Emission Radiophonique (Debate for a Radio Programme)* I collaborated with local broadcaster Manoré FM and invited the three Forum organizers, Taoufik B. Abdallah from the African Secretariat, and Miniane Diouf and Buuba Diop from the Senegalese Secretariat, to take part in a debate with concerned artists and activists on how they would prepare the Forum. What struck us at the time was that many correspondents were primarily concerned with their personal expectations and seemed to overlook dealing with any opportunities for a collective approach. The fog had obviously not lifted during the ensuing months, so when the actual World Social Forum took place, between 6 and 11 February, 2011, the pivotal infrastructure requirement for an open forum of debate was lacking: there was no binding time schedule nor definitive space assignation for most of the 350 daily events that should have taken place on the extensive three by three kilometer university grounds. In the confusion many events did not therefore happen, and participants had to resort instead to wandering around, searching for any interesting talks that did take place.

Diol's theatrical company *Kaddu Yaraax* was not given an official slot to perform either, expectant to the last. "C'etait fâcheux!," "How annoying!." In retrospect he had the impression that only those artists performed who had personally been "mobilized," by the organizers directly. The word "mobilize" came up so much that I had to inquire. It was used to denote "faire venir," "to have them come," in political connotations that left unclear whose calling it was.

For the next World Social Forum Mohamadou Diol is now convening a *Forum Social des Artistes* in order to galvanize shared artistic initiative.

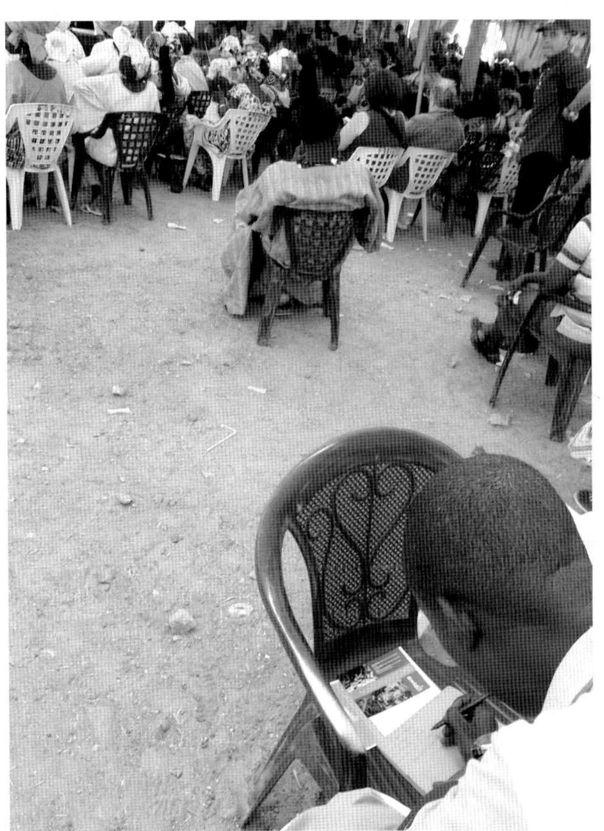

L'Auditeur, 2011
Photos: Kerstin Meyer

p. 168 top / S. 168 oben
Assembly of social movements, World
Social Forum, Dakar, 2011
Versammlung der sozialen Bewegungen,
Welt Sozial Forum, Dakar 2011
Photo: Kerstin Meyer

p. 168 below / S. 168 unten
L'Auditeur, 2011
Photo: Kerstin Meyer

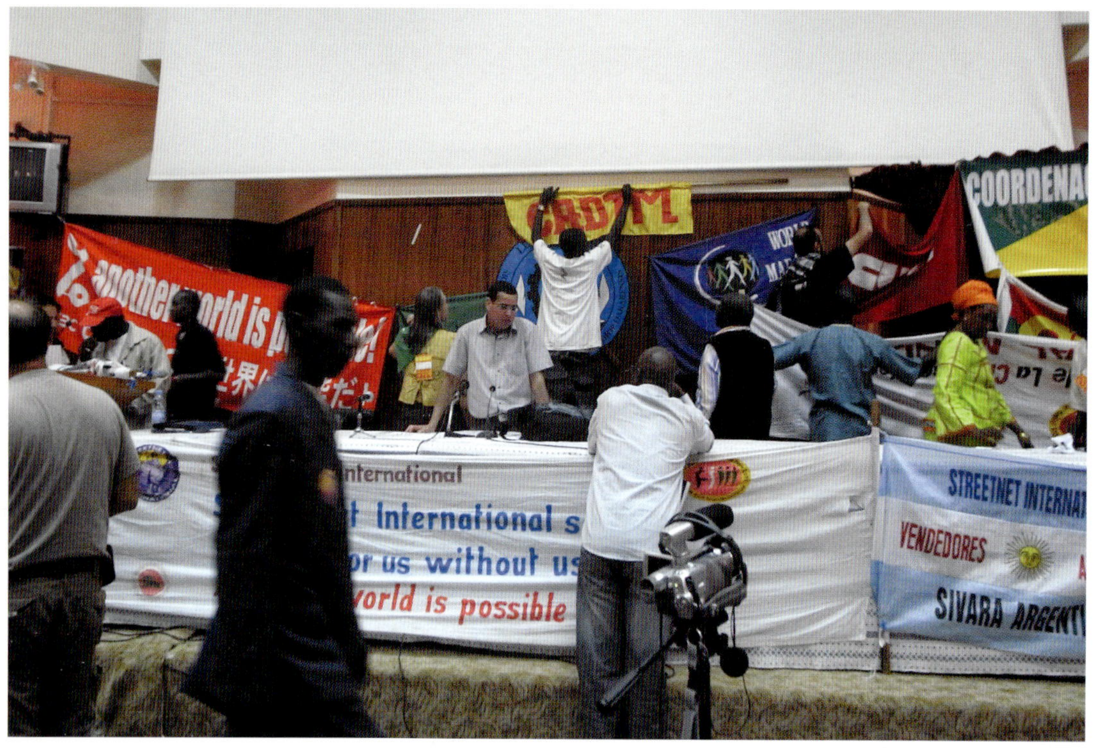

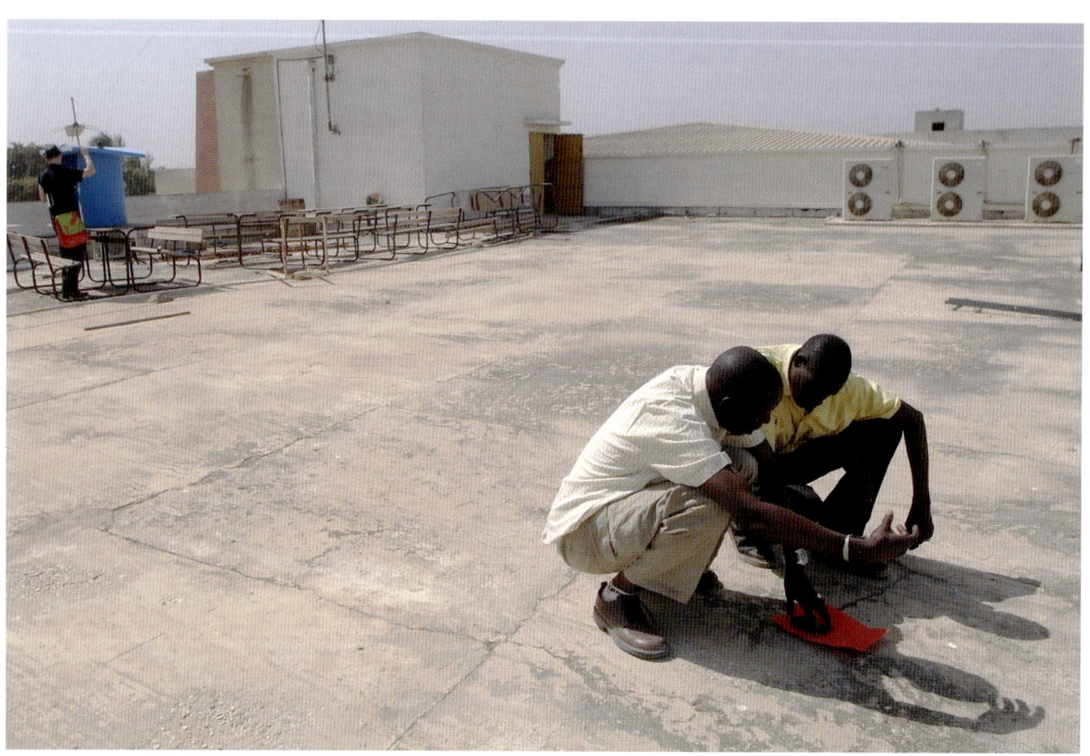

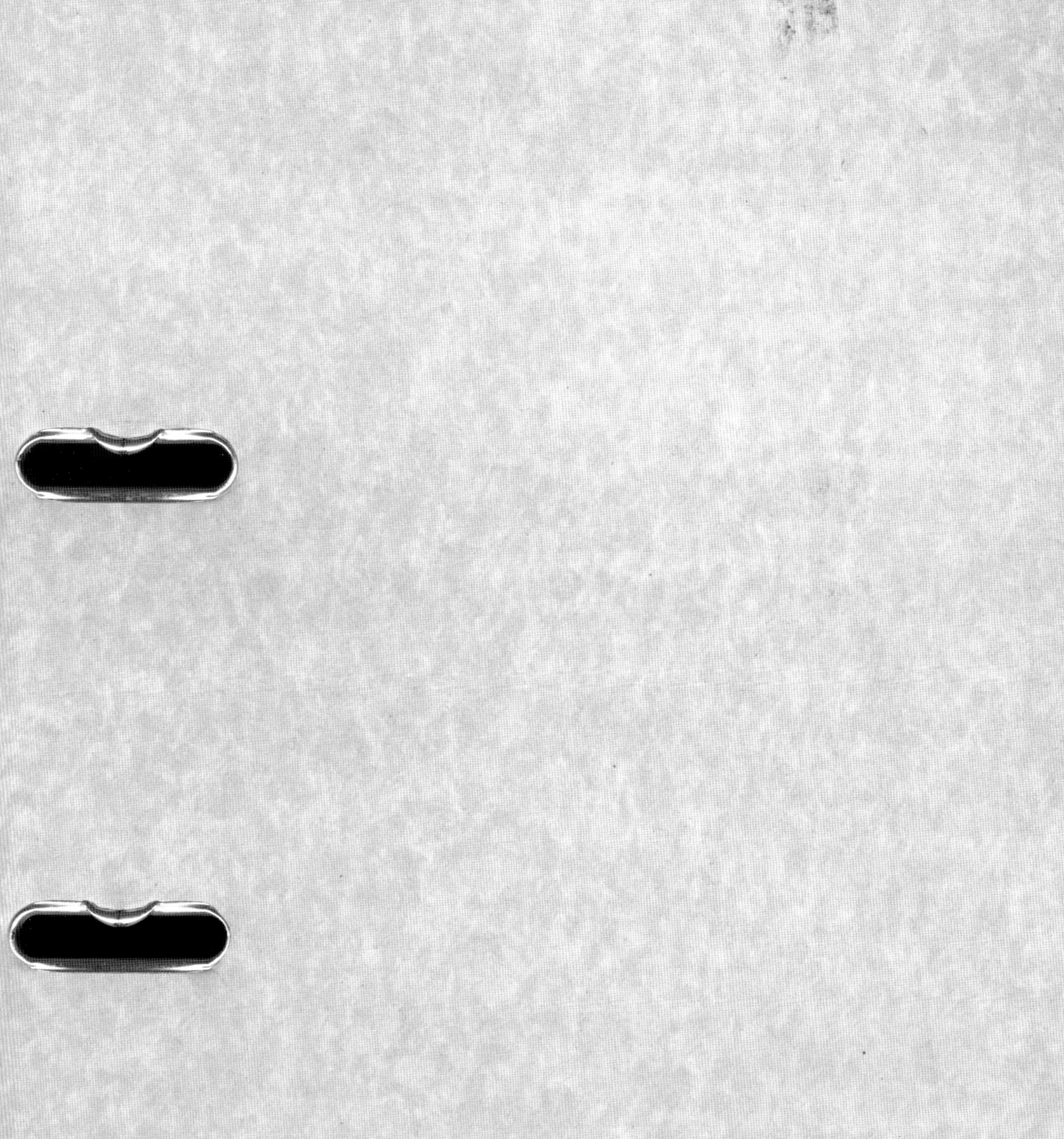

Franziska Lesák + Ricarda Denzer

Gray Area /
Graue Zone

Text by / von
Franziska Lesák

p. / S. 171
Cover periodical *Západ* from the Research Center for the History of Minorities, Vienna
Titelbild der Zeitschrift *Západ* aus dem Forschungszentrum für historische Minderheiten, Wien

Notes on "commitment" in the arts in communist Prague

The exhibition *Other Possible Worlds—Proposals this Side of Utopia* has its correlation in the historic example of the fate of the arts scene in Czechoslovakia during communism. It illustrates how parallel structures emerged where scientific and artistic progress could thrive.

The follow-up to the suppression of the Prague Spring of 1968 reverberated everywhere and with particular severity amongst the critically minded part of the population. It destroyed any hopes for socialism with a human face. The subsequent years were characterized by a period of "neutralization." Many intellectuals were forced to emigrate, some remained as dissidents, and others preferred a state of internal migration. Most could no longer work in their professions and had to survive on menial labor.

Against this background a parallel and independent artistic subculture emerged whose protagonists attempted to continue working in spite

Notizen zum „Engagement" von Kunst im kommunistischen Prag

Der Titel der Ausstellung *Other Possible Worlds – Entwürfe diesseits von Utopia* findet eine Entsprechung im historischen Beispiel der kulturellen Entwicklung in der Tschechoslowakei während des Kommunismus. Hier lässt sich ablesen, wie innerhalb eines totalitären Regimes parallele Strukturen entwickelt wurden, um die wissenschaftliche und künstlerische Arbeit eines Landes fortsetzen zu können.

Einschneidend für alle und im Besonderen für den kritischen Teil der Bevölkerung waren die Folgen der Zerschlagung des „Prager Frühlings" 1968. Damit waren die Hoffnungen auf einen „Sozialismus mit menschlichem Antlitz" zunichte gemacht. Die Jahre, die folgten, waren geprägt von der Periode der „Neutralisierung". Viele Intellektuelle mussten emigrieren, viele blieben als Dissident_innen im eigenen Land in Opposition, andere zogen sich in die „Innere Emigration" zurück. Die meisten konnten nicht mehr in ihren angestammten Berufen arbeiten und mussten beispielsweise als Heizer oder Putzfrauen ihren Lebensunterhalt verdienen.

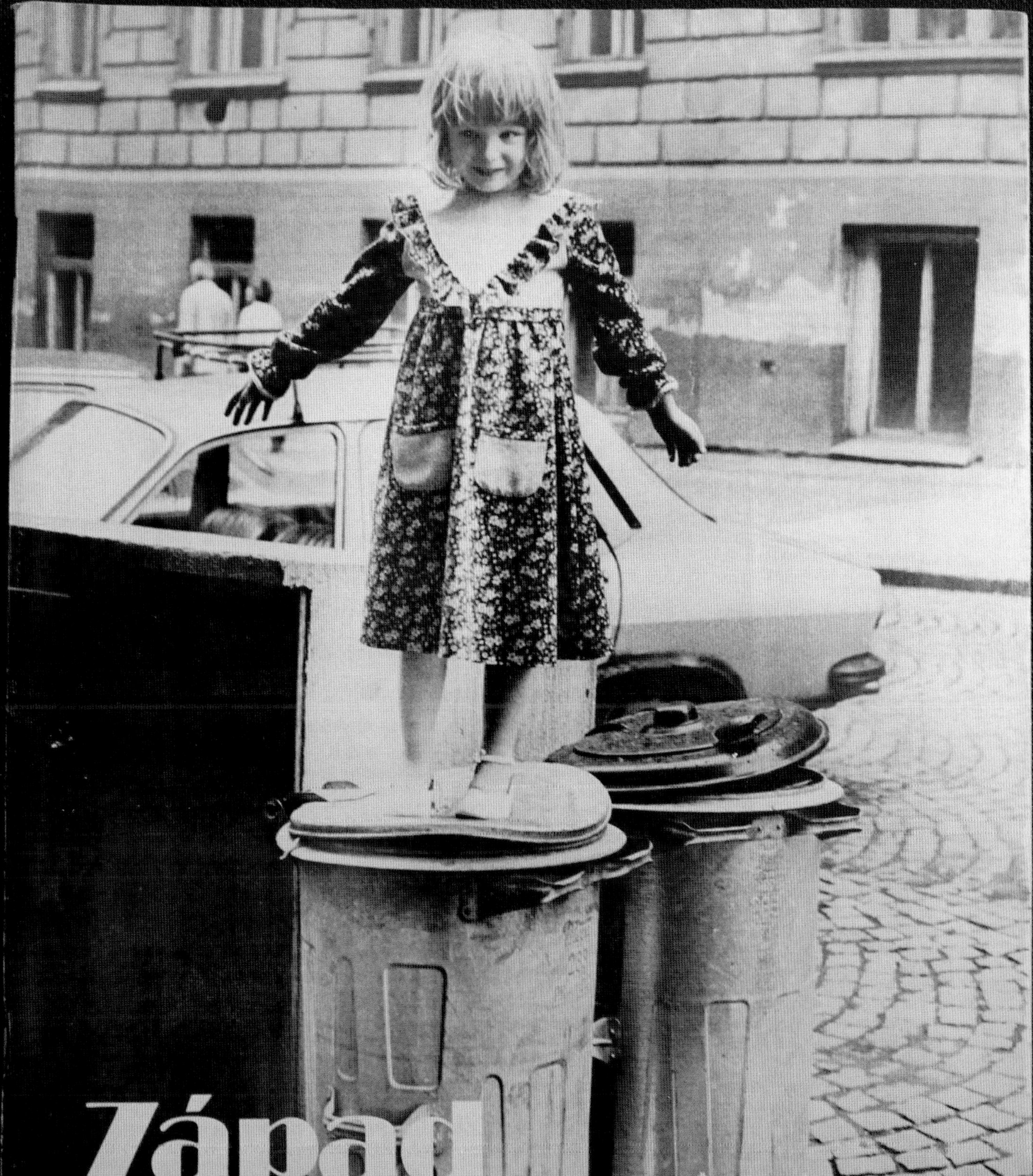

Západ

Ročník 7.   Číslo 6.   Prosinec 1985

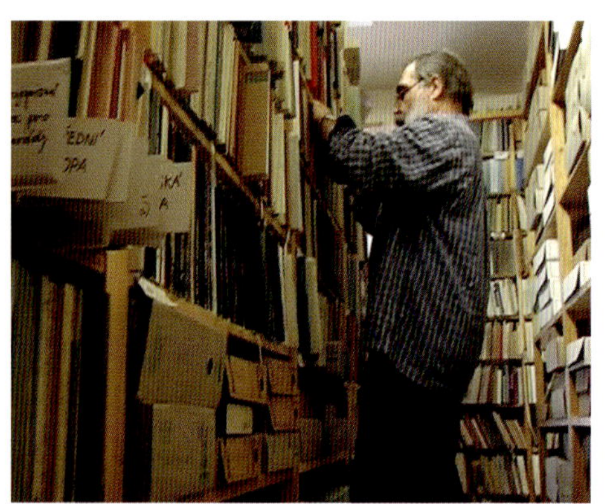 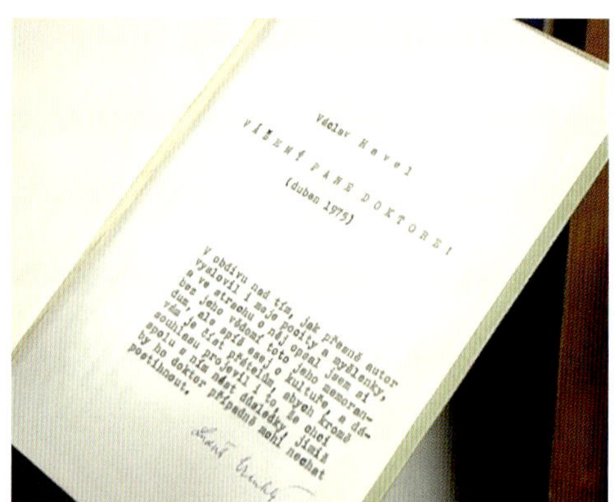

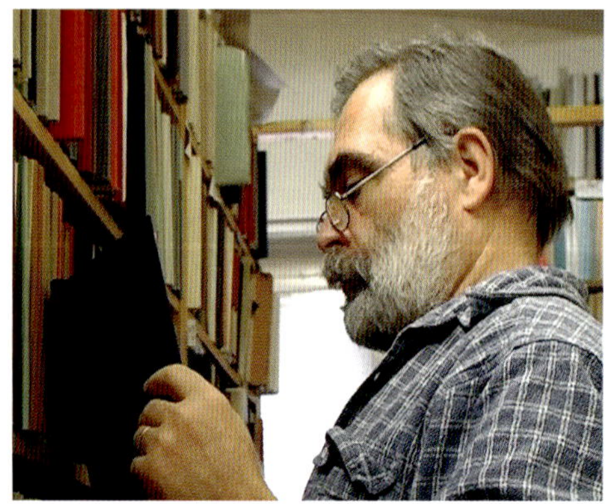 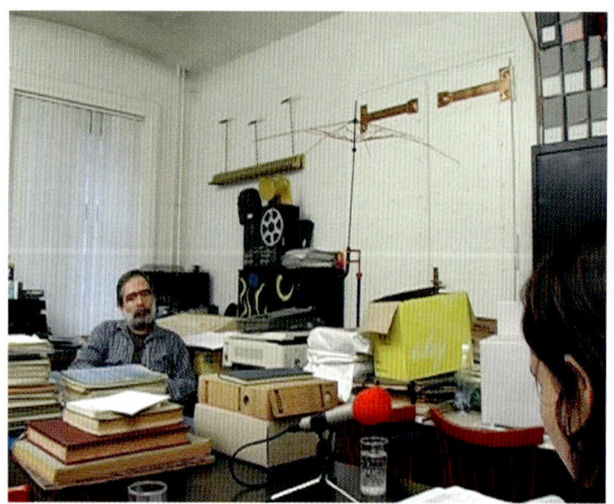

Ricarda Denzer, *šmuglovat*, 2011,
Videostills. Video: 80 min., Tschechisch/
Deutsch / Czech/german.

of the repressions. Evening universities [1] operated underground, establishing their own structures of assembly and dissemination. Writers and researchers would publish work in unofficial *Samizdats*.[2] Exhibitions and concerts were organized privately and in non-institutional locations. Lifestyles and working methods of dissent [3] arose which are reclaiming their relevance for today's important and innovative context of arts projects staged in self-organized spaces, academies, laboratories and distribution networks, as seen in this exhibit *Other Possible Worlds*.

Curator and architectural theoretician Jiří Ševčík describes his experience with independently-organized structures: "Basically the rift with conventional society can be dated back to the year 1948. Intellectual circles nevertheless insisted on maintaining contact via documents, books, text, etc. The fifties and sixties were hence part of our destiny. They are part of our experience, which has to some extent been an original one, something that has determined the attitudes of generations. In the post totalitarian era of the seventies it meant having to resort to a non-official level, to a kind of alternative subculture." [4]
He continues to describe these events in more detail: "In the late nineteen seventies, we organized many exhibitions at alternative venues. Usually these were the cultural houses in the periphery of Prague where it was possible to put up shows at short notice." [5]
Věra Jirousová describes the ingenuity required to present work to an interested audience: "In the nineteen sixties and seventies I made friends with Olga Karlíková, who'd always be in the company of Václav Havel. She was one of these eccentric personalities who always did whatever she felt like doing. Emotion and action are always symbiotically linked in her work—something she herself only saw later. Olga Karlíková too was not officially allowed to show and that's why she was looking for out-of-town spaces or participated in clandestine improvised shows in private Prague studios." [6]
Jirousová's description mirrors the kinds of activities that continue to be driven by the contemporary arts scene in the Czech Republic and elsewhere in western Europe. "It was impossible

Vor dem Hintergrund dieser repressiven Politik hat sich eine parallele, unabhängige Kultur entwickelt, deren Protagonist_innen ihre Arbeit trotz der Repressalien fortzusetzen versuchten. An den im Untergrund operierenden Abenduniversitäten [1] etablierten sich eigene Strukturen der Versammlung und Vermittlung. Autor_innen und Wissenschaftler_innen veröffentlichten ihre Schriften im *Samizdat* [2], einer inoffiziellen Plattform selbstpublizierter Texte. Ausstellungen und Konzerte fanden in privaten Räumen oder an nicht-institutionellen Veranstaltungsorten statt.
In jener Zeit haben sich Lebens- und Arbeitsformen im Dissens entwickelt [3], die im Zusammenhang der Ausstellung *Other Possible Worlds* die gegenwärtige Entwicklung von Kunstprojekten in selbstorganisierten Räumen, Akademien, Laboren und Distributionsnetzwerken als wichtiges und innovatives Arbeitsfeld bestätigt.

Die Erfahrung mit selbstentwickelten Strukturen beschreibt der Kurator und Architekturtheoretiker Jiří Ševčík: „Grundsätzlich ist der Bruch mit der alten Gesellschaft auf das Jahr 1948 zu datieren. Dennoch unterhielt die intellektuelle Gesellschaftsschicht weiterhin Kontakte mit Hilfe von Dokumenten, Büchern, Texten usw. Die Fünfziger ebenso wie die Sechziger Jahre waren sozusagen Teil unseres Schicksals. Diese Zeit ist eine Erfahrung, die wir durchgemacht haben, die eine besondere, im gewissen Sinne eine originelle gewesen ist, eine Sache, die ganze weitere Generationen und ihre Haltungen für lange Zeit geprägt hat. Denn in den Siebziger Jahren bedeutete dies, in der sogenannten posttotalitären Zeit zum Nichtoffiziellen, zu einer Art alternatieen Subkultur zurückzukehren." [4]
Zur Charakteristik dieser Veranstaltungen ergänzt er: "Ende der Siebziger Jahre haben wir viele Ausstellungen in alternativen Veranstaltungsräumen organisiert. Das waren mehrheitlich Kulturhäuser am Stadtrand von Prag, in denen es möglich war, kurzfristige Ausstellungen zu veranstalten." [5]
Věra Jirousová berichtet über den Einfallsreichtum, der aufgewendet werden musste, um die Werke dem interessierten Umfeld zu zeigen: „Ich habe mich mit Olga Karlíková Ende der Sechziger, Anfang der Siebziger Jahre angefreundet, in

[1] cf. working documents and material at Forschungsstelle Osteuropa, Bremen. Nr. 100: Karoline von Gravenitz, *Die Untergrunduniversität der Prager Bohemisten. Ein Fallbeispiel für Parallelkultur in der normalisierten CSSR*, 2008.
Siehe dazu Arbeitspapiere und Materialien – Forschungsstelle Osteuropa, Bremen. Nr. 100: Karoline von Gravenitz, *Die Untergrunduniversität der Prager Bohemisten. Ein Fallbeispiel für Parallelkultur in der normalisierten CSSR*, 2008

[2] Samizdat (Russ., to publish) independently published text, magazines and literary works by forbidden authors and disseminated privately. cf. Ivo Bock, "Der literarische Samizdat nach 1968," *Samizdat. Alternative Kultur in Zentral- und Osteuropa: Die 60er bis 80er Jahre*, ed. Wolfgang Eichwede, Bremen, 2000, pp 68–93
Samizdat (russ.: verlegen/auflegen) beinhaltet selbstpublizierte wissenschaftliche Texte, Zeitschriften und literarische Werke verbotener Autoren, die im Eigenverlag vervielfältigt wurden. Vgl. dazu Ivo Bock, „Der literarische Samizdat nach 1968", S. 68–93, in: Wolfgang Eichwede (Hrsg.), *Samizdat. Alternative Kultur in Zentral- und Osteuropa: Die 60er bis 80er Jahre*. Bremen 2000

[3] I recommend this comprehensive selection of programmatic and scientific texts, which give an excellent insight into conditions of artistic production and during the phase of Neutralization: *Utopien und Konflikte. Dokumente und Manifeste zur tschechischen Kunst 1938–1989*, ed. Jiří Ševčík, Peter Weibel, exh. cat. ZKM, Karlsruhe, 2007.
Sehr zu empfehlen ist die umfassende Sammlung an programmatischen und wissenschaftlichen Texten, die unter anderem die Produktion und Auseinandersetzung in der Phase der Neutralisierung sichtbar macht. *Utopien und Konflikte. Dokumente und Manifeste zur tschechischen Kunst 1938–1989*. Hrsg. von Jiří Sevčík, Peter Weibel. Ausst.-Kat. ZKM, Karlsruhe 2007

[4] Quoted from an interview with Jiří Ševčík (theoretician, curator and head of the Research Institute of the Academy of Fine Arts, Prague). His and other memoirs will be published in book form and on DVD in summer 2011, within an interdisciplinary research project on transformation in eastern Europe, citing the example of Prague, and in collaboration with artist Ricarda Denzer, (with generous support from ERSTE Stiftung, Vienna).

[4] Zitat aus einem Interview mit Jiří Ševčík (Theoretiker, Kurator und Leiter des Forschungszentrums der Akademie der schönen Künste, Prag). Seine und weitere Lebenserinnerungen erscheinen im Sommer 2011 im Rahmen eines interdisziplinären Recherche-Projekts zur Transformation in Osteuropa am Beispiel Prags in Kooperation mit der Künstlerin Ricarda Denzer als Buch mit DVD, (gefördert von der ERSTE Stiftung, Wien)

[5] ibid. / ebd.

[6] Quoted from an interview with Věra Jirousová (art historian, curator, writer), cf. note 4
Zitat aus dem Interview mit Věra Jirousová (Kunsthistorikerin, Kuratorin und Autorin), siehe Anm. 4

[7] ibid. / ebd.

[8] Library founded in 1990 to collect forbidden books, publications and periodicals published underground during the communist era.
Die Bibliothek wurde 1990 gegründet und versammelt verbotene Bücher, Publikationen und Periodika, die zur Zeit des kommunistischen Regimes im Untergrund und im Exil herausgegeben wurden.

[9] Quoted from the interview with Jiří Gruntorád, cf. note 4
Zitat aus dem Interview mit Jiří Gruntorád, siehe Anm. 4

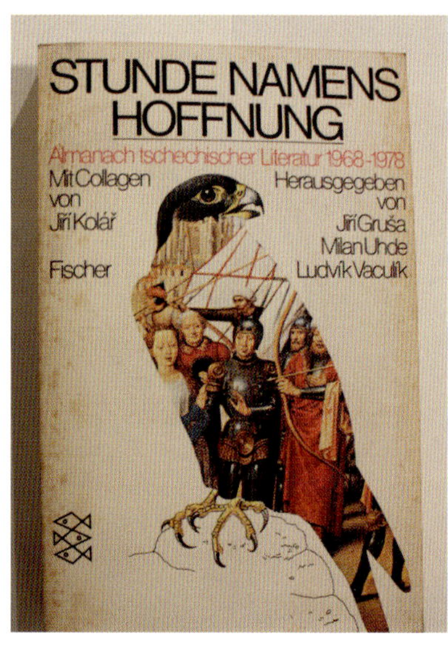

top / oben
Front cover *Stunde namens Hoffnung* from the Research Center for the History of Minorities, Vienna
Buchdeckel *Stunde namens Hoffnung* aus dem Forschungszentrum für historische Minderheiten, Wien

to mount official art shows in the seventies. That's why exhibitions took place clandestinely in private flats or artist's studios. Communication spread privately amongst friends. There was a lot of improvisation in private homes, where we mounted exhibitions and also theatrical events, seminars and concerts… Rock'n Roll was as commonplace for us as popular music is important for today's youth. Music was a means of feeling close. You needed to be really crafty to arrange all the activities around the group *Plastic People of the Universe*. We camouflaged gigs as musical wedding performances or played on boats. We organized festivals insisting on choosing our own music. These concerts happened in secret, on Mount Blaník for instance, or as part of an event run by unofficial artists' collective, Knights of the Cross." [7]

Jiří Gruntorád, one of the co-founders of *Libri Prohibiti* [8] in Prague, remembers:
"I stumbled across Samizdat literature accidentally in 1978 at Václav Benda's (later spokesperson for Charta 77) place, and I realized that that was the perfect solution to counter the shortage of good literature. It took just ten to fifteen privately made machine written copies to publish the work of the very best Czech authors for a wider audience." [9]

der Gesellschaft von Václav Havel. Sie gehörte zu den eigenwilligen Persönlichkeiten, die immer das taten, was sie fühlten. In ihrem Werk ist das Denken und Fühlen symbiotisch verbunden – das wurde ihr erst später bewusst. Auch Olga Karlíková durfte damals nicht ausstellen und suchte deshalb nach ausgefallenen Ausstellungsräumen, beispielsweise in Klöstern. Immer wieder fand sie geeignete Räume außerhalb der Stadt, oder beteiligte sich an improvisierten Ausstellungen in Prager Ateliers." [6]
Jirousová liefert eine Beschreibung, die auch heute noch auf die Aktivitäten der jungen Kulturszenen in Tschechien und im westlichen Europa zutrifft. „In den Siebziger Jahren war es nicht möglich, offiziell auszustellen, deshalb fanden die Ausstellungen heimlich in Wohnungen und in Ateliers der Künstler statt. Die Kommunikation fand in Freundeskreisen statt. In privaten Wohnungen wurde stark improvisiert, es wurden Ausstellungen gezeigt, aber auch Theateraufführungen, Seminare und Konzerte veranstaltet. [...] Rock n'Roll war für uns etwas so Selbstverständliches, wie es für die heutigen jungen Leute ihre Musik ist. Die Musik war eine Gelegenheit, Kontakt zueinander zu haben. Die Aktivitäten um die Musikgruppe *Plastic People of the Universe* hat man sich ertrotzt. Konzerte haben wir als Hochzeitsmusik getarnt, oder es wurde auf e'nem Dampfer gespielt. Es wurden Festivals veranstaltet, selbstverständlich mit dem Anspruch, dass wir unter allen Umständen auf die Musik bestehen würden. Denn die Konzerte haben wir heimlich veranstaltet, zum Beispiel auf dem Berg Blaník oder als Teil einer Aktion der Kreuzherrenschule." [7]

Jiří Gruntorád, der Begründer der *Libri Prohibiti* [8] in Prag, erinnert sich:
„Ich kam 1978 zufällig in der Wohnung des späteren Sprechers der Charta 77, Václav Benda, zur Samizdat-Literatur und begriff, dass dies die Lösung zur Beseitigung des Mangels an guter Literatur ist. In Form von Schreibmaschinenabschriften sind damals in einer Auflage von zwölf oder fünfzehn Stück Werke der besten tschechischen Autoren verlegt worden." [9]

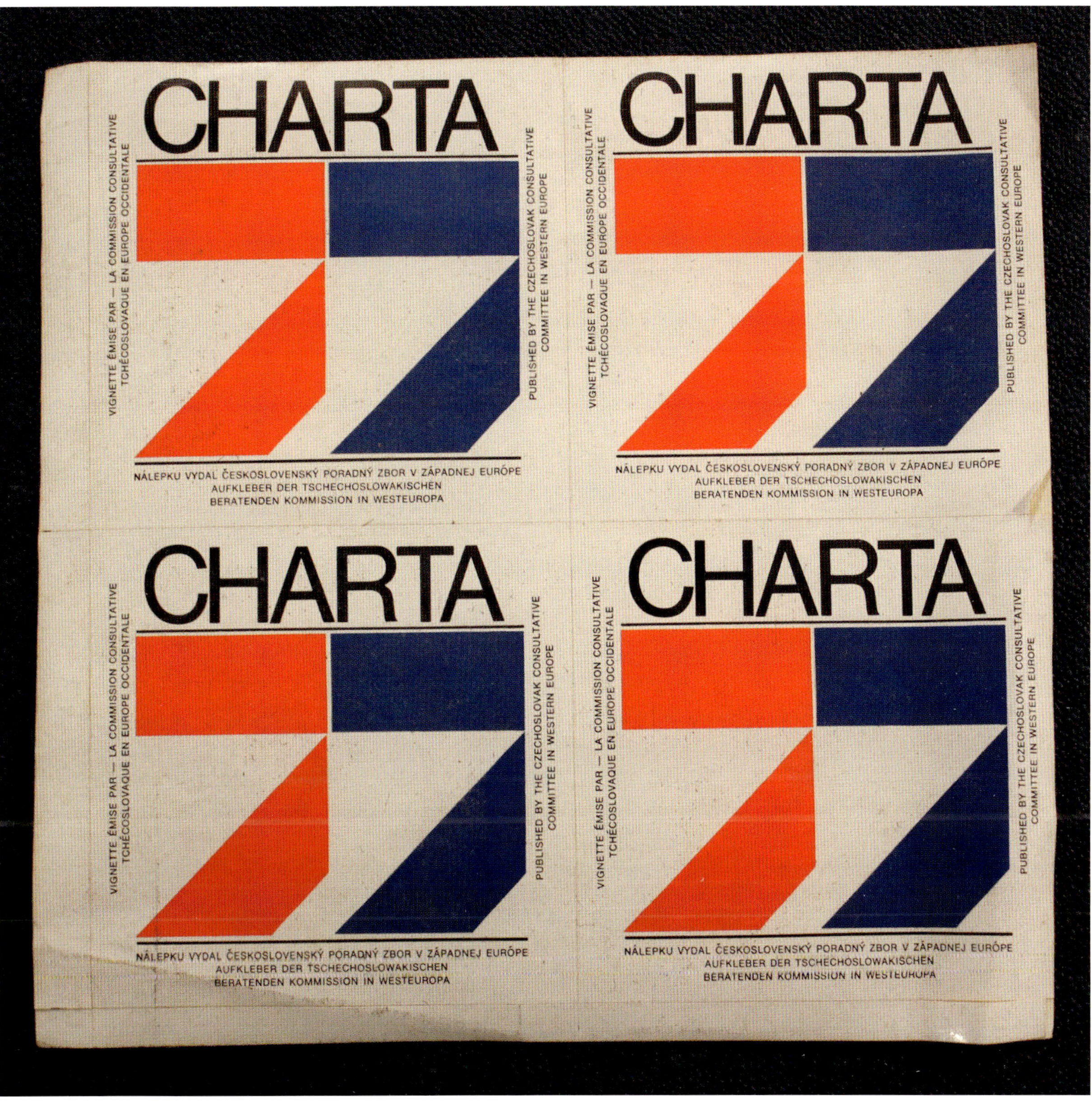

Front cover *Stunde namens Hoffnung* and sticker *Charta 77* from the Research Centre for the History of Minorities, Vienna / Buchdeckel *Stunde namens Hoffnung* und Aufkleber *Charta 77* aus dem Forschungszentrum für historische Minderheiten, Wien

☐ POLITIČKI ASPEKT
political aspect
(X)* SPECIFIČAN DOPRINOS S-O-S
specific S-O-S contribution

STRUKTURA PLATFORME
platform structure

2D DIJAGRAM
S-O-S PLATFORMA 2:
• *2D diagram*
S-O-S platform 2:

Pasquinelli,
Immaterial Civil War

KREATIVNA INDUSTRIJA
creative industry

MATTEO PASQUINELLI
Immaterial Civil War → S-O-S GRUPA
S-O-S group

RADIKALNA ALTERNATIVA:
KOGNITIVNO SAMOOBRAZOVANJE
tendency-radical alternative: cognitive self-management

KONTEKST: KOGNITIVNI KAPITALIZAM / TRANZICIJSKI MODEL
context: cognitive capitalism / transitional model

POJMOVNA MREŽA
network of concepts

① IMATERIJALNA PROIZVODNJA / RAD
immaterial production / labour
② KOGNETARIJAT / KREATIVNA KLASA
cognitariat / creative class

POLAZIŠTA
points of departure

③ VREDNOST IMATERIJALNOG OBJEKTA
value of immaterial values
KRITIČKO PITANJE U RAZMATRANJU 1. i 2. PREKO SLEDEĆIH ASPEKATA
critical approach to 1. and 2. through the following aspects

KON-FLIKTI
con-flicts

④ HARDWARE — SOFTWARE — KNOWARE
⑤ GENTRIFIKACIJA
gentrification
⑥ IMATERIJALNI GRAĐANSKI RAT
immaterial civil war

KONFLIKTI MATERIJALNE i
NEMATERIJALNE PROIZVODNJE
(KAPITALA i IMATERIJALNIH OBJEKATA)
conflicts between material
& immaterial production
(capital & immaterial objects)

KONFLIKT UNUTAR KREATIVNE KLASE
conflicts within creative class

S-O-S ⑦ *

(PRIVREMENO) AUTONOMNA PROIZVODNJA / RAD:
(temporary) autonomous production / labour

VREME / BRZINA	INOVACIJA	KOMPETICIJA
time / speed	*innovation*	*competition*

(PONUDA REŠENJA ZASNOVANA NA REHABILITACIJI POJMOVA PREMEŠTANJEM
(IZ PODRUČJA 6 U PODRUČJA 4 i 5)
(an offer for alternative based on rehabilitation of concepts
shifting from the field 6 to fields 4 and 5)

TkH (Walking Theory)

TkH (Walking Theory) platform for performing arts theory and practice started its work on October 3, 2000 in Belgrade, a few days before the fall of the regime of Slobodan Milošević, and amidst an enthusiastic atmosphere of political, social and cultural upheaval. On the other hand it appeared, within a generally "theory-phobic" atmosphere as a joint effort to set and perform a hard theoretical platform for critical work, across the realms of performing arts, culture, theory and education. *TkH* has conducted and presented its research in these ten years through different practices: the *TkH Journal for Performing Arts Theory*; educational projects and theoretical performances; public actions including symposia and conferences; the web platform tkh-generator.net; *illegal_cinema*; collaborations on the independent scene; and engagement in cultural policy issues. [2]

The main lack within the local art education—apart from its being traditional in every aspect—is its generally theory-phobic and anti-intellectual attitude. Within this context—still predominant across academia in Serbia—theory is viewed as something practiced in research institutes and that castrates the art practice. Hence, the initial step of *TkH* was to conceive a self-organized educational program. The program was initiated by Ana Vujanović (then a student of Theater Studies), and Miško Šuvaković (Professor of Aesthetics), with Bojana Cvejić, Bojan Djordjev, Siniša Ilić, Jelena Novak, Ksenija Stevanović and Jasna Veličković also taking part. The program was carried out as a post-pedagogical model of work based on research in such theoretical and artistic fields as performance art, experimental music, post-dramatic theater, and opera and dance, which, at the time, were not integrated into the curricula of the state universities and private schools. The focus was also on changes in the

TkH (Walking Theory), eine Plattform für Kunst-Theorie und Kunst-Praxis, begann ihre Arbeit in Belgrad am 3. Oktober 2000 – ein paar Tage vor dem Sturz des Regimes von Slobodan Milošević und inmitten der enthusiastischen Atmosphäre des politischen, sozialen und kulturellen Umbruchs. Es war aber gleichzeitig eine theoriefeindliche Atmosphäre, der wir dann gemeinsam eine tragfähige theoretische Plattform für kritische Arbeiten in den Bereichen Performance, Kunst, Kultur, Theorie und Bildung gegenüberstellten und etablierten. *TkH* hat in den vergangenen zehn Jahren auf verschiedene Weise Forschungsarbeiten durchgeführt und veröffentlicht: das *TkH Journal for Performing Arts Theory*; Bildungsprojekte und theoretische Performances; öffentliche Aktionen, darunter auch Symposien und Konferenzen; die Internet-Plattform *tkh-generator.net*; der sonntäglich stattfindende moderierte Filmabend *illegal_cinema*; Zusammenarbeit mit der „Unabhängigen Szene"; und kulturpolitisches Engagement. [2]

Das größte Defizit der Kunsterziehung in Serbien ist – neben ihrer allgemein traditionellen Einstellung – eine generelle „Theorie-Phobie" und eine anti-intellektuelle Grundeinstellung. In der akademischen Welt Serbiens ist die Überzeugung weit verbreitet, dass Theorie nur in Forschungsinstituten betrieben wird und in der Praxis die künstlerische Arbeit kastriert. Deshalb entwarf *TkH* zunächst ein selbstorganisiertes Bildungsprogramm. Den Anstoß für dieses Programm gaben Ana Vujanović, (damals Studentin der Theaterwissenschaften), und Miško Šuvaković (Professor der Ästhetik). Weitere Mitwirkende waren Bojana Cvejić, Bojan Djordjev, Siniša Ilić, Jelena Novak, Ksenija Stevanović und Jasna Veličković. Das Programm entstand als postpädagogisches Arbeitsmodell und basiert auf Forschungsergebnissen zu theoretischer und künstlerischer Praxis wie Performancekunst, experimenteller Musik, postdramatischem Theater sowie Oper und Tanz, die damals nicht Teil der

[1] This contribution comprises excerpts from different texts about *TkH*, our conceptual framework, political standpoints, and projects. It is written by Bojana Cvejić, Bojan Djordjev, Marta Popivoda, Miško Šuvaković and Ana Vujanović. This text has been edited by Ana Vujanović (in 2011).
Dieser Beitrag fasst Exzerpte verschiedener Texte über *TkH*, unseren Konzeptrahmen, unsere politischen Standpunkte und unsere Projekte zusammen. Die Autoren sind Bojana Cvejić, Bojan Djordjev, Marta Popivoda, Miško Šuvaković und Ana Vujanović. Der Text wurde 2011 von Ana Vujanović erarbeitet.

[2] See also / Siehe auch:
www.tkh-generator.net

status of "the student," who ceases to be merely a receiver of knowledge, and becomes an active actor in an actual artworld.

Independent critical education and collective self-education of artists and theorists was, from the very beginning, the central practice of *TkH*. However, in the beginning, it was done at primary level, and was based on the need to overcome a lack of institutional education in our local context. Later on, this problematic was reflected upon more systematically, and since 2006 *TkH* is fully engaged in the issue.

The first step towards a reflection on the methodologies of education that we practice was formalization of the initial program and its transformation into a *Performing Arts Theory Studio*, (2001–2002). Within the informal program, the collaborators of *TkH* have organized a research-based series of workshops, which served for our own investigation and education within the field of contemporary theories and arts. Within the *PATS*, we have organized and delivered a more official four-part program for and with fifteen young theorists, artists, and students. The curriculum and the topics were suggested by the *TkH* collaborators who had already gone through the workshops, and lectures and discussions were prepared by both us and the students, who constantly shifted the roles.

In 2006, *TkH* launched an independent educational project conducted as the research *s-o-s project* (Self-Managed Educational Systems in the Arts) and later its practical extensions, *Knowledge Smuggling!* and *Deschooling Classroom*. All the projects explore the procedures of non-institutional, critical and collective self-education as an alternative to the overwhelming commodification of knowledge by institutions of higher education.

s-o-s project

s-o-s project (2006–2007), was an initiative of Ana Vujanović and Marta Popivoda—then a relatively new collaborator of *TkH*. It was conceived as an open system of theoretical research, public lessons and textual production that implemented

Lehrpläne der staatlichen Universitäten und privater Lehreinrichtungen waren. Der Schwerpunkt lag auch auf Änderungen des Status quo „des Studenten" an sich – der nicht länger nur Wissen passiv aufnehmen sollte, sondern seine Genese zum eigenständigen Akteur in der realen Kunstwelt.

Von Anfang an waren unabhängige kritische Bildung und kollektive „self-education" von Künstler_innen und Theoretiker_innen Schwerpunkt der *TkH*. Anfänglich geschah dies nur als „Grundversorgung", um einem Mangel an institutionalisierter Bildung hier im lokalen Kontext zu begegnen. Später haben wir die Problematik systematischer betrachtet und seit 2006 widmet sich *TkH* diesem Thema vollständig.

Der erste Schritt bei der Untersuchung unserer eigenen Bildungsmethoden war die Formalisierung unseres anfänglichen Programms und seine Transformation in ein *Performing Arts Theory Studio* (PATS, 2001–2002). Innerhalb des informellen Programms organisierten die Kollaborateure von *TkH* eine Reihe von Seminaren, die auf Recherche basierten, die unserer eigenen Untersuchung und Bildung im Bereich zeitgenössischer Theorien und Künste dienten. Innerhalb des *PATS* haben wir ein offizielleres vierteiliges Programm erarbeitet und durchgeführt; für und mit fünfzehn jungen Theoretiker_innen, Künstler_innen und Student_innen. Die Vorschläge für Lehrplan und Themen kamen von *TkH*-Mitarbeiter_innen, die die Seminare bereits selbst durchlaufen hatten. Vorträge und Diskussionen wurden sowohl von uns als auch den Student_innen vorbereitet, so dass die Rollen ständig wechselten.

2006 startete *TkH* mit einem unabhängigen Bildungsprojekt. Das auf Recherche basierende *s-o-s project* (Self-Managed Educational Systems in the Arts) wurde später mit den auf die Praxis bezogenen Projekten *Knowledge Smuggling!* und *Deschooling Classroom* erweitert. Diese Projekte untersuchen nicht-institutionalisierte, kritische und kollektive selbstorganisierte Bildung als Alternative zur überwältigenden Kommerzialisierung von Wissen durch die staatlichen Bildungseinrichtungen.

the practices of post-pedagogy in the fields of art theory, cultural activism, and educational method. Its goal was to shape critical alternatives to official educational institutions in the direction of self-education as a collective practice. Its key concepts were: artistic education, knowledge production, self-education, self-management, open source procedures in education, and the commodification of knowledge. This project was presented and developed through the talks at documenta 12, (Kassel); Summit of Non-Aligned Initiatives in Education Culture, (Berlin); PAF, (St. Erme); Tanzquartier and spiel:platz/diethea-ter Konzerthaus, (Vienna); and at the East Dance Academy, (Zagreb).

The *s-o-s* group was composed of *TkH* col-laborators Bojan Djordjev, Siniša Ilić, Marta Popivoda and Ana Vujanović; curators from Kon-tekst Gallery, Ivana Marjanović and Vida Kneže-vić; and independent theoreticians Ana Vilenica and Iva Nenic. It was a reading and research group that also organized public actions in order to present, rethink and comment on the content of the books studied—using the methodology from those books to present their key concepts. The problematics of power relations and "stulti-fication" in education, where the etymology of the notion "education" itself implies an ideology of the teacher-student relationship, as conducted in *The Ignorant Schoolmaster* by Jacques Ran-cière, was presented and discussed through public reading sessions. The format is in accor-dance to the Rancière's insistence on the books rather than professors' interpretations as a source of knowledge. The concept of post-ped-agogy and affective learning by Gregory Ulmer in *Applied Grammatology: Post(e)-Pedagogy from Jacques Derrida to Joseph Beuys*, was pre-sented through a multimedia theoretical perform-ance that activated performance proper, video, audio, live action and ambiance as means of learning in the age of media. Finally, Ivan Illich's concept of unmediated, peer-to-peer learning outside institutions from his book *Deschooling Society*, was presented through a public chat session on the Internet, and later elaborated in practical projects *Knowledge Smuggling!* and *Deschooling Classroom*. [3]

Das *s-o-s project* (2006–2007) basierte auf der Initiative von Ana Vujanović und Marta Popivoda, die damals eine noch recht neue Mitarbeiterin der *TkH* war. Konzipiert war das *s-o-s project* als offenes System theoretischer Recherche, öffent-licher Vorlesungen und Textproduktion, die die Methoden der Post-Pädagogik in die Kunstthe-orie, den kulturellen Aktivismus und die Bildung implementierten. So sollte kollektiv ausgeübte selbstorganisierte Bildung eine kritische Alterna-tive zu den offiziellen Bildungseinrichtungen bie-ten. Die Schlüsselkonzepte waren Kunstaus-bildung, Wissensproduktion, „self-education", Selbst-Management, Open Source-Verfahren in Bildung und der Kommodifizierung von Wissen. Das Projekt wurde im Gesprächsprogramm der documenta 12 in Kassel, dem Summit of Non-Aligned Initiatives in Education Culture (Berlin), dem PAF (St. Erme), dem Tanzquartier und spiel:platz/dietheater Konzerthaus (Wien) und in East Dance Academy (Zagreb) vorgestellt und weiterentwickelt.

Die *s-o-s*-Gruppe bestand aus den *TkH*-Mitar-beiter_innen Bojan Djordjev, Siniša Ilić, Marta Popivoda und Ana Vujanović; weitere Mitarbei-terinnen waren die Kuratorinnen der Kontekst Gallery, Ivana Marjanović und Vida Knežević; und die unabhängigen Theoretikerinnen Ana Vilenica und Iva Nenic. Das *s-o-s project* war eine Lese- und Recherche-Gruppe, die auch öffentliche Ak-tionen durchführte, um den Inhalt der behandel-ten Bücher vorzustellen, neu zu überdenken und zu kommentieren. Dabei sollte die jeweils in den Büchern vorgestellte Methodik genutzt werden, um ihre jeweiligen Schlüsselkonzept zu erläutern. Die Problematik der Machtverhältnisse und „Ver-dummung" im Bildungswesen wurde in öffentli-chen Lese-Sitzungen präsentiert und diskutiert: Schon der englische Begriff für Bildung, *educa-tion*, enthält etymologisch eine Ideologie der Be-ziehung von Lehrer_in zu Schüler_in, wie in *Der unwissende Lehrmeister* von Jacques Rancière erlautert wird. Das Format stimmt überein mit Rancière's Beharren, dass die Lektüre von Bü-chern wichtiger ist als deren Interpretationen durch die Lehrkraft. Das Konzept der Postpäda-gogik und des affektiven Lernens von Gregory

[3] For detailed dossier of the *s-o-s project* and a contextual background of the *TkH*'s self-education research see *TkH Journal for Performing Arts Theory* issue nos. 13, 14, 2007, and 15, 2008
See also: Bojan Djordjev, Marta Popivoda and Ana Vujanović, "Self-managed educa-tional system in arts: An attempt at crack-ing the codes of knowledge production," *Maska Journal for Performing Arts* no. 103–104, 2007

[3] Für eine detaillierte Beschreibung des *s-o-s project* und kontextuellen Hintergrund der *TKH* "self-education". Siehe: *TkH Journal for Performing Arts Theory* issue nos. 13, 14, 2007, und 15, 2008 Siehe auch: Bojan Djordjev, Marta Popivoda und Ana Vujanović, "Self-managed educational system in arts: An attempt at cracking the codes of knowledge production," *Maska Journal for Performing Arts* no. 103–104, 2007

Knowledge Smuggling!

Knowledge Smuggling! (2008–2009), was designed by Marta Popivoda as a long-term self-educational project in performing arts, critical theory, digital technology and free culture, which followed an intense winter school that took place in January 2008 in our space in Magacin in Kraljevića Marka 4. Through it we attempted to open a temporary crack in the local knowledge market and to intervene in the existing system of production and knowledge exchange—smuggling knowledge from official educational institutions into the sphere of individual needs and cultural spaces that were as free as possible. This initiative was also our reaction to the implementation of the Bologna declaration in Serbia, which meant fast production and commodification of knowledge and, in a material sense, the end of the tradition of free education in Serbia.

The program was practically realized through weekly open work sessions of self-educational groups: *Free Software–Skill Exchange, Walking Critique and Free Improvisation in Music.* Apart from their regular work at Magacin, bigger public events such as workshops, lectures, books presentations and laboratories have been organized from time to time, i.e. when modest budgets have allowed for it.

Deschooling Classroom

Deschooling Classroom (2009–2012), is a large-scale regional project organized by *TkH* and Kontrapunkt from Skopje in Macedonia, whose co-authors are Marta Popivoda, Ana Vujanović and Iskra Geshoska. The project promotes open, critical, collaborative and cross-disciplinary formats of cultural production through critical reflection on the educational systems of former Yugoslavia. Methodologically, it moves away from concepts of hierarchical models of education, individual authorship and expertise, and advocates collective educational structures where working groups facilitate horizontal production, exchange and the distribution of knowledge. The organization of activities is similar to *Knowledge Smuggling!* but on higher production level. Apart from the regular self-educational work of the groups in Belgrade and Skopje,

Ulmer in *Applied Grammatology: Post(e)-Pedagogy from Jacques Derrida to Joseph Beuys* wurde als multimediale theoretische Performance präsentiert, die Performancekunst, Video, Audio, "live action" und das Ambiente als Lehrmittel im Zeitalter der Massenmedien erklärt. Ivan Illichs Konzept vom unvermitteltem Lernen, „Peer-to-Peer-Learning" außerhalb institutioneller Einrichtungen aus seinem Buch *Entschulung der Gesellschaft: Eine Streitschrift* wurde als Chat im Internet öffentlich gemacht und später in den praktischen Projekten *Knowledge Smuggling!* und *Deschooling Classroom* weiterentwickelt. [3]

Knowledge Smuggling!

Knowledge Smuggling! (2008–2009) wurde von Marta Popivoda als langfristiges Projekt von „self-education" in Performancekunst, kritischer Theorie, digitaler Technik und freier Kultur entworfen. *Knowledge Smuggling!* entstand infolge eines intensiven Winterkurses im Januar 2008 der in unseren Räumen im Magacin in Kraljevića Marka 4 stattfand. Mit diesem Projekt haben wir versucht, den lokalen „Markt des Wissens" vorrübergehend zu öffnen und in das bestehende System von Produktion und Austausch von Wissen einzugreifen. Wir wollten Wissen aus den offiziellen Bildungseinrichtungen heraus- und in die Sphäre individueller Bedürfnisse und kultureller Freiräume „hineinschmuggeln". Diese Initiative war gleichzeitig unsere Reaktion auf die Einführung der Bologna-Standards in Serbien, die zu einer schnelleren Produktion und Kommerzialisierung von Wissen geführt und im materiellen Sinn das Ende einer Tradition von frei zugänglicher Bildung in Serbien bedeutet hat.

Verwirklicht haben wir dieses Programm in Form von wöchentlichen offenen Arbeitssitzungen selbstorganisierter Gruppen mit freiem Austausch von Software-Fähigkeiten, Kritik und freier musikalischer Improvisation. Diese Sitzungen fanden im Magacin statt, daneben gab es – wenn das bescheidene Budget es erlaubte – auch größere öffentliche Veranstaltungen wie Seminare, Vorlesungen, Buchvorstellungen und Laboratorien.

there are several public events such as lectures, presentations, discussions, open day and open week programs, and summer schools, along with collective cultural productions and a self-educational toolbox. So far, some seventy participants from Serbia and Macedonia have taken part in the project, including around thirty invited guests such as Boris Buden, Chto delat?, Bojana Cvejić, Marina Gržinić, Jasna Koteska, Bojana Kunst, Aldo Milohnić, Matteo Pasquinelli, Jacques Rancière, Gerald Raunig, Jan Ritsema, Florian Schneider, Igor Štromajer, and Miško Šuvaković. The curriculum of all the programs and the lists of guests and collaborators are created by the participants themselves. This open structure does not always "work well" and we face the fact that we all have to learn how to create, use, and benefit from structures that are different from the traditional ones. But we hope through this that we make the possibilities of self-educational, collective initiatives highly visible in the region, and hopefully, more broadly applicable as an open set of tools for critical and intervening practices in the cultural field. [4]

At the very end it is important to explain the terms self-education and self-management, and the specific practice that we research and undertake. First of all, in Serbian language the term "self" from those coined phrases has nothing to do with a philosophical notion of the self; it is rather more equivalent to "auto" or "do-it-yourself." On the other hand, the emphasis here is on collective self-education. It is viewed as an intervening political practice in the social field as opposed to a private practice of auto-didacticism. Our projects actually tend to empower the independent cultural scenes and their new political actors by rethinking the socialist legacy of collectivism within a capitalist context governed by the principles of the individual, (or the entrepreneur). Hence, when we refer to self-management we refer to the workers' self-management (or autogestion) as an organizational model of economics whereby workers have decision-making power. It cancels the division between those who make decisions and those who execute them; those who produce and those who decide upon the product(ion).

Deschooling Classroom

Deschooling Classroom (2009–2012) ist ein groß angelegtes regionales Projekt von *TkH* und *Kontrapunkt* (aus Skopje in Mazedonien). Die Ko-Autorinnen sind Marta Popivoda, Ana Vujanovic und Iskra Geshoska. Das Projekt wirbt für offene, kritische, kollaborative und disziplin-übergreifende Formate kultureller Produktion durch durch Hinterfragen des Bildungssystems des ehemaligen Jugoslawien. Methodologisch ist es fern von hierarchischen Bildungsmodellen, Autorenschaft und Expertise Einzelner, sondern verficht kollektive Bildungsstrukturen, in denen Arbeitsgruppen den Austausch und die Verteilung von Wissen horizontal organisieren. Die Organisation der Aktivitäten erfolgt ähnlich wie bei *Knowledge Smuggling!*, aber auf einer höheren Ebene. Neben regelmässiger „self-education" der Gruppen in Belgrad und Skopje gibt es mehrere öffentliche Veranstaltungen wie Vorlesungen, Präsentationen, Diskussionen, Tage und Wochen der offenen Tür, Sommerkurse und kollektive Kulturprojekte sowie ein „Tool-Kit" an Techniken zur selbstorganisierten Bildung. Bisher haben gut siebzig Teilnehmer aus Serbien und Mazedonien an dem Projekt teilgenommen, darunter dreißig eingeladene Gäste (unter anderem Boris Buden, Chto delat?, Bojana Cvejić, Marina Gržinić, Jasna Koteska, Bojana Kunst, Aldo Milohnić, Matteo Pasquinelli, Jacques Rancière, Gerald Raunig, Jan Ritsema, Florian Schneider, Igor Štromajer und Miško Šuvaković). Den Lehrplan aller Programme sowie die Auswahl der Gäste und der Kollaborateure bestimmen die Teilnehmer_innen selbst. Diese offene Struktur funktioniert nicht immer gut, und wir alle müssen lernen, wie man neue Strukturen erschafft, sie nutzt und wie man von ihnen profitiert. Aber wir hoffen, die Möglichkeiten von selbstorganisierter Bildung kollektiver Initiativen in der Region sichtbar zu machen, und weiter gefasst, als eine offene Sammlung von „Werkzeugen" für kritische und intervenierende Praktiken im kulturellen Bereich anwendbar machen zu können. [4]

Abschliessend ist es uns wichtig, die Begriffe von „self-education" und „self-management" sowie die spezifischen Praktiken, die wir untersuchen und anwenden, zu erklären. In der serbischen

[4] See also / siehe auch: www.deschooling-classroom.tkh-generator.net

Pierre-Joseph Proudhon first conceptualized autogestion in the nineteenth century. In the twentieth century it was developed in the Socialist Federal Republic of Yugoslavia (as an official model of cooperative socialist economy), in Spain and Argentina (as *fábricas recuperadas*, or "recovered factories"), and to some extent within countries such as France, Russia and the USA. Self-management is sometimes analyzed philosophically through its provocative etymological combination of "self" and "management," but we would rather insist that its auto-gestion etymology is less about a philosophical self—*soi-même or sopstvo*—and more about organizational "do-it-yourself." We believe that workers' self-management may be rethought and re-appropriated today as an alternative organizational model by collective self-organized cultural and artistic initiatives that emerge from bottom but not to "up."

Sprache hat das Wort „Selbst" aus den oben genannten Begrifflichkeiten nichts mit dem philosophisch gebrauchten Begriff eines „inneren Selbst" zu tun; vielmehr bedeutet es eher „auto-" oder „do-it-yourself". Unsere Betonung liegt hier auf selbstorganisierter Bildung im Kollektiv. Wir betrachten dies als ein politisches aktives Vorgehen im sozialen Bereich, im Gegensatz zu privatem autodidaktischen Lernen. Unsere Projekte sollen unabhängige Kulturszenen und deren neue politische Akteure stärken, indem das sozialistische Erbe des Kollektivismus innerhalb eines kapitalistischen Umfelds (das auf den Nutzen des Individuums oder des Unternehmers ausgerichtet ist) neu gedacht wird. Daher, wenn wir uns auf „Selbstverwaltung" beziehen, meinen wir die Selbstverwaltung der Arbeiter (englisch auch „autogestion") als wirtschaftliches Organisationsmodell, in dem die Arbeiter die Entscheidungsbefugnis haben. Dies hebt die Trennung zwischen denen, die Entscheidungen treffen und jenen, die sie ausführen, zwischen jenen, die produzieren und jenen, die über die Produktion entscheiden, auf.

Pierre-Joseph Proudhon entwarf im neunzehnten Jahrhundert als Erster ein Modell der Arbeiterselbstverwaltung. Im zwanzigsten Jahrhundert wurde es in der Sozialistischen Bundesrepublik Jugoslawien (als offizielles Modell kooperativen sozialistischen Wirtschaftens), in Spanien und Argentinien (als *fábricas recuperadas*, also „zurückeroberte Fabriken") und in einem gewissen Maß in Ländern wie Frankreich, Russland und den USA in die Praxis umgesetzt. Der Begriff Selbstverwaltung wird aufgrund seiner etymologisch provokativen Verbindung von „Selbst" und „Verwaltung" manchmal philosophisch analysiert. Wir aber würden lieber darauf beharren, daß die Etymologie von Selbstverwaltung („autogestion") weniger von einem philosophischen Selbst – *soi-même oder sopstvo* –, sondern sich eher von dem Verständnis eines organisatorischen „do-it-yourself" herleitet. Unserer Ansicht nach kann die Arbeiterselbstverwaltung neu gedacht und heute als ein alternatives Organisationsmodell von selbstorganisierten kulturellen und künstlerischen Initiativen angeeignet werden, die in die Breite statt nach oben wachsen.

Appendix /
Anhang

Dorothee Albrecht explores the social, political and artistic spaces opened up by the radical global transformations of recent times. She tries to make the complexity of these new potentialities tangible using different artistic formats, especially video platforms and installations. Questioning conventional frameworks and hierarchies, she is especially interested in possible relations between different cultural perspectives and their mutual inter-dependencies. Albrecht's artistic works have been shown, for example, the São Paulo Biennial (2010), at the Guangzhou Triennial (2008), Rooseum in Malmø, Hamburger Bahnhof in Berlin, GfzK Leipzig and Palazzo delle Papesse in Siena. She is co-curator of the Gothenburg International Biennial for Contemporary Art (2011). She is based in Berlin. www.dorotheealbrecht.net

Dorothee Albrecht untersucht soziale, politische und künstlerische Räume, die durch die grundlegenden globalen Veränderungen der letzten Jahre geöffnet wurden. Sie versucht die Komplexität dieser neuen Konstellationen mit verschiedenen künstlerischen Formaten begreifbar zu machen, vor allem durch Video-Plattformen und Installationen. Dabei stellt sie konventionelle Bezugssysteme und Hierarchien in Frage. Ihr besonderes Interesse gilt der Verbindung unterschiedlicher kultureller Perspektiven und ihren wechselseitigen Abhängigkeiten. Albrechts künstlerische Arbeiten wurden zum Beispiel bei der São Paulo Biennale (2010), der Guangzhou Triennale (2008), im Rooseum in Malmö, im Hamburger Bahnhof/Berlin, GfzK Leipzig und im Palazzo delle Papesse in Siena gezeigt. Sie ist zur Zeit Co-Kuratorin der Göteborg International Biennial for Contemporary Art (2011) und lebt in Berlin. www.dorotheealbrecht.net

Maria Thereza Alves, born 1960, Brazil. Lives in Berlin. Selected exhibitions at: São Paulo Biennial; Lyon Biennial; Kunsthalle Basel; Michel Rein Galerie, Paris; Manifesta, Trento; Guangzhou Triennial; Prague Triennial; Museo Tamayo, Mexico City; Fondazione Sandretto, Torino; Berlin Film Festival; Arnolfini Gallery, Bristol; San Francisco Art Institute; NBK, Berlin; Liverpool Biennial; Le Palais de Tokyo, Paris; Werkleitz Biennale, Halle; BüroFriedrich, Berlin; Villa Medici, Rome; Museum in Progress, Vienna; steirischer herbst, Graz; Central Space Gallery, London; New Museum of Contemporary Art, New York; Temistocles 44, Mexico City; Bienal de La Habana; Kenkeleba House, New York. Upcoming: Documenta 13.

Maria Thereza Alves, 1960 in Brasilien geboren, lebt in Berlin. Ausgewählte Ausstellungen: São Paulo Biennale; Lyon Biennale; Kunsthalle Basel; Michel Rein Galerie, Paris; Manifesta, Trento; Guangzhou Triennale; Prague Triennale; Museo Tamayo, Mexico City; Fondazione Sandretto, Turin; Berlin Film Festival; Arnolfini Gallery, Bristol; San Francisco Art Institute; NBK, Berlin; Liverpool Biennale; Le Palais de Tokyo, Paris; Werkleitz Biennale, Halle; BüroFriedrich, Berlin; Villa Medici, Rom; Museum in Progress, Wien; steirischer herbst, Graz; Central Space Gallery, London; New Museum of Contemporary Art, New York; Temistocles 44, Mexico City; Bienal de La Habana; Kenkeleba House, New York. Demnächst: Documenta 13.

Antimuseum for Contemporary Art is a non-profit organization developing critical thinking, based in Madrid, Spain. Since 1992 they have worked on mechanisms of legitimizing the artwork, with the goal of encouraging a counter-public. Recent projects are: *Portable Contemporary Art Center*, Mexico City (2009), a low cost, portable device for an art exhibition; *Tras los Signos en Rotación* (2009–2012)—meetings of Latin-American art experts focusing on critical issues to our society; *Hand by Hand with General Cardenas*—a series of site-specific works at the monument to this president, Mexico City (2011). Antimuseum is managed by Tomás Ruiz-Rivas (curator and artist), and María María Acha (artist). www.antimuseo.org

Antimuseum for Contemporary Art ist eine in Madrid (Spanien) ansässige Non-Profit-Organisation, die sich mit kritischem Denken beschäftigt. Seit 1992 arbeitet Antimuseum über die Mechanismen der Legitimierung von Kunstwerken, mit dem Ziel, Gegenöffentlichkeiten herzustellen. Neueste Projekte: *Portable Contemporary Art Center*, Mexico City (2009), eine kostengünstige und mobile Ausstellungseinheit; *Tras los Signos en Rotación* (2009–2012), eine Tagungsreihe von lateinamerikanischen Kunstexpert_innen, zu kritischen Gesell-

schaftsthemen; *Hand by Hand with General Cardenas*, eine Serie ortsspezifischer Arbeiten am Denkmal dieses Präsidenten in Mexiko Stadt (2011). Antimuseum wird von Tomás Ruiz-Rivas (Kurator und Künstler) und María María Acha (Künstlerin) geleitet. www.antimuseo.org

Frédérique Aron, born 1979, France. She has an MA in Human and Social Sciences/Sciences of Education. She is currently teaches French, Culture and Literature at the Faculty of Foreign Languages, Sun Yat-sen University, China. Her fields of research are education in China, teaching and learning languages in Chinese universities, teaching training programs for Chinese French teachers in South China and Western educational imperialism.

Frédérique Aron, 1979 in Frankreich geboren, erwarb den MA in Human- und Sozialwissenschaften/Erziehungswissenschaften. Derzeit unterrichtet sie Französisch, Kultur und Literatur and der Fakultät für Fremdsprachen an Sun Yat-sen Universität, China. Ihre Forschungsschwerpunkte sind Bildung in China, Sprache Lehren und Lernen in chinesischen Universitäten, Trainingsprogramme für chinesische Französischlehrer_innen in Süd China und westlicher Bildungs-Imperialismus.

Cedric Bomford received a BA in Fine Arts from the Emily Carr Institute, Vancouver, Canada (2003) and an MFA from the Malmö Konsthögskolan, Malmö, Sweden (2007). In 2010 he completed a residency at the Künstlerhaus Bethanien, Berlin. Recent solo projects: Künstlerhaus Bethanien, Berlin; W139, Amsterdam; Open Space Gallery, Victoria, Canada. Recent group shows include: *Texte Werke*, Heidelberger Kunstverein; *How Soon is Now*, Vancouver Art Gallery; *Good Gangsters in Town*, Taipei Fine Arts Museum. Upcoming solo exhibitions: Heidelberger Kunstverein; Presentation House Gallery in Vancouver. He currently lives and works in Vancouver, Canada, and Berlin, Germany. www.aedc.ca

Cedric Bomford erhielt einen BA der Bildenden Künste am Emily Carr Institute, Vancouver, Kanada (2003) und einen MFA an der Malmö Konsthögskolan, Malmö, Schweden (2007). 2010 nahm er am Residenz-Programm des Künstlerhaus Bethanien in Berlin teil. Neueste Solo-Projekte: Künstlerhaus Bethanien, Berlin; W139, Amsterdam; Open Space Gallery, Victoria, Kanada. Neueste Gruppenausstellungen: *Texte Werke*, Heidelberger Kunstverein; *How Soon is Now*, Vancouver Art Gallery; *Good Gangsters in Town*, Taipei Fine Arts Museum. Geplante Einzelausstellungen: Heidelberger Kunstverein; Presentation House Gallery,Vancouver. Er lebt und arbeitet derzeit in Vancouver, Kanada, und Berlin, Deutschland. www.aedc.ca

Centre for Contemporary Art, Lagos was founded in December 2007. The Centre for Contemporary Art, Lagos is an independent visual art organization featuring a gallery space and one of the largest specialized visual art libraries on the continent. In providing a platform for the development, presentation, and discussion of contemporary art and visual culture, CCA Lagos' programming features a dynamic range of exhibitions, residency programs, talks, seminars, workshops and research initiatives. www.ccalagos.org

Das Centre for Contemporary Art, Lagos wurde im Dezember 2007 gegründet und ist eine unabhängige Organisation für bildende Kunst, die einen Ausstellungsraum und eine der größten Bibliotheken des Kontinents – spezialisiert auf visuelle Kunst – aufgebaut hat. Als Plattform für die Entwicklung, die Präsentation und die Diskussion zeitgenössischer Kunst und visueller Kultur bietet CCA Lagos eine vielfältige Auswahl an Ausstellungen, Residenz-Programmen, Vorträgen, Seminaren, Workshops und Recherche-Projekten. www.ccalagos.org

Leung Chi Wo was born in 1968 and was co-founder of Para/Site Art Space in Hong Kong. His artistic practice often addresses memory in its collective and individual recognition, city space, notions of meaning and perception, and the relation to the self and the shared in an institutional, urban and historical context. His work was exhibited in ifa gallery, Queens Museum in New York and at the Venice Biennial (2001).

Leung Chi Wo wurde 1968 geboren und ist Mitbegründer des Para/Site Art Space in Hong Kong. In seiner künstlerischen Praxis befasst er sich u.a. mit dem Begriff des kollektiven Gedächtnisses in Bezug auf den individuellen und kollektiven Blick auf die Vergangenheit. Eine weitere Rolle in seiner Arbeit spielt der Stadtraum, sowie die Vorstellung von Bedeutung und Wahrnehmung des Individuums innerhalb eines institutionellen, städtischen und historischen Kontexts. Seine Arbeiten wurden u.a. auf der Venedig Biennale (2001), der Guangzhou Triennale (2008), dem Queens Museum in New York sowie in der ifa-Galerie gezeigt.

Chto delat?/What is to be done? was founded in early 2003 in Petersburg by a workgroup of artists, critics, philosophers, and writers from Petersburg, Moscow, and Nizhny Novgorod (see full list of participants on the website), with the goal of merging political theory, art, and activism. The platform's activity consists in developing a network of collective initiatives in Russia and setting them into an international context. The platform is coordinated by a workgroup of the same name. The workgroup engages in a variety of art projects, including video works, installations, public actions, radio programs, and artistic examinations of urban space and critique of everyday life. www.chtodelat.org
Chto delat?/What is to be done? wurde Anfang 2003 in Petersburg durch eine Arbeitsgruppe von Künstler_innen, Kritiker_innen, Philosoph_innen und Schriftsteller_innen aus Petersburg, Moskau und Nischni Nowgorod (siehe vollständige Liste der Teilnehmer_innen auf der Website) gegründet, mit dem Ziel politische Theorie, Kunst, und Aktivismus zusammenzuführen. Die Tätigkeit der Plattform besteht darin, ein Netzwerk von kollektiven Initiativen in Russland zu entwickeln und sie in einen internationalen Kontext zu stellen. Die Plattform wird von einer gleichnamigen Arbeitsgruppe koordiniert. Die Arbeitsgruppe engagiert sich in einer Vielzahl von Kunstprojekten, einschließlich Video, Installationen, öffentlichen Aktionen, Radioprogrammen und künstlerischen Untersuchungen des städtischen Raums und der kritischen Untersuchung des Alltagslebens. www.chtodelat.org

Chua Chye Teck is a visual artist born in Singapore who is specialized in photography. He has a BA in Fine Art from RMIT, Melbourne. He draws inspiration from everyday objects that surround him, whose simple forms belie historical and geographical significance within. His exhibition in 2008, New Castle, was commissioned by International Photographers and Researchers Network (IPRN). In 2009 he completed a residency at Künstlerhaus Bethanien, Berlin. He is currently working on a book project about the streets of Berlin.
Chua Chye Teck ist bildender Künstler, in Singapur geboren und auf Fotografie spezialisiert. Er hat einen BA in Fine Art von RMIT, Melbourne. Inspiration zieht er aus Alltags-Gegenständen, die ihn umgeben, und in deren einfachen Formen historische und geographische Bedeutung innewohnt. Seine Ausstellung New Castle im Jahr 2008 wurde vom International Photographers and Researchers Network (IPRN) beauftragt. 2009 nahm er am Residenz-Programm des Künstlerhaus Bethanien in Berlin teil. Derzeit arbeitet er an einem Buchprojekt über die Straßen von Berlin.

Cybermohalla, Delhi, is a network of researcher-practitioners, who work out of media labs and studios in their neighborhoods. Since 2001, 450 young people have constituted Cybermohalla. Innovating a diverse range of minor practices, through which they create, gather, share and transform materials, they have built conceptual resources and vocabulary by which to think the contemporary urban. They have produced books, broadsheets, installations, radio programs, blogs about the city, etc., that has found circulation in different locations through diverse circuits, both local and international. Their latest book from 2010 is Trickster City. www.sarai.net/practices/cybermohalla
Cybermohalla, Dehli, ist ein Netzwerk praxisorientierter Forscher_innen, die aus nachbarschaftlich gelegenen Medialabs und Studios arbeiten. Seit 2001 sind 450 junge Menschen an Cybermohalla beteiligt. Sie haben eine Vielfalt an Praktiken entwickelt, durch die sie Material erzeugen, zusammentragen, teilen und umwandeln. Sie haben konzeptionelle Ressourcen geschaffen und ein spezifisches Vokabular entwickelt, entlang dessen sie über das gegenwärtige städtische Umfeld nachdenken. Dabei entstanden Bücher, Flugblätter, Installationen, Radioprogramme, Blogs über das Städtische, etc., die über unterschiedliche Kanäle und an verschiedensten Orten auf lokaler und internationaler Ebenen zirkulieren. Zuletzt erschien 2010 das Buch Trickster City. www.sarai.net/practices/cybermohalla

Eyal Danon is the director and head curator of the Israeli Center for Digital Art, Holon, (www.digitalartlab.org.il). He has curated and co-curated different exhibitions and projects including the Hilchot Shechnim series, Liminal Spaces Project, Free Radicals, Weizman Rally, Jessy Cohen Project and more. He is the director and founding member of the AYAM association that operates the project Autobiography of a City in Jaffa, (www.jaffaproject.org), and editor of the online art, culture and media magazine Maarav (www.maarav.org.il). He teaches at the Midrasha and Kalisher Schools of Art.
Eyal Danon, ist Direktor und leitender Kurator des Israeli Center for Digital Art, Holon (www.digitalartlab.org.il). Er kuratierte und co-kuratierte verschiedene Ausstellungen und Projekte: Hilchot Shechnim series, Liminal Spaces Projekt, Free Radicals, Weizman Rally, Jessy Cohen Project und viele andere. Er ist Direktor und Gründungsmitglied der AYAM Association, die das Projekt Autobiography of a City in Jaffa (www.jaffaproject.org) betreibt. Er ist Redakteur des Online Kunst, Kultur und Medien Magazins Maarav (www.maarav.org.il). Er lehrt an den Midrasha und Kalisher Kunstschulen.

Ricarda Denzer The formal concept behind her work is based on a documentary approach. Audio and film tapes are recorded, people are interviewed, texts read and topics researched in an obsessive act of collecting, to form the basis for deliberation. This often serves as the focus of her investigations into the relationship between author and subject, the conditionality of recollection and neglect, the visible and the nonvisible, in historical contexts as well as in the personal, to find different forms of narration. She has participated in exhibitions like Boundary Signal, Open Space, Vienna; the seventh SITE Santa Fe Biennial (2008); The Regulation of Violence, VBKÖ, Vienna; Es ist schwer das Reale zu berühren, Grazer Kunstverein (2006); Reading in Absence, TRAFO, Budapest (2005). She lives and works in Vienna.
Ricarda Denzer legt dem formalen Konzept ihrer Arbeiten eine dokumentarische Praxis zugrunde. In einem obsessiven Akt des Sammelns werden Ton- und Film aufgezeichnet, Interviews geführt, Texte gelesen und Themen recherchiert, die das Ausgangsmaterial für eine inhaltliche Debatte liefern. Sprachliche, räumliche und kulturelle Übersetzungsprozesse und narrative gesellschaftspolitische Zusammenhänge werden in ihrer künstlerischen Arbeit in unterschiedlichste Medien umgesetzt. Ricarda Denzer war unter anderem in folgenden Ausstellungen zu sehen: Grenzsignal, open space, Wien; seventh SITE Santa Fe Biennale (2008); The Regulation of Violence, VBKÖ, Wien; Es ist schwer das Reale zu berühren, Grazer Kunstverein (2006); Reading in Absence, TRAFO, Budapest (2005). Sie lebt und arbeitet in Wien.

ExRotaprint is the 10,000 square meter site of the former Rotaprint printing press production factory in Berlin, Germany. Initiated by artists, it is a model for an inclusive and non-profit approach to urban development. The social sculpture of ExRotaprint represents a unique form of ownership and self-organization within an economically precarious environment. It has created a context for work, art, and social realms, which has exercized its potential since 2007. www.exrotaprint.de
ExRotaprint ist das 10.000 qm große Gelände der ehemaligen Druckmaschinenfabrik Rotaprint. Von Künstlern initiiert entsteht hier ein Modell für eine offene und profitferne Stadtentwicklung. Die soziale Plastik ExRotaprint steht für eine besondere Form von Eigentum und Selbstorganisation in einem prekären Umfeld und schafft seit 2007 Möglichkeitsräume für Arbeit, Kunst, Soziales. www.exrotaprint.de

Berit Fischer (MA Art History/Italian Philology), has been working internationally as an independent curator since 1999. Previously based in New York and London (1997–2009), she currently works from Berlin. Her fields of interest lie in socially produced spaces, art as a producer of knowledge and as a means to permeate the status quo, in creating fields of action, and opening spaces for critical engagement. Since 2006 she has worked for *Afterall*, London; she is on the advisory board for B32, Maastricht, and she was a co-founding curator of *The Brewster Project* (2001). Curatorial projects include: *Brooklyn Waterfront Outdoor Sculpture Exhibition*, New York; *Dumbo Arts Festival*, New York; *Intrude 366*, Zendai MoMA, Shanghai; *City Beats* at BankART, Yokahama.
Berit Fischer (MA Kunstgeschichte / Italienische Philologie), arbeitet seit 1999 international als freischaffende Kuratorin. 1997 bis 2009 lebte sie in New York und London, derzeit arbeitet und wohnt sie in Berlin. Ihre Interessensgebiete liegen in gesellschaftlich produzierten Räumen und Kunst als Wissensproduktion. In ihren Projekten geht es um das Öffnen von Möglichkeitsräumen und die Erschliessung von Handlungsfeldern für kritischen Diskurs. Seit 2006 arbeitet sie für *Afterall*, London; sie ist im Beratungsausschuss für B32, Maastricht, und war mitbegründende Kuratorin des *Brewster Project* (2001). Kuratorische Projekte umfassen u.a.: *Brooklyn Waterfront Outdoor Sculpture Exhibition*, New York; *Dumbo Arts Festival,* New York; *Intrude 366*, Zendai MoMA, Shanghai; *City Beats*, BankART, Yokohama.

Huang Xiaopeng, born 1960, China. He studied for an MA at the Slade in London (1990–92) and returned to China in 2003. He is currently an Associate Professor and head of the 5th Studio (contemporary art practice) in Guangzhou Academy of Fine Art, China. His exhibitions include: *Art In The Auditorium*, Whitechapel Gallery, London (2011); Third Guangzhou Triennial, Guangdong Museum of Art, Guangzhou (2008); *The Thirteen: Chinese Video Now*, MoMA, P.S.1, New York (2006); Second Guangzhou Triennial, Guangdong Museum Of Art, Guangzhou (2005). He has contributed a critical text, "Education as an Art Project," to *Printed Projects 11 (Dublin)*.
Huang Xiaopeng wurde1960 in China geboren. Er studierte für seinen MA an der Slade in London (1990–92) und kehrte 2003 nach China zurück. Zur Zeit ist er außerordentlicher Professor und Leiter des 5th studio (zeitgenössische Kunst) an der Kunstakademie Guangzhou. Ausstellungen u.a.: *Art In The Auditorium*, Whitechapel Gallery, London (2011); Dritte Guangzhou Triennale, Guangdong Museum of Art, Guangzhou (2008); *The Thirteen: Chinese Video Now*, MoMA P.S.1, New York (2006); Zweite Guangzhou Triennalel, Guangdong Museum Of Art, Guangzhou (2005). Er veröffentlicht kritische Textbeiträge, unter anderem „Education as an Art Project," in *Printed Projects 11 (Dublin)*.

Johanna Kandl studied art in Vienna and Belgrade and lives and works in Berlin and Vienna. Since 1996 she has also been collaborating on projects (including participatory projects) with Helmut Kandl. Her work deals with critical, social and global economic developments and their impact in society. Projects include also public art in Austria. Selected projects: *Marienbaum*, Herrnbaumgarten (2008–2009); *Wächterhaus*, Aflenz an der Sulm (2009); *Kämpfer, Träumer & Co*, Lentos Kunstmuseum Linz, Linz (2006); *The Painting of Modern Life*, Hayward Gallery, London (2007).
Johanna Kandl studierte Malerei in Wien und Belgrad. Sie lebt und arbeitet in Berlin und Wien. Seit 1996 realisiert sie gemeinsam mit Helmut Kandl kollaborative Projekte. In ihrer Arbeit befasst sie sich kritisch mit den sozialen und globalen wirtschaftlichen Entwicklungen und deren Auswirkungen in der Gesellschaft. Die Projekte umfassen auch öffentliche Kunst in Österreich. Projekte (Auswahl): *Marienbaum*, Herrnbaumgarten (2008–2009); *Wächterhaus*, Aflenz an der Sulm (2009); *Kämpfer, Träumer & Co*, Lentos Kunstmuseum Linz (2006); *The Painting of Modern Life*, Hayward Gallery, London (2007).

Kiluanji Kia Henda, born 1979, Luanda. Lives in Angola and Portugal. Selected exhibitions: São Paulo Biennial (2010); *Wild is the Wind*, Gutstein Gallery, Savannah (2010); *Focus 10 – Contemporary Art Africa*, Liste 15, Basel (2010); *Kiluanji Kia Henda—Exposição Individual*, Galeria SOSO – Arte Contemporânea Africana, São Paulo (2010); *Kiluanji Kia Henda—Self-portrait as a White Man*, Galeria Fonti, Naples (2010); *Expire Trading Products & Nuclear Garden of Mr. Young*, Blank Projects Cape Town (2008); Third Guangzhou Triennial, Guangzhou (2008); *Arte e Moda*, Elinga Teatro, Luanda, (2001).
Kiluanji Kia Henda wurde 1979 in Luanda geboren. Er lebt in Angola und Portugal. Ausgewählte Ausstellungen: São Paulo Biennale (2010); *Wild is the Wind*, Gutstein Gallery, Savannah (2010); Focus 10 – Contemporary Art Africa, Liste 15, Basel (2010); *Kiluanji Kia Henda – Exposição Individual*, Galeria SOSO – Arte Contemporânea Africana, São Paulo (2010); *Kiluanji Kia Henda: Self-portrait as a White Man*, Galeria Fonti, Neapel (2010); *Expire Trading Products & Nuclear Garden of Mr. Young*, Blank Projects Cape Town (2008); Dritte Guangzhou Tiennale, Guangzhou (2008); *Arte e Moda*, Elinga Teatro, Luanda (2001).

Franziska Lesák studied art history in Vienna and Berlin, and was a researcher and assistant at the theory department at the Jan van Eyck Academie in Maastricht. Her focus lies upon the process of transformation in Eastern Europe as well as on the role of the interview as a tool of art-history. She began her curatorial work in the mid 1990ies as the co-founder of the non-profit space Raum aktueller Kunst, Vienna. Further exhibitions include: *Free Space*, Nieuw Internationaal Cultureel Centrum, Antwerp (1999); *Unfortunately last Sunday Afternoon Somebody Left the Door Open...*, Museum Het Domein, Sittard (2000); *Say Hello And Wave Goodbye*, Galerie Hohenlohe, Vienna (2002); *Tätig Sein*, NGBK, Berlin (2004); *Sexy Myth – Ideas and Images of Artists*, NGBK, Berlin (2006).
Franziska Lesák, studierte Kunstgeschichte in Wien und Berlin und war anschließend Researcher und Mitarbeiterin am Theory-Department der Jan van Eyck Academie in Maastricht. Ihre Themenschwerpunkte sind die Transformationsprozesse in Osteuropa und das Interview als Werkzeug in der Praxis der Kunstgeschichte. Ihre kuratorische Tätigkeit begann Mitte der 1990er Jahre mit der Mitbegründung des Vereins Raum aktueller Kunst in Wien. Weitere Ausstellungen: *Free Space*, NICC, Antwerpen (1999); *Unfortunately last Sunday Afternoon Somebody Left the Door Open...*, Museum Het Domein, Sittard (2000); *Say Hello And Wave Goodbye*, Galerie Hohenlohe, Wien (2002); *Tätig Sein*, NGBK, Berlin (2004); *Sexy Mythos – Selbst- und Fremdbilder von KünstlerInnen*, NGBK, Berlin (2006).

Hubert Lobnig was born 1962 in Völkermarkt, Austria, and lives and works in Vienna. He has received his MFA from the University of Applied Arts in Vienna in 1986. Specializing in video, drawing, painting, photography, and installation, he has had numerous exhibitions in museums, galleries and public spaces. Apart from his own communication based projects he has been a curator and the founder of *Tigerpark* in 1997, a non-profit space and platform for artistic and curatorial projects. Hubert Lobnig's work is often site-specific, process oriented, and participatory. Many of his public art projects have been conceived and directed in collaboration with Iris Andraschek.
Hubert Lobnig wurde 1962 in Völkermarkt in Österreich geboren. Er lebt und arbeitet in Wien. 1986 beendete er sein Studium an der Universität für angewandte Kunst in Wien, und arbeitet seither in den Bereichen Video, Zeichnung, Malerei, Photographie und Installation. Neben zahlreichen Ausstellungen in Museen, Galerien und im öffentlichen Raum, gründete er 1997 *Tigerpark*, eine Plattform für künstlerische und kuratorische Projekte. In seinen ortsbezogenen prozessorientierten Projekten kommen diverse kommunikative Verfahren zum Einsatz. Zahlreiche Projekte im öffentlichen Raum wurden gemeinsam mit Iris Andraschek konzipiert und realisiert.

Sarat Maharaj, Professor of Art History and Theory, Goldsmiths University, London until 2005, is currently Professor of Visual Art and Knowledge Systems, Lund University, Sweden, and Visiting Research Professor at Goldsmiths University. He was born and educated in South Africa. His publications cover areas of the post-colonial condition, cultural difference and translation, and art as knowledge production. He was one of the co-curators of the São Paolo Biennial

(2010). He was co-curator of the Third Guangzhou Triennial (2008) and of *Documenta 11* (2002), with Okwui Enwezor. He is chief curator of the Gothenburg International Biennial for Contemporary Art (2011).

Sarat Maharaj, Professor für Kunstgeschichte und Kunsttheorie an der Goldsmiths Universität, London (bis 2005), ist zur Zeit Professor für Visuelle Kunst und Wissenssysteme an der Universität Lund, Schweden und Gastprofessor am Goldsmiths College, London. Er wurde in Südafrika geboren und wuchs dort auf. Sarat Maharaj veröffentlichte verschiedene zentrale Texte zu den postkolonialen Bedingungen von kultureller Differenz und Übersetzungen, sowie über Kunst als Wissensproduktion. Er war Co-Kurator der São Paulo Biennale (2010), Co-Kurator der dritten Guangzhou Triennale (2008) und der *Documenta 11* (2002) in Kassel, im Team von Okwui Enwezor. Er ist leitender Kurator der Göteborg International Biennial for Contemporary Art (2011).

Ralo Mayer, born 1976, is based in Vienna. His research into post-Fordist science fiction, higher-dimensional geometries, and the history of space exploration, most often leads to unruly monsters in various substrates like film, performance, installation and text. Since 2007 he has been working on the translation of the science fiction novel *The Ninth Biospherian*, and he is currently preparing a feature-length film about Biosphere 2 with Oliver Gemballa. www.was-ist-multiplex.info

Ralo Mayer, 1976 geboren, lebt und arbeitet in Wien. Er verfolgt in seiner künstlerischen Praxis ein breites Themenspektrum zwischen postfordistischen Realitäten und Science Fiction sowie Raumfahrtsgeschichte und höher-dimensionalen Geometrien. Das Ergebnis seiner performativen Recherchen sind renitente Übersetzungsmonster zwischen Medien wie Film, Performance, Rauminstallation und Text. Seit 2007 arbeitet er an einer Übersetzung von *The Ninth Biospherian*, einem historischen SF-Roman und arbeitet an einem Spielfilm über Biosphere 2 gemeinsam mit Oliver Gemballa. www.was-ist-multiplex.info

Kerstin Meyer studied Economics and Fine Arts (Film). She works currently as a freelance specialist in the field of development policy and governance in West Africa and Germany. From 2003–2008 she was an advisor to the Ministry for Economy and Finance of the Republic of Senegal. Since 2005 she has been producing cultural projects in the public sphere.

Kerstin Meyer studierte Volkswirtschaft und Bildende Kunst (Film). Sie arbeitet zur Zeit als freiberufliche Sachverständige für Entwicklungspolitik und „Governance" in Westafrika und Deutschland. Von 2003 bis 2008 war sie Beraterin am Wirtschafts- und Finanzministerium in der Republik Senegal. Seit 2005 produziert sie kulturelle Projekte im öffentlichen Raum.

Gabi Ngcobo is an independent curator, writer and artist from Durban, South Africa. Curatorial projects she has been involved in include *Second to None* at Iziko South African National Gallery; *Titled/Untitled*, a curatorial collaboration with Cape Town based collective Gugulective; and *Scratching the Surface Vol.1* a manje-manje projects initiative at the AVA Gallery, Cape Town. She is the founding member of *3rd Eye Vision,* a collective of artists operating in Durban between 2000 and 2006. Recently she co-founded the Center for Historical Reenactments, an independent platform based in Johannesburg, and she curated *PASS-AGES: references & footnotes* at the old Pass Office, Johannesburg. She is a recent MA graduate of the Center for Curatorial Studies, Bard College, New York.

Gabi Ngcobo ist freie Kuratorin, Autorin und Künstlerin aus Durban, Südafrika. Ihre kuratorischen Projekte umfassen u.a. *Second to None* in Iziko South African National Gallery, *Titled/Untitled* – eine kuratorische Kollaboration mit dem Künstlerkollektiv Gugulective aus Kapstadt und *Scratching the Surface Vol.1,* ein manje-manje Projekt in der AVA Gallery, Kapstadt. Sie ist Gründungsmitglied der *3rd Eye Vision*, einer Künstlerinitiative, die von 2000 bis 2006 aktiv war. Sie ist Mitbegründerin des Center for Historical Reenactments in Johannesburg. Sie kuratierte 2010 *PASS-AGES: references & footnotes* im ehemaligen Passamt in Johannesburg. Derzeit ist sie Ford Fellow im Center for Curatorial Studies des Bard College in New York.

Periferry is an artist-led space initiated by *Desire Machine Collective* and housed on M. V. Chandardinga, a ferry docked on the Brahmaputra River in Guwahati, India. Periferry serves as a laboratory in flux for generating innovative practices in contemporary art forms. It provides a connective platform for dialogue across disciplines and encourages hybrid practices in a trans-local context. www.periferry.in

Periferry ist ein von Künstler_innen geführter Raum auf der stillgelegten Fähre M. V. Chandardinga am Ufer des Bramaputra Flusses in Guwahati, Indien, der durch die Initiative von *Desire Machine Collective* entstand. Periferry versteht sich als Laboratorium, als nomadischer Raum, als Medium künstlerischer Praxis und als ein sich entwickelndes Konzept für hybride Praktiken in einem translokalen Kontext. www.periferry.in

Oda Projesi is an artist collective based in Istanbul composed of Özge Açikkol, Güneş Savaş and Seçil Yersel who turned their collaboration into a permanent project in 2000. From January 2000, their space in Galata functioned as a nonprofit independent space, hosting nearly thirty collaborative projects and acts up until March 16, 2005, when Oda Projesi was evicted from the apartment due to a process of gentrification. Since then Oda Projesi has a mobile status and continues to raise questions on space and place, creating relationship models by using different mediums like radio stations, books, postcards, newspapers or giving form to different meeting points, depending on and respecting the creativity of the city of Istanbul and its citizens. www.odaprojesi.org

Oda Projesi, ein Künstlerkollektiv aus Istanbul; von Özge Açikkol, Güneş Savaş und Seçil Yersel gegründet, die aus ihrer Zusammenarbeit ein dauerhaftes Projekt machten. Ab Januar 2000 diente eine Wohnung in Galata als unabhängiger Non-Profit-Raum, in dem dreissig kollaborative Projekte durchgeführt wurden, bis Oda Projesi am 16. März 2005 die Wohnung durch den Prozess der Gentrifizierung verloren haben. Seitdem hat Oda Projesi einen mobilen Status und beschäftigt sich damit, Raum und Orte zu schaffen, Beziehungen herzustellen und Modelle zu entwickeln unter Verwendung unterschiedlicher Medien wie Radio, Bücher, Postkarten, Zeitungen und unter Einbeziehung der Bevölkerung aus den jeweiligen unmittelbaren Nachbarschaften Istanbuls. www.odaprojesi.org

Nadin Reschke, born 1975, Bernburg, studied Fine Arts at the University of Wales and at the Academy of Fine Arts, Dresden. She completed the "Goldrausch" Postgraduate Program in 2000, and she lives and works in Berlin. She has had several international collaborative projects including *So Far So Good*, (2004–05) that was shown in fourteen different countries, and *Kalinti* in Istanbul (2006). Her projects refer to social questions and use participatory strategies to involve people outside the art context. Since 2004 Nadin Reschke has collaborated with the artist collective Oda Projesi, on *15x75 Hingucken Weggucken*, Hamburg-Wilhelmsburg (2008) and *Tongue*, Berlin (2009).

Nadin Reschke, geboren 1975 in Bernburg, studierte Bildende Kunst an der Universität Wales und an der Akademie der Künste, Dresden. 2008 absolvierte sie das „Goldrausch"-postgraduierten Programm. Sie lebt und arbeitet in Berlin. Beteiligungen an verschiedenen internationalen kollaborativen Projekten wie z. B. *So Far So Good* (2004–05), das in vierzehn verschiedenen Ländern gezeigt wurde und *Kalinti* in Istanbul (2006). Nadin Reschkes Projekte verweisen auf soziale Fragen und sie nutzt partizipative Vorgehensweisen, um Leute außerhalb des Kunstkontextes einzubinden. Seit 2004 kollaboriert sie mit dem Künstlerinnenkollektiv Oda Projesi, z.B. bei *15x75 Hingucken Weggucken*, Hamburg-Wilhelmsburg (2008) and *Tongue*, Berlin (2009).

Tina Sherwell lives in Jerusalem and is director of the International Academy of Art Palestine. She graduated from Goldsmiths University, London and received her PhD from the University of Kent at Canterbury in Image Studies. Previously, she was the program leader of Fine Art at the Winchester School of Art, University of Southampton; she served as executive director of the Virtual Gallery at Birzeit University, and has worked with Tate Online on the digital archives. Furthermore, she has taught different art workshop programs for children and youth

in Palestine, and published various articles on Palestinian art in catalogues, journals and books. Additionally, Sherwell serves in an advisory role for a range of cultural institutions in Palestine. www.artacademy.ps

Tina Sherwell lebt in Jerusalem und ist Direktorin der Internationalen Akademie der Künste Palestina. Sie graduierte am Goldsmith University, London und erhielt einen PhD in Image Studies an der University of Kent in Canterbury. Davor war sie Programmleiterin für Bildende Künste an der Winchester School of Art, Universität Southhampton, fungierte als geschäftsführende Direktorin der Virtual Gallery an der Birzet Universität und arbeitete mit Tate Online an den digitalen Archiven. Zudem hat sie verschiedene Kunstworkshop-Programme für Kinder und Jugendliche in Palästina geleitet; sie veröffentlichte eine Vielzahl an Artikeln über Palästinensische Kunst, in Katalogen, Journalen und Büchern. Des weiteren fungiert Tina Sherwell als Beraterin verschiedener kultureller Institutionen in Palästina. www.artacademy.ps

Åsa Sonjasdotter was born in Sweden, and is based in Tromsø, Norway and in Berlin, Germany. Her practice focuses on questions on difference, power and knowledge. In the long-term project *A Potato-Perspective* she investigates cultural, political and economical relations by following traces of the cultivated migrant plant of potato. Selected exhibitions include: *Eatlacma*, LACMA, Los Angeles; 4th Bucharest Biennale; *The Gatherers: Greening Our Urban Spheres*, Yerba Buena Center for the Arts, San Francisco; *Sharing the Knowledge*, Konsthall C, Stockholm; *Impossible India*, Frankfurter Kunstverein; *On Mobility*, Muscarnok, Budapest and De Appel; Copenhagen *City Wall of Free Speech*, Monument, Copenhagen. www.potatoperspective.org

Åsa Sonjasdotter wurde in Schweden geboren und lebt und arbeitet in Tromsø, Norwegen und Berlin. In ihrer künstlerischen Praxis konzentriert sie sich auf Fragen von Differenz, Macht und Wissen. In ihrem Langzeitprojekt *A Potato-Perspective* untersucht sie kulturelle, politische und wirtschaftliche Beziehungen, indem sie die Spuren der der Kartoffel als migrierende Kulturpflanze verfolgt. Ausgewählte Ausstellungen: *Eatlacma*, LACMA, Los Angeles; Vierte Bucharest Biennale; *The Gatherers: Greening Our Urban Spheres*, Yerba Buena Center for the Arts, San Francisco; *Sharing the Knowledge*, Konsthall C, Stockholm; *Impossible India*, Frankfurter Kunstverein; *On Mobility*, Muscarnok, Budapest und De Appel, Copenhagen; *City Wall of Free Speech*, Monument, Kopenhagen. www.potatoperspective.org

Gilane Tawadros was founding director of the Institute of International Visual Arts, London (1994–2008) where she created a pioneering program of publications and debates on questions of cultural difference, diversity and multiculturalism. She has published and lectured widely on contemporary art and criticism. She has edited books, catalogues and talks around issues of cultural diversity, globalization and new media. She was curator of the Africa Pavilion, Venice Biennale (2003). She contributed to *Farewell to Post-colonialism* at the Guangdong Museum of Modern Art, Guangzhou (2008) and its follow up publication, *Printed Projects 11 (Dublin)*. She is currently director of DACS, London.

Gilane Tawadros war Gründungsdirektorin des Institute of International Visual Arts, London (1994–2008), wo sie wegweisende Publikationen und Debatten zu Fragen der kulturellen Differenz, Unterschiedlichkeit und Multikulturalismus initiiert hat. Sie hat weitreichend im Bereich der Zeitgenössischen Kunst und Kritik veröffentlicht und unterrichtet und Bücher, Kataloge und Gespräche zu Themen der kultureller Verschiedenheit, Globalisierung und den Neuen Medien publiziert. Sie war Kuratorin des afrikanischen Pavillons der Biennale in Venedig (2003). Sie leistete einen Beitrag zu *Farewell to Post-colonialism* im Guangdong Museum of Modern Art, Guangzhou (2008) und der nachfolgenden Publikation, *Printed Projects 11 (Dublin)*. Sie ist Direktorin des DACS, London.

The Public School is a school with no curriculum. It is not accredited and it does not give out degrees. It is a framework that supports auto-didactic activities, operating under the assumption that everything is in everything. It was initi-ated in Los Angles in 2007 as a project for *Telic Arts Exchange* and has since opened schools in eight cities, the most recent being Berlin in the autumn of 2010. www.thepublicschool.org

The Public School ist eine Schule ohne Lehrplan. Sie ist nicht akkreditiert, und vergibt keine akademischen Abschlüsse. Sie stellt einen Rahmen, der autodidaktische Aktivitäten unterstützt, in der Annahme, dass alles alles beinhaltet. The Public School wurde in Los Angeles im Jahr 2007 als ein Projekt für *Telic Arts Exchange* initiiert und existiert seitdem in acht Städten weltweit. Die Public School Berlin eröffnete im Herbst 2010. www.thepublicschool.org

TkH (Walking Theory) is a Belgrade-based independent platform for performing arts theory and practice. Its main objective is to reinforce critical and experimental practices/discourses in contemporary, performing and other arts. TkH's activities are a theoretical praxis, implemented through textual production, self-organization, critical education and cultural policy. The activities are realized through several main programs: *TkH Journal for Performing Arts Theory*, educational programs (*s-o-s Project, Knowledge Smuggling!, Deschooling Classroom, illegal_cinema*), theoretical events (conferences, labs), and inter-disciplinary performances and other artworks. TkH editorial collective are: Ana Vujanović, Bojana Cvejić, Marta Popivoda, Siniša Ilić and Bojan Djordjev. www.tkh-generator.net

TkH (Walking Theory) ist eine unabhängige Plattform für Performance Kunst, Theorie und Praxis in Belgrad. Ihr Ziel ist es, die kritischen und experimentellen Praktiken und Diskurse in der zeitgenössischer Performancekunst und den anderen Künste zu stärken. TkH's Tätigkeiten werden durch theoretische Praxis, Textproduktion, Selbstorganisation und durch kritische Bildung und Kulturpolitik umgesetzt. Die Aktivitäten werden durch verschiedene Hauptprogramme realisiert: *TkH Journal for Performing Arts Theory*, Bildungsprogramme (*s-o-s Project, Knowledge Smuggling!, Deschooling Classroom, illegal_cinema*), theoretische Veranstaltungen (Konferenzen, Laboratorien) und interdisziplinäre Performances und andere Kunstformate. Das redaktionelle Kollektiv von TkH sind: Ana Vujanović, Bojana Cvejić, Marta Popivoda, Siniša Ilić and Bojan Djordjev. www.tkh-generator.net

Yoel Diaz Vázquez, born 1973, Havana, Cuba. He received his BA from San Alejandro Academy of Fine Arts in 1997. Since 2004, he has been working with video and video performances that concern themselves with less privileged and often with marginalized artists, i.e. rappers, whose voices translate discontent, frustration, helplessness and lack of perspective that is found in Cuban society today. Group shows include: São Paulo Biennial (2010); Gothenburg International Biennial for Contemporary Art (2011); *After the Light* II, Radialsystem, Berlin; *Heartbeat, Contemporary Cuban Art,* Stenersen Museum, Oslo. Yoel Diaz Vázquez lives and works in Berlin, Germany.

Yoel Diaz Vázquez wurde 1973 in Havanna, Kuba geboren. 1997 erhielt er einen BA an der San Alejandro Akademie der Künste. Seit 2004 beschäftigt er sich in seinen Videos und Video-Performances mit weniger privilegierten und marginalisierten Künstler_innen, wie Rapper_innen, deren Stimmen die Unzufriedenheit, Frustration, Hilflosigkeit und den Mangel an Perspektiven in der heutigen kubanischen Gesellschaft ausdrücken. Gruppenausstellungen u.a.: São Paulo Biennial (2010), Göteborg International Biennial for Contemporary Art (2011), *After the Light II*, Radialsystem, Berlin; *Heartbeat, Contemporary Cuban Art*, Stenersen Museum, Oslo. Yoel Diaz Vázquez lebt und arbeitet in Berlin, Deutschland.

Xu Tan born 1957, Wuhan, China. He received a BA and an MA from Guangzhou Academy of Fine Arts in 1983 and 1989 respectively. In the early nineteen nineties he joined the experimental group Big Tail Elephant in Guangzhou, aiming at developing critical strategies to counter the rapid economic and cultural development of life in China. Selected solo exhibitions include *Keywords School* at YBCA, (Yerba Buena Center for the Arts) in San Francisco; *Keywords School* at Bonniers Konsthall in Stockholm; *Air is Good*, DAAD Gallery, Berlin. Group shows: P.S.1, New York; 50th Venice Biennial;

Berlin Biennial; Guangzhou Triennial; Taipei Biennial. Xu Tan is represented by
Vitamin Creative Space in Guangzhou. He lives and works in Shanghai and
Guangzhou.
<u>Xu Tan</u> wurde 1957 in Wuhan, China geboren. 1983 erhielt er einen BA und
1989 einen MA an der Guaungzhou Akademie der Künste. Anfang der 1990er
Jahre schloss er sich der experimentellen Gruppe „Big Tail Elephant" in
Guaungzhou an, die daran ist, kritische Strategien zu entwickeln um der rasan-
ten ökonomischen und kulturellen Entwicklung des Lebens in China etwas ent-
gegenzuhalten. Ausgewählte Einzelausstellungen u.a.: *Keywords School* im
YBCA, Yerba Buena Center for the Arts in San Francisco, California; *Keywords
School* in Bonniers Konsthall in Stockholm, Schweden; *Air is Good*, DAAD
Gallery, Berlin. Gruppenausstellungen u.a.: P.S.1, New York; 50. Venedig Bien-
nale; Berlin Biennale; Guangzhou Triennale, Taipei Biennale. Xu Tan wird durch
den Vitamin Creative Space in Guangzhou vertreten. Er lebt und arbeitet in
Shanghai und Guangzhou.

<u>Moira Zoitl</u>, born in Salzburg, Austria, lives and works in Berlin. Her work reflects
on issues like migration, city development, gender and questions of (auto)biog-
raphy and identity. Recent videos and installational works focus on questions of
re-presentations and self-empowerment, e.g. of Philippine domestic workers in
Hong Kong *Chat(t)er Gardens/Exchange Square* (2004–2011) and the racial
and gender related dimension of migrant labor in the global context *In Winter
it's cold outside* (2006); *Fliehkraft* (2010). Collaborative and curatorial projects
include: *Sexy Myth – Ideas and Images of Artists*, (NGBK, Berlin 2006; Forum
Stadtpark Graz 2006; Kunstverein Lübeck 2007) and *Dreams of Art Spaces
Collected*, Künstlerbund Berlin (2007). www.moirazoitl.com
<u>Moira Zoitl</u>, geboren in Salzburg, Österreich, lebt und arbeitet in Berlin. Ihre
künstlerischen Arbeiten beziehen sich auf Themen wie Migration, Stadtentwicklung, Gender, (Auto)biografie- und Identitätsfragen. Die zuletzt entstandenen
Videos und Installationen fokussieren Fragen der Re-Präsentation und Selbster-
mächtigung z. B. von philippinischen Hausarbeiterinnen in Hongkong, *Chat(t)er
Gardens/Exchange Square* (2004–2011) und beleuchten die ethnischen und
geschlechtsspezifischen Dimensionen migrantischer Arbeit im globalen Kontext,
In Winter it's Cold Outside (2006); *Fliehkraft* (2010). Kollaborative und kuratorische Projekte u.a.: *Sexy Mythos – Selbst- und Fremdbilder von Künstler-
Innen* (NGBK, Berlin 2006; Forum Stadtpark Graz 2006; Kunstverein Lübeck
2007) und *Dreams of Art Spaces Collected*, Künstlerbund Berlin (2007).
www.moirazoitl.com

Other Possible Worlds
Proposals on this Side of Utopia /
Entwürfe diesseits von Utopia
This book is published on the occasion of the project at the /
Buch des gleichnamigen Projekts in der
NGBK, Berlin, 30. 04. – 13. 06. 2011

Editors / Herausgeberin
Neue Gesellschaft für Bildende Kunst e.V. (NGBK)
Oranienstraße 25, D-10999 Berlin,
Tel +49 (0)30 616 513-0, Fax +49 (0)30 616 513-77
ngbk@ngbk.de, www.ngbk.de

Curatorial Team / Kuratorisches Team
Dorothee Albrecht, Berit Fischer, Franziska Lesák,
Hubert Lobnig, Moira Zoitl

Board / Präsidium
Dr. Katja von der Bey, Prof. Diedrich Diederichsen, Cornelia Reinauer
Executive Director / Geschäftsführung N.N.
Accountancy / Buchhaltung Kati Guhle
Coordination / Koordination Wibke Behrens
Office / Geschäftsstelle Katja Hübner
Public Relations / Presse- und Öffentlichkeitsarbeit
Benita Piechaczek
Archive / Archiv Gabi Kellmann
Assistance / Mitarbeit
Hartmut Schulenburg, Hannes Wiedemann

PUBLICATION / PUBLIKATION

Executive Editor / Redaktionsleitung Christine Rüb
Editing / Redaktion
Dorothee Albrecht, Berit Fischer, Franziska Lesák, Moira Zoitl
Proof Reading English / Korrektorat Englisch Gemma Sharpe
Proof Reading / Lektorat
Dorothee Albrecht, Berit Fischer, Franziska Lesák, Christine Rüb, Moira Zoitl
Translation / Übersetzung
Berit Fischer into German / ins Deutsche
Haus der Sprachen into German / ins Deutsche
Gabi Schaffner into German / ins Deutsche
Robert Schlicht into German / ins Deutsche
Nikolaus G. Schneider into German / ins Deutsche
Erik Smith into English / ins Englische
Jörg von Stein into English / ins Englische

Graphic Design / Gestaltung studio hoedtzoitl, Ralf Hoedt
Print / Druck Königsdruck, Berlin
First Edition / Erste Auflage 600

Thanks to / Dank an
The NGBK would like to thank the Mayor of Berlin, Senate Department for Cultural
Affairs for their support and the state lottery Stiftung Deutsche Klassenlotterie Berlin
for financing. / Die NGBK Berlin dankt dem regierenden Bürgermeister von Berlin,
Senatskanzlei – Kulturelle Angelegenheiten für die Förderung und der Stiftung
Deutsche Klassenlotterie Berlin für die Finanzierung.

Further Thanks to / Weiterer Dank an
Afterall, Andreas Bolz, Apoorv Toma, Casino Luxembourg – Forum d'art contempo-
rain, Tanima Das, ERSTE Stiftung / ERSTE Foundation, Christian Hanussek,
Haunch of Venison Berlin, Ralf Hoedt, Institut für Auslandsbeziehungen (ifa), Natio-
nal Arts Council Singapore, OCA (Office for Contemporary Art Norway), Prof. Dr.
Kerstin Pinther (Fu Berlin, Institut für Kunstgeschichte), Ludwig Seyfarth, Singapore
International Foundation, Temporäre Kunsthalle Berlin, The staff of the Inland Water
Transport Department (Guwahati, Assam), Simon Wachsmuth, Sibylle Zeh

Special thanks to all contributors /
Besonderer Dank an alle Beitragenden

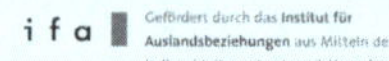
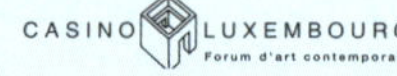
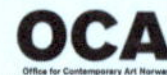
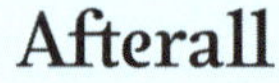
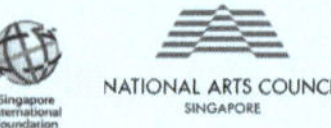
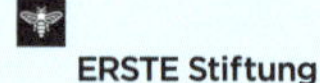

Published by / Erschienen bei
✳ argobooks
Choriner Straße 57, 10435 Berlin
Deutschland Germany
Tel. +49 (0) 30 78706994
www.argobooks.de

Berlin 2011
ISBN 978-3-9427-00-21-4
Printed in Germany

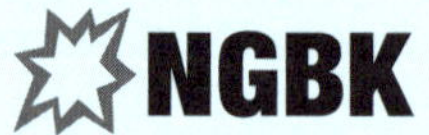

Cover illustration / Umschlagabbildung
Ralf Hoedt

Gender_Gap:
It is NGBK's policy to use the Gender_Gap in all publications in order
to underline an explicit lingual exposure of all social genders and gender identities
beyond societal hegemonial binary conception of gender. / Die NGBK wählt mit
der Schreibweise des Gender_Gaps in ihren Veröffentlichungen bewusst eine
sprachliche Darstellung aller sozialen Geschlechter und Geschlechteridentitäten,
über die gesellschaftlich hegemoniale Zweigeschlechtlichkeit hinaus.

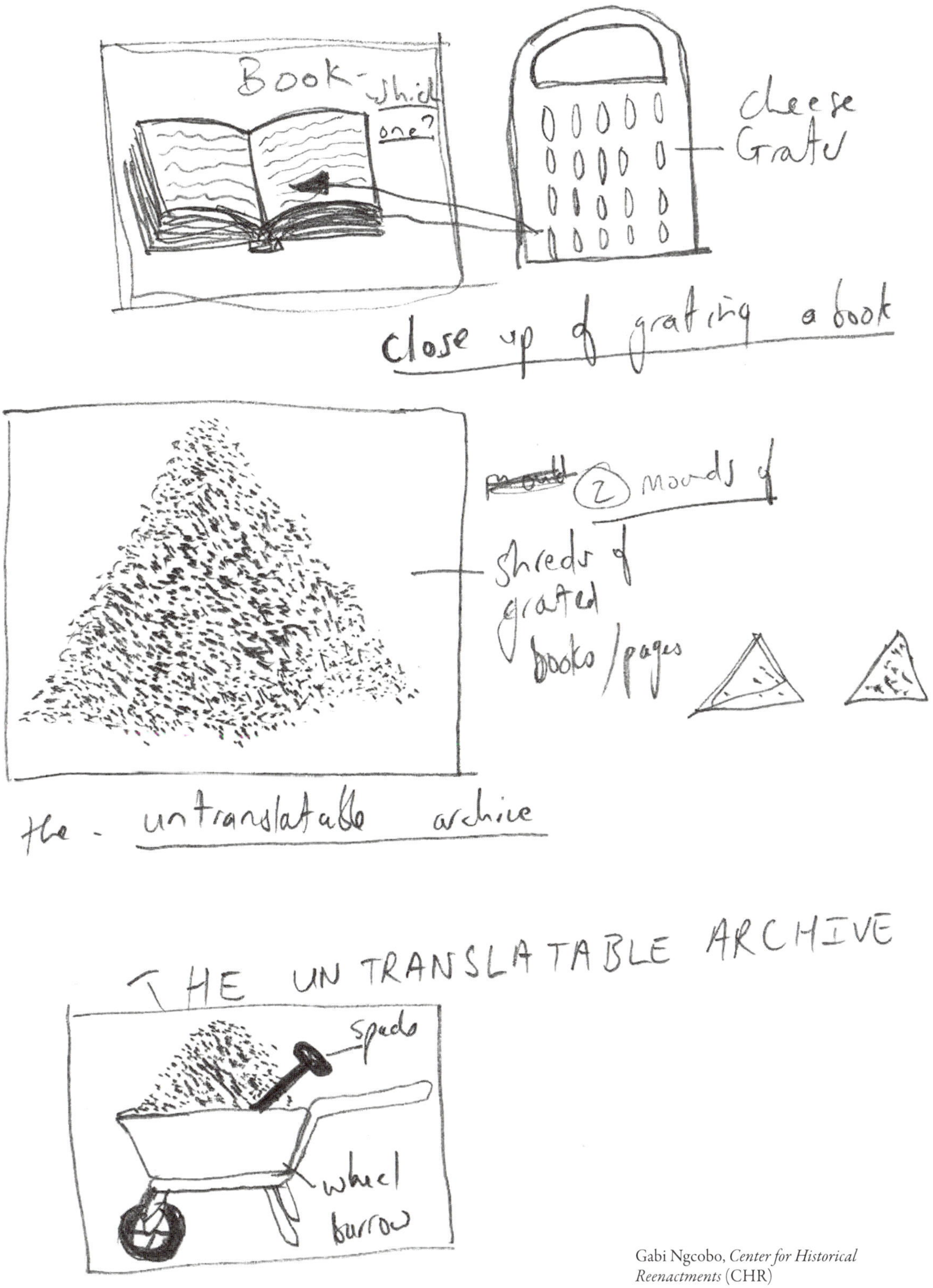

close up of grating a book

the - untranslatable archive

THE UNTRANSLATABLE ARCHIVE

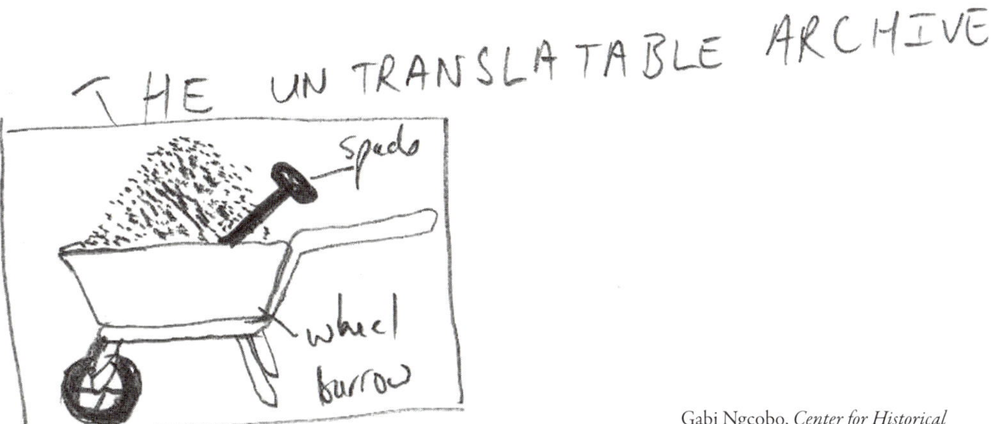

Gabi Ngcobo, *Center for Historical Reenactments* (CHR)

Other Possible Worlds

Proposals on this Side of Utopia
Entwürfe diesseits von Utopia